अवधेश प्रीत

कथाकार-पत्रकार अवधेश प्रीत का जन्म 13 जनवरी, 1958 को उत्तर प्रदेश के ग़ाज़ीपुर ज़िले के ताराँव गाँव में हुआ। पढ़ाई-लिखाई की शुरुआत गाँव से हुई। उच्च शिक्षा कुमाऊँ विश्वविद्यालय, नैनीताल (उत्तराखंड) से पाई। साहित्य-लेखन व रंगकर्म की शुरुआत उधमसिंह नगर से की। 1985 से बिहार में पत्रकारिता करने लगे। 'दैनिक हिन्दुस्तान', पटना में वर्षों तक सहायक सम्पादक रहे। उनकी प्रमुख कृतियाँ हैं—'अशोक राजपथ', 'रुई लपेटी आग' (उपन्यास); 'हस्तक्षेप', 'नृशंस', 'हमज़मीन', 'कोहरे में कंदील', 'चाँद के पार एक चाभी', 'अथ कथा बजरंग बली', 'मिनी और अन्य कहानियाँ' (कहानी-संग्रह)।

देश की तमाम पत्र-पत्रिकाओं में उनकी कहानियाँ, लेख एवं समीक्षाएँ प्रकाशित हुईं। कई कहानियों के अनुवाद उर्दू, अंग्रेज़ी, मराठी और गुजराती में हो चुके हैं। कुछ कहानियों के मंचन भी हुए हैं जिनमें 'नृशंस' (एन.एस.डी., दिल्ली), 'बाबूजी की छतरी' (एक्ट वन, दिल्ली), 'ग्रासरूट' (थिएटर यूनिट, पटना), 'हमज़मीन' (अक्षरा, पटना; इंटीमेट थिएटर, इलाहाबाद), 'तालीम' (रंगश्री, पटना) और 'चाँद के पार एक चाभी' (थिएट्रॉन, लखनऊ) उल्लेखनीय हैं। 'अली मंज़िल' और 'अलभ्य' कहानियों पर दूरदर्शन द्वारा टेलीफ़िल्म का निर्माण व प्रसारण हुआ है।

उन्हें 'बनारसी प्रसाद भोजपुरी कथा-सम्मान', 'सुरेन्द्र चौधरी कथा-सम्मान', 'विजय वर्मा कथा-सम्मान' और 'फणीश्वरनाथ रेणु कथा-सम्मान' सहित कई प्रतिष्ठित सम्मान प्रदान किए गए।

12 नवम्बर, 2025 को पटना में उनका निधन हुआ।

मिनी और अन्य कहानियाँ

अवधेश प्रीत

राजकमल पेपरबैक्स

राजकमल पेपरबैक्स में
पहला संस्करण : 2026

राजकमल पेपरबैक्स : उत्कृष्ट साहित्य के जनसुलभ संस्करण

राजकमल प्रकाशन प्रा. लि.
1-बी, नेताजी सुभाष मार्ग, दरियागंज
नई दिल्ली-110 002
द्वारा प्रकाशित

शाखाएँ : अशोक राजपथ, साइंस कॉलेज के सामने, पटना-800 006
पहली मंजिल, दरबारी बिल्डिंग, महात्मा गांधी मार्ग, प्रयागराज-211 001
1, अनमोल सोराबजी सन्तुक लेन, धोबी तलाव, मरीन लाइंस, मुम्बई-400 002

वेबसाइट : www.rajkamalprakashan.com
ई-मेल : info@rajkamalprakashan.com

विकास कम्प्यूटर एंड प्रिंटर्स
ट्रॉनिका सिटी-201 102
द्वारा मुद्रित

मूल्य : ₹299

MINI AUR ANYA KAHANIYAN
Stories by Avadhesh Preet

ISBN : 978-93-6086-516-0

मिनी और अन्य कहानियाँ

क्रम

मिनी

मिनी ज़िद पर अड़ गई थी। उसकी ज़िद के आगे नीला को अपनी ज़िद छोड़नी पड़ी। हालाँकि यह सब करते हुए नीला को कई पहाड़, कई दरिया, कई सहरे पार करने पड़े। इन तकलीफ़देह मुश्किलों से वह सायास बचने की कोशिश करती रही है अब तक। लेकिन मिनी की ज़िद ने उसे उन्हीं बीहड़ों में लौटने को विवश कर दिया था—उन रास्तों पर, जिनसे होकर गुज़रे अपने पाँवों के निशान भी वह मिटा चुकी थी। लेकिन इक्कीस साल बाद...मिनी वक़्त की रील को रिवाइंड करने को कह रही थी। उस अतीत को उपस्थित करने की ज़िद कर रही थी, जिससे वह कब की मुक्त हो चुकी थी। एक बार फिर उसी व्यतीत की ओर मुड़कर देखने की कल्पना उसे सिहरा गई थी। मिनी पहले भी कभी-कभी जिज्ञासा करती थी...इसरार करती थी...पर अब वह सीधे सवाल करने लगी थी। एकदम से ज़िद पर उतर आई थी।

गुज़िश्ता दिनों में नीला अक्सर मिनी को किसी न किसी बहाने बहला देती थी। तब मिनी भी अड़ती नहीं थी। शायद उसकी उम्र की मासूमियत इससे ज़्यादा सोच नहीं पाती थी। लेकिन अब दिनोंदिन मिनी की जिज्ञासा ज़िद में बदलती जा रही थी, "हू वाज़ ही? क्या नाम था उनका?"

मिनी अब बड़ी हो चुकी थी : उम्र, क़द, सोच—हर लिहाज़ से। उसकी आँखों में ताज़ा उजाले की चमक थी। चेहरे पर गाढ़े विश्वास की दृढ़ता। वह अच्छा-बुरा सब समझने लगी थी। आँखों में आँखें डालकर बहस करने को तत्पर। अब उसे बहलाना सम्भव नहीं था।

शुरू में नीला ने उसके सवाल को पहले ही की तरह टालने की कोशिश ज़रूर की, "मिनी, ऐसे सवालों में ख़ुद को उलझाने के बजाय तुम्हें अपने फ़्यूचर के बारे में सोचना चाहिए।"

बग़ैर देर किये मिनी ने जवाब दे दिया था, "मेरा फ़्यूचर मेरे इस सवाल से जुड़ा है। तुम्हें मेरे सवाल को टालना नहीं चाहिए!"

नीला अवाक्! मिनी के स्वर और तेवर में ऐसी त्वरा थी कि उसे पल भर को विश्वास ही नहीं हुआ कि क्या कह रही है ये लड़की। पहले तो कभी ऐसे पेश नहीं आई! वह तो यही समझती रही कि मिनी एक ऐसी लड़की है, जो उसकी परवरिश का, उसके संघर्ष का, उसके जुझारूपन का, उसके निर्णयों का, उसके भरोसे का सम्मान करती है। जो जानती है कि उसकी माँ मिट्टी नहीं, मिज़ाज से बनी है—उस मिज़ाज से, जिसने कभी झुकना नहीं जाना। लेकिन यह लड़की तो आज जैसे उसे ही झुकाने पर तुली है।

"मिनी, तुम जानती हो, मैंने तुमसे कभी कुछ नहीं छुपाया। यू आर माई बेस्ट फ्रेंड।" नीला ने उम्मीद की डोर नहीं छोड़ी।

"नहीं...ऐसा नहीं है। तुमने उतना ही बताया, जितना तुमने बताना चाहा। उतना ही अनावृत किया, जितना तुम्हारा सत्य तुम्हारे पक्ष में दिखे।" दलील की ओट में यह मिनी का आरोप था।

नीला को समझ में आ गया था कि अब मिनी बच्ची नहीं रही कि उसे इधर-उधर की बातों में बहलाया जा सके। वह इक्कीस साल की एक भरी-पूरी लड़की है, जो क़द में उससे भी अंगुल भर लम्बी आती है, जो उसी की तरह अड़ती है, लड़ती है और ख़ुदमुख़्तार है।

उसे चुप देख, मिनी अपने कमरे में चली गई थी। वह मिनी को जाते हुए देखती रही, गोया मिनी नहीं, वह ख़ुद हो। जब भी उसके मन का कुछ नहीं होता था, वह भी चुपचाप दृश्य से हट जाती थी। यह विरोध था, ज़िद थी। हूबहू ऐसी ही थी वह। मन-ही-मन मुस्करा पड़ी नीला।

जब से मिनी दुनिया को देखने-समझने लगी थी, अक्सर कोई न कोई कठिन सवाल कर बैठती, "ममा, सबके पापा साथ रहते हैं, मेरे पापा क्यों नहीं?"

वह हँसकर मिनी को अपने पास खींचती और समझाती, "बेटा, जो पास नहीं, उसके लिए क्या सोचना?"

नीला का यह जवाब मिनी की समझ में कभी नहीं आया, लेकिन उसके चेहरे पर पसर आई उदासी को देखकर नीला उसका मन बहलाने के लिए ध्यान बँटाती, "अच्छा, बताओ तो, बड़ी होकर तुम क्या बनना चाहती हो?"

अजीब था कि यह सुनकर मिनी का चेहरा खिल जाता। वह एकबारगी चहक पड़ती, "मैं टीचर बनना चाहती हूँ।"

"लेकिन तुम तो उस दिन सोशल वर्कर बनने की बात कर रही थीं?"

"नो...नो...तुम तो सोशल वर्क कर ही रही हो न!" मिनी तैश में आ गई थी।

उस दिन मिनी का यह लहजा नीला को भीतर तक चुभ गया था। मिनी के चेहरे पर पठार-सा सपाटपन था। पूछना चाहा : मिनी, तुम्हें मेरे काम से इतनी बेज़ारी क्यों है? लेकिन यह सोचकर चुप रह गई कि मिनी ने यह बात शायद नाराज़गी में कही होगी, जबकि उसका इरादा क़तई ऐसा नहीं होगा। मिनी की यह नाराज़गी तब और बढ़ जाती, जब वह देर से घर लौटती। मिनी का मासूम चेहरा उतरा होता, कोई स्याही-सी लिपी होती, नीला उसे बाँहों में भरकर चूमने लगती, "मेरा बच्चा... मेरा प्यारा बच्चा! मम्मी से नाराज़ हो?"

मिनी कुछ बोलने के बजाय अपने होंठ और कसकर भींच लेती। यह मिनी का विरोध होता, वह समझती थी। उसका गुस्सा कम करने के लिए कहती, "मिनी, मेरा काम ही ऐसा है। समय में कुछ नहीं बँधा।"

मिनी की प्रश्नवाचक आँखें उसके चेहरे पर टँक जातीं। वह मिनी के गालों को चूमते हुए प्यार से समझाती, "बेटा, किसी की ज़रूरत में काम आना, किसी बेसहारे की मदद करना, किसी के उजड़े घर को बसा देना, ऐसे तमाम काम हैं, जिन्हें करने के लिए समय देखना सम्भव नहीं होता। यू नो, योर मम्मा इज़ नॉट जस्ट अ वर्किंग लेडी। सोशल वर्क बहुत बड़ा काम है। हाइली डिवोटेड टु ह्यूमिनिटी।"

मिनी सो चुकी होती। उसे बिस्तर पर लिटाते हुए वह थोड़ी भीगी होती। उसकी इस मन:स्थिति को भाँपकर दया कहती, "मिनी खाना खा चुकी है। दूध भी पी चुकी है। थककर सो गई लगती है।"

नीला जानती है, मिनी उसकी प्रतीक्षा करते-करते थक चुकी होती है। मन को समझाती : यार, मिनी को टाइम देना ही चाहिए। वह मासूम क्या जाने कि मैं क्या करती हूँ, कि मेरा क्या कमिटमेंट है! वह मेरी बेटी है, उसका हक़ है। वह रात में कई-कई बार मिनी को चूमती, उसे अपने सीने में भींचकर थपकियाँ देती, गोया उसकी नींद न टूटे।

यह रात की ममता, भावुकता और आत्मालाप सुबह के साथ ही काफ़ूर हो जाता। चाय की पहली सिप के साथ वह दिनभर के कामों की रूपरेखा बनाती। दया जब तक नाश्ता बनाती, वह नहा-धोकर तैयार हो जाती। जल्दी-जल्दी नाश्ता करते हुए दया को ताकीद करती, "मिनी के टिफ़िन में पराँठा, भुजिया और ड्राई फ्रूट्स दे देना। नाश्ते में ऑमलेट, ब्रेड और दूध देना।"

उस दिन दया ने बताया था, "मिनी आजकल ऑमलेट नहीं खा रही।"

"क्यों?"

"रोज़-रोज़ ऑमलेट खा के बोर हो गई हूँ।" आँख मलती मिनी की आवाज़ आई थी।

"ओह, मेरा बच्चा, जाग गया?" नीला ने हहाकर मिनी को पास बुलाया था, "फिर क्या खाना है? जो मन हो, दया बना देगी।"

"ठीक है।" मिनी संक्षिप्त उत्तर देकर बाथरूम में चली गई थी।

जैसे-जैसे मिनी बड़ी होती गई, नीला की व्यस्तता और विवशता को समझती गई। वह समझने लगी थी कि नीला सिर्फ़ उसकी माँ नहीं, बल्कि बेसहारा औरतों की बेपनाह उम्मीदों का आसरा भी है। उसे अपनी बाँहों में बाँधकर, दायरे में घेरकर रखना...उसके श्रम, साधना और लक्ष्य से वंचित करना, किसी गुनाह से कम नहीं। यह सोचती हुई मिनी जब नीला की तरफ़ देखती, तो लगता, वह रोशनी का कोई पुंज है, जो हर अँधेरे में बँट जाना चाहती है। ऐसी माँ की बेटी होने के ख़याल से उसका मन पुलक से भर जाता। नीला ने ऐसे ही किसी दिन मिनी को मन्द-मन्द मुस्कराते देख पूछ लिया था, "क्या बात है, इतना ख़ुश नज़र आ रही हो?"

"माँ, तुम कितनी अच्छी हो!" नीला की मुस्कराहट छलकी पड़ रही थी।

"अच्छा, कितनी अच्छी?"

मिनी ने दोनों बाँहें फैलाकर बताया, "इतनी!"

ये मिनी और उसके बीच बढ़ रहे दोस्ताने के दिन थे। मिनी की उम्र बढ़ रही थी, नीला की ज़िम्मेदारी। वह मिनी को साहसी, स्वाभिमानी और सामर्थ्यवान देखना चाहती थी। अपना निर्णय स्वयं लेने के लिए उसे तैयार करती, प्रेरित करती। उसे सन्तोष होता कि मिनी धीरे-धीरे उसी तरह अमल करने लगी है, जैसा वह चाहती रही है। स्कूल में कोई लड़का उसे छेड़ता तो पलटकर जवाब दे देती, "औक़ात में रह, नहीं तो थूथन तोड़ दूँगी।"

लड़का देखता रह जाता और मिनी ये जा, वो जा। वह बेबाक, बोल्ड और लॉजिकल होती गई थी। इसका असर यह हुआ कि वह नीला से भी बहस करने लगी थी, "तुमने अकेले रहना क्यों चुना?"

नीला मुस्कराती...उसकी जिज्ञासा को शान्त करने के लिए बोलती, "मेरी मर्ज़ी।"

"सबकुछ तुम्हारी मर्ज़ी से चलता है?" मिनी पूछती।

"मेरी ज़िन्दगी मेरी मर्ज़ी से ही चलेगी न! इसमें ग़लत क्या है?"

"मतलब मैं भी अपनी ज़िन्दगी अपनी मर्ज़ी से जी सकती हूँ?"

"बिलकुल। हर किसी को अपनी ज़िन्दगी अपनी तरह से जीने का हक़ है।"

"ओके! तो मुझे फ़्यूचर में क्या करना है, यह भी तय करने का हक़ मुझे है?" मिनी के सवाल में यक़ीन न आने की उलझन थी।

यक़ीन दिलाने के लिए नीला ने ज़ोर देकर कहा, "बिलकुल!"

"मैं पेंटिंग करना चाहती हूँ। दुनिया को रंगों से भर देना चाहती हूँ।" चहकती हुई मिनी ने इच्छा व्यक्त की।

"यह तो बहुत अच्छा ख़याल है। वाक़ई दुनिया को ऐसा ही होना चाहिए। लेकिन तुम तो उस दिन म्यूज़िक सीखने को बोल रही थीं।" नीला ने याद दिलाया।

"वो उस दिन की बात थी न, आज की बात आज करो!" मिनी ठुनक पड़ी।

"मिनी, तुम किसी एक बात पर स्टैंड नहीं करतीं, ये ठीक नहीं। मुझे लग रहा है, तुम कन्फ़्यूज हो?"

"मॉम, दुनिया में करने के लिए इतना कुछ है। किसी एक बात पर क्यों टिकना? पॉसिबिलिटी को एक्सप्लोर करने में हर्ज क्या है?" मिनी ने अपनी बात पर ज़ोर देकर पूछा।

अपनी किशोर हो रही बेटी के तर्कों, सवालों और जिज्ञासाओं को एंजॉय करते हुए नीला ने समझाया, "पहले इंटर कर लो, फिर सोचना, क्या करना है!"

नीला को उठते देखकर मिनी ने याद दिलाया, "आज पैरेंट्स मीटिंग है, याद है न?"

"बिलकुल याद है बेटा...कभी मिस किया?" बैग सँभालते हुए नीला ने आश्वस्त किया, "मैं टाइम से पहुँच जाऊँगी।"

मिनी जैसे-जैसे बड़ी होती गई, उसका आत्मविश्वास बढ़ता गया। नीला उसे आत्मनिर्भर बनाती गई। वह कभी किसी के सामने कमज़ोर न पड़े, किसी की मोहताज़ न हो, उसमें ख़ुद को लेकर कोई कमतरी न हो, बेचारगी न पैदा हो। यह सब सिखाते-बताते हुए नीला को गर्व होता कि वह जैसा चाहती रही है, मिनी वैसी ही बन रही है। कभी-कभी दया कहती, "मिनी बिलकुल आपकी कॉपी होती जा रही है।"

सिंगल मदर होने का गर्व नीला के आत्मविश्वास को कहीं ज़्यादा दृढ़ कर देता। वह जिस बात के लिए सबसे ज़्यादा सतर्क रही, वह यह कि मिनी के पालन-पोषण

में कोई कमी न रहे। कभी किसी को, यहाँ तक कि मिनी को भी कोई शिकायत का मौक़ा न मिले। लाख व्यस्त रही, लेकिन मिनी के स्कूल में होने वाली पैरेंट्स मीटिंग हो या एनुअल फ़ंक्शन, शामिल होना कभी नहीं भूली। ऐसी ही किसी मीटिंग के दौरान मिनी की क्लास टीचर मिसेज़ चटर्जी ने उसे रोककर कहा था, "आप अपनी बेटी के प्रति बहुत कांशस हैं। मिनी भी ख़ुद को लेकर बहुत कॉन्फ़िडेंट है।"

उसने आश्वस्ति से भरकर मिनी को कन्धे से पकड़कर अपने क़रीब खींच लिया था। ऐसे क्षणों में वह महसूस करती, मिनी उसके होने की कठिन परीक्षा है, जिसे उसे हर दिन पास करना होता है।

उस दिन स्कूल से निकलते हुए उन दोनों के बीच चुप्पी चलती रही...नीला को लग रहा था, इस चुप्पी को पार करना आसान नहीं है। चुप्पी के दूसरे छोर पर खड़ी मिनी आवाज़ लगा रही थी :

"ममा, पापा कहाँ हैं?"

"तुमको मुझसे कोई शिकायत है, मिनी?" यह पूछते हुए नीला ने जैसे ख़ुद को अपराधबोध में घिरा पाया था। इस दौरान वह कितने ही खंडों में टूट चुकी थी। कितनी ही आशंकाओं में जकड़ चुकी थी।

मिनी ने भिंची हुई मुखमुद्रा के साथ 'ना' में सर हिलाया था। फिर वह चुप्पी घिसटती हुई घर तक आई थी।

नीला ने मिनी को अपने पास बिठाकर पूछा, "तुम्हारे मन में ये प्रश्न क्यों आया?"

मिनी कोई जवाब नहीं दे पाई थी। शायद उसके पास कोई जवाब था भी नहीं। बस, कोई कमी-सी थी, जो उसके मन को टीसती और वह यह सवाल पूछ बैठती।

ऐसे उलझन भरे मौक़ों पर मिनी का ध्यान बँटाने के लिए नीला मुस्कराकर पूछती, "तुमने सोचा, फ़्यूचर में क्या करना चाहती हो?"

"हाँ, सोचा है।" मिनी के भीतर गुदगुदी-सी उठती और चेहरे का रंग गुलाबी हो उठता, "डांस...डांस करना चाहती हूँ। नाचते हुए दुनिया बहुत अच्छी लगती है।"

"तो, डांस क्लास ज्वाइन कर लो!" नीला उत्साहित करती।

"अभी नहीं...अभी कुछ और सोचने दो!" मिनी हमेशा की तरह बात टालती दिखती।

"मिनी, मुझे लगता है, तुम ख़ुद को लेकर श्योर नहीं हो। क्या करना चाहती हो, ख़ुद पता नहीं।" नीला छेड़ती।

"तो तुम बताओ न, मैं क्या करूँ? क्या करना चाहिए मुझे?" नीला की आँखों में झाँकते हुए मिनी पूछती।

"ये फ़ैसला तो तुम्हें ख़ुद ही करना होगा।"

"ओके, मैं अपने पापा को तलाशना चाहती हूँ। उनके बारे में जानना चाहती हूँ।" फ़ैसलाकुन लहजे में बोलते हुए मिनी पहली बार किसी असमंजस में नहीं थी।

नीला को समझ आ गया था कि मिनी को ख़्वामख़्वाह बहलाना सम्भव नहीं, अब समय आ गया है, कि उसे मिलन के बारे में बता दिया जाए, कि मिलन उसका पिता है और उसके बारे में जानने का उसका हक़ है। हालाँकि यह सब बताना भी आसान नहीं। लाख कहे कि वह मिलन को भूल गई है कि उसके लिए मिलन का पास होना कभी ज़रूरी नहीं रहा। लेकिन तवील रातों के सन्नाटों में अचानक उग आते सेंहुड़ के जंगल में वह लहूलुहान न हुई हो, ऐसा भी नहीं। रिसता रक्त आत्मा को भिगोता और वह उसमें उँगलियाँ डुबाकर लिखती—'मिलन'।

यह मिलन पहली बार उससे तब मिला था, जब वह मिसेज़ काला की संस्था 'साथिया' से जुड़ी थी। वह 'साथिया' के ऑफ़िस आया था और छूटते ही बोला था, "मिसेज़ काला से मिलना है।"

नीला ने उसे ऊपर से नीचे तक देखा था, गंदुमी चेहरे पर उगी दाढ़ी, आँखों में भेदती तीव्रता। जींस पर खड़े गले वाला कुर्ता और कन्धे से झूलता शान्तिनिकेतनी थैला।

"आप?"

"मैं...मिलन...मिलन दास, सीनियर रिपोर्टर 'नई ख़बर'। मिसेज़ काला ने मुझे बुलाया था।" मिलन अपना परिचय देते हुए थोड़ा नाख़ुश लगा, शायद मिसेज़ काला के बुलावे के बावजूद उनका वहाँ न होना उसे नागवार गुज़रा था।

नीला मिलन को बैठने का आग्रह करते हुए बोली, "मैं नीला हूँ। 'साथिया' की कोऑर्डिनेटर। मिसेज़ काला आती ही होंगी। शायद कहीं जाम में फँस गई होंगी।"

मिलन ने बिना किसी भूमिका के पूछा, "आप यहाँ कब से हैं?"

नीला की भौंहें चढ़ गईं, "क्यों जानना चाहते हैं आप?"

"सॉरी!" मिलन को एहसास हुआ कि उसका सवाल नीला को नागवार गुज़रा है कि ख़्वामख़्वाह पर्सनल हो रहा है।

नीला ने कॉलबेल बजाई। चिड़िया की चीं-चीं-चीं का कलरव गूँज गया...जब तक आवाज़ शान्त हुई।

दरवाज़े पर रेवती प्रकट हुई। उससे मुख़ातिब हो नीला ने पूछा, "कुछ चाय-कॉफ़ी मिल सकती है?"

"अरे, परेशान होने की ज़रूरत नहीं है।" मिलन ने झिझक के साथ कहा।

दोनों के बीच अभी-अभी उभरी तल्ख़ी स्वतः तिरोहित हो गई थी।

"हम रसोई भी चलाते हैं। वर्किंग लोगों के लिए टिफ़िन तैयार करते हैं।" नीला ने उसकी झिझक को तोड़ा।

"इसका मतलब यहाँ बना-बनाया खाना भी मिल सकता है?"

"हाँ, बिलकुल...आपको चाहिए क्या?" चुहल भरी मुस्कान के बीच नीला ने उत्सुकता दिखाई।

"सोचूँगा।" संक्षिप्त उत्तर देकर मिलन भी मुस्कराया।

इसी बीच फ़ोन की घंटी बजी। नीला ने फ़ोन उठाया। दूसरी ओर मिसेज़ काला थीं। नीला ने जब मिलन के आने की सूचना दी तो मिसेज़ काला ने उसे कुछ हिदायत दी, जिसके जवाब में उसने कहा, "ओके।"

फ़ोन रखकर नीला मिलन से मुख़ातिब हुई, "सॉरी मिलन जी, मिसेज़ काला नहीं आ पा रही हैं, सोशल वेलफेयर मंत्री के साथ उन्हें ज़रूरी मीटिंग के लिए जाना पड़ रहा है।"

"नीला जी, मिसेज़ काला की ओर से आप क्यों सफ़ाई दे रही हैं?"आख़िरकार मिलन ने उसे धर लिया था।

मिलन के सवाल का आशय समझते ही झेंप गई वह। हड़बड़ाकर बोली, "आइए, आपको 'साथिया' दिखाती हूँ!"

मिलन नीला के साथ हो लिया था। अन्दर एक हॉलनुमा बड़ा-सा कमरा था, उसकी दीवारों पर लगे डिस्प्ले बोर्ड पर टँकी अनेक तसवीरें थीं, अख़बारों में छपी ख़बरों की कटिंग थी। कुछ तसवीरों में किसी मंत्री या अफ़सर के साथ मिसेज़ काला खड़ी थीं मुस्कराती...भावविभोर होती। एक-दो तसवीरों में कुछ युवा, कुछ अधेड़ स्त्रियाँ थीं—बेरंग चेहरे और स्वप्नहीन आँखों से झाँकती उदासियाँ लिये। उन तसवीरों के बारे में नीला ने बताया, "ये कोठों से बचाई गई औरतें हैं।"

मिलन ने आँखें उठाकर नीला को देखा। वह बोले जा रही थी, "पुलिस की मदद से हम उनका रेस्क्यू कराते हैं। 'साथिया' में उन्हें संरक्षण मिलता है। यहीं उनके लायक़ हुनर की ट्रेनिंग दी जाती है। जागरूक किया जाता है। उन्हें अपने पैरों पर खड़ा करने की कोशिश की जाती है।"

नीला के साथ चलते हुए मिलन ने प्रशंसा की, "ये...ये तो बहुत बड़ा काम कर रही आपकी संस्था।"

"मेरी नहीं, मिसेज़ काला की संस्था।" पहली बार नीला ने हल्का विरोध जताया।

वे रसोई में आ गए थे। कुछ स्त्रियाँ रोटियाँ बेलने में जुटी थीं, कुछ तवे पर सेंकने में। कोई दाल में तड़का लगाने की तैयारी कर रही थी, कोई सब्ज़ी से भरी कड़ाही में कलछुल चला रही थी। कई औरतें टिफ़िन तैयार करने में मशगूल थीं। मिलन ने पूछा, "ये टिफ़िन कहाँ जाता है?"

"कुछ सरकारी संस्थाएँ हैं, जिनसे हमारा कॉन्ट्रैक्ट है, कुछ इंडिविज़ुअल भी मँगाते हैं।"

"गुड...वेरी गुड! काफ़ी कुछ ऑर्गेनाइज़्ड और डेडिकेटेड है 'साथिया'!" मिलन ने विदा लेते हुए पूछा, "आपने ये संस्था क्यों ज्वाइन की? मेरा मतलब सोशल वर्क को आपने कॅरियर क्यों चुना?"

"सॉरी, ये कॅरियर नहीं...कमिटमेंट है। यह मेरी अपनी पसन्द है।" छूटते ही नीला ने प्रतिवाद किया।

अगले दिन 'नई ख़बर' में 'साथिया' के बारे में विस्तृत स्टोरी छपी थी। 'साथिया' की उपलब्धियों, समाज की उपेक्षित स्त्रियों के प्रति उसकी पहल के बाबत बताते हुए मिलन ने नीला के नाम का कई बार उल्लेख किया था। नीला की जगह कोई और लड़की होती तो मिलन को धन्यवाद देती, लेकिन नीला तो फ़ोन कर उसे झाड़ने लगी थी, "आपको मेरा नाम कोट करने की क्या ज़रूरत थी?"

"सारी जानकारी आपने दी, तो क्रेडिट भी तो आपको ही जाना चाहिए।" मिलन ने दलील दी।

"मिसेज़ काला को अच्छा नहीं लगेगा।" नीला का विरोध हल्का पड़ा था, आवाज़ का अन्दाज़ बता रहा था।

"आप मिसेज़ काला से डरती हैं?"

"डरती तो मैं अपने बाप से भी नहीं।" नीला लगभग गुर्रा पड़ी थी, "मिसेज़ काला की रेस्पेक्ट करती हूँ, इसका मतलब यह नहीं कि मैं डरती हूँ।"

दूसरी ओर से कोई आवाज़ नहीं आ रही थी। उसने कई बार 'हेलो...हेलो' किया, लेकिन कोई जवाब नहीं मिला। उसे एकबारगी गुस्सा आया, "अजीब आदमी है, बग़ैर बोले फ़ोन काट दिया!"

मिलन ऐसा ही था। अनप्रेडिक्टेबल। उसे धीरे-धीरे ही समझ पाई थी नीला।

एक शाम जब वह उसके ऑफ़िस कोई प्रेस रिलीज लेकर पहुँची थी, उसने छूटते ही टोका, "आप क्यों आईं, किसी से भिजवा देतीं।"

नीला उसे कैसे बताए कि वह प्रेस रिलीज के बहाने उससे मिलने आई है। वह जब तक कोई सफ़ाई देती, मिलन ने आग्रह किया, "आइए, कॉफ़ी पीते हैं।"

उसे कुछ कहने का अवसर दिये बग़ैर मिलन कैफ़ेटेरिया की ओर चल पड़ा। यह 'नई ख़बर' का हॉलनुमा कैफ़ेटेरिया था, जिसके एक कोने के टेबल पर वे दोनों आकर आमने-सामने बैठे गए थे। जब तक कॉफ़ी आती, मिलन ने राज़दाराना लहजे में पूछा, "मिसेज़ काला ने उस दिन आपको कुछ कहा तो नहीं?"

"कहा तो कुछ नहीं, लेकिन उनके चेहरे से नाख़ुशी साफ़ झलक रही थी।" नीला बेफ़िक्री से हँस पड़ी।

"उन्होंने अपनी नाराज़गी मुझसे ज़ाहिर की थी।" मिलन ने हँसी उड़ाने के अन्दाज़ में बताया, "बोल रही थीं, 'साथिया' को खड़ा करने में उन्होंने कितने पापड़ बेले हैं, कितनी मुश्किलों से गुज़री हैं, दिन-रात एक किये हैं। वह किसी को नहीं दिखता। बस, सबको इसकी कामयाबी दिखती है। देखिए कि जुम्मा-जुम्मा पाँच महीने से आई इस लड़की ने ऐसे श्रेय लिया, जैसे उसी ने 'साथिया' को यहाँ तक पहुँचाया हो!"

"कह तो वह ठीक ही रही थीं। उनकी नाराज़गी जायज़ थी।" नीला मुस्कराई।

"नीला जी, सोशल वर्क से जुड़ा कोई व्यक्ति इतना संकीर्ण कैसे हो सकता है? अगर आपमें अपने साथियों के प्रति सम्मान नहीं, आपके अन्दर उदारता नहीं, सहचर भाव नहीं, तो यह 'सोशल वर्क' ढकोसला के सिवा और कुछ नहीं।" मिलन के स्वर में असहमति की नाराज़गी थी।

कॉफ़ी आ गई थी। दोनों के बीच चुप्पी तिर आई। कॉफ़ी सिप करते नीला ने अपने भीतर मिलन के ख़यालों को घुलता हुआ महसूस किया। अरसे बाद, कोई शख़्स बिलकुल उस तरह सोच रहा था, जिस तरह वह सोचने की क़ायल रही है। उसने तलाशती आँखों से मिलन को देखा। मिलन की आँखें उस पर आकर टिक गईं, "वैसे मिसेज़ काला हैं एक नम्बर की पाखंडी औरत। शायद आपको पता नहीं कि वह सरकार से बड़ा फ़ंड तो हासिल करती ही हैं, रेस्क्यू की गई लड़कियों के उद्धार के नाम पर भी मोटी कमाई करती हैं।"

नीला की आँखें फैल गईं। मिलन की बात पर यक़ीन करना मुश्किल था। उसे विस्मय से देखती पूछ बैठी, "मतलब?"

"मतलब यह कि 'साथिया' में माया नाम की एक लड़की किसी कोठे से रेस्क्यू कर लाई गई थी। उससे दिल्ली का एक लड़का शादी करना चाहता था। वह यहाँ आया, मिसेज़ काला उस लड़के की सारी जानकारी लेकर आश्वस्त हुईं। फिर माया और उस लड़के की आमने-सामने बात कराई गई। माया ने उस लड़के से बात कर, उसकी सच्चाई से प्रभावित होकर उससे शादी करने की अपनी सहमति दे दी, लेकिन दोनों की शादी नहीं हो पाई।"

"कहीं उस लड़के का नाम सुदेश तो नहीं था?" नीला ने कुछ याद करते हुए पूछा।

"हाँ, उसका नाम सुदेश था। आपको ये वाक़या पता है?"

"हाँ, सुदेश और माया एक दूसरे से शादी के लिए तैयार थे। लेकिन सुदेश एकदम से ग़ायब हो गया था। न वह लौटकर आया, न उसकी कोई ख़बर मिली। मिसेज़ काला ने ज़रूर बताया कि वह फ्रॉड था। माया बाल-बाल बच गई थी।" अपनी स्मृति पर ज़ोर देते हुए नीला ने रहस्योद्घाटन-सा किया।

"नहीं, सुदेश फ्रॉड नहीं था, फ्रॉड हैं मिसेज़ काला।" मिलन ने तीखे स्वर में आपत्ति जताई, "मिसेज़ काला ने माया का उद्धार करने के नाम पर सुदेश से पचास हज़ार माँगे थे। सुदेश इतने पैसे देने की स्थिति में नहीं था। वह लड़का किसी सरकारी कार्यालय में चपरासी है। वह माया से शादी कर आदर्श स्थापित करना चाहता था। लेकिन अफ़सोस कि मिसेज़ काला ने पैसे न मिलने के कारण उनकी शादी से साफ़ इनकार कर दिया था।"

कॉफ़ी की अन्तिम घूँट ज़्यादा कड़वी थी। नीला के भीतर तक कड़वाहट की लहर फैल गई, "तुम्हें यह सब कैसे मालूम?"

"सुदेश मेरे एक स्टाफ़ का कजिन है। 'साथिया' पर छपी मेरी रिपोर्ट देखकर वह स्टाफ़ मुझसे मिलने आया और फिर उसने ये सारी बात बताई।" मिलन के चेहरे पर अफ़सोस का भाव था, "जानती हो, मेरे उस स्टाफ़ ने अपने उलाहने से मेरी उस रिपोर्ट की क्रेडिबिलिटी की धज्जी उड़ा दी। पहली बार मैं स्वयं के काम से शर्मिंदा हुआ।"

अप्रत्याशित उपस्थित हो आई इस परिस्थिति के बीच नीला को किस तरह प्रतिक्रिया देनी चाहिए, समझ नहीं आ रहा था। पता नहीं किस भावना के वशीभूत उसने अपना हाथ मिलन की हथेली पर रख दिया। सम्भवत: अपनी मन:स्थिति को संयत करने का उपक्रम था, तल्ख़ी को थिराने के लिए दिया गया सहारा था, या

कि अपने कमज़ोर हो आए यक़ीन को बचाने का उपक्रम? मिलन ने मुस्कराकर नीला को देखा और अपने दूसरे हाथ से नीला की हथेली को थपथपाया। यह सब एक अत्यन्त मौन के बीच घटा था। वे दोनों बिना कुछ कहे-सुने उठे और एक-दूसरे से विदा लिया।

वह रात नीला ने आँखों में काटी...अँधेरे की अन्तहीन राह में भटकते हुए उसने स्वयं को उस मोड़ पर पाया, जिसके आगे कोई राह नहीं थी। हठात् उसने पीछे मुड़कर देखा, मिलन खड़ा था। यह फ़ैसले का क्षण था। उसने आँखें मूँदकर गहरी साँस भरी थी।

"तो अब तुम क्या करोगी, सोचा है?" अपनी दाढ़ी खुजाते मिलन ने नीला की ओर जिज्ञासा से देखा।

"सुनो, मैं कुछ भी सोचकर नहीं करती। प्लानिंग मेरे वश की बात नहीं।" नीला की आँखें चाय के कप से उठती भाप के आर-पार भेद रही थीं, "जो भी करूँगी, अपने मन का करूँगी।"

"बिलकुल ऐसा ही होना चाहिए!" संक्षिप्त उत्तर दिया मिलन ने।

"जल्दी में हो?" मिलन की तटस्थता से हड़बड़ाकर पूछा।

"अरवल कांड की फ़ॉलोअप स्टोरी सब्मिट करनी है, जाना पड़ेगा।" मिलन उठ गया।

"फ़िलहाल मैं फ्री हूँ...मौक़ा मिले तो घर आ जाना। खाना साथ खाएँगे।" नीला ने रेस्टोरेंट से निकलते हुए बेतकल्लुफ़ी का इज़हार कर दिया था।

मिलन रात नौ बजे आया। बारिश में भीगते हुए। नीला तौलिया देते हुए बोली, "बारिश रुक जाती तो आते!"

"ख़्वामख़्वाह तुम्हें इन्तज़ार करना पड़ता।"

"किसी हमख़याल का इन्तज़ार चाहे कितना भी लम्बा हो, इन्तज़ार मुश्किल नहीं लगता।" ये बात नीला ने बेख़याली में क़तई नहीं कही थी।

यह रात नीला और मिलन के ख़यालों के खुलने की रात थी। बाहर बारिश तेज़ हो गई थी, अन्दर जज़्बात।

"नीला, तुम अकेली रहती हो?"

"हाँ!"

"क्यों?"

"अकेले रहना मैंने ख़ुद चुना है।" नीला ने बग़ैर किसी हिचक के कहा।

"तुम्हारे माता-पिता...भाई-बहन?"

"मुझे अपनी ज़िन्दगी में किसी की दख़लअन्दाज़ी पसन्द नहीं।"

मिलन चुप हो गया। उसकी चुप्पी में कोई काँटा नहीं था। कोई चुभन नहीं थी। कोई सफ़ाई की तलब भी नहीं थी। नीला को अच्छा लगा कि मिलन ख़ुद को थोपने के कॉम्प्लेक्स से मुक्त है। उसकी चुप्पी को छूकर पूछा, "तुम उड़ीसा से हो, फिर यहाँ इतनी दूर कैसे आ गए?"

"नौकरी की वजह से।" मिलन रहस्यमय अन्दाज़ में मुस्कराया।

"लगता तो नहीं कि तुम फ़क़त नौकरी के लिए यहाँ आए हो?" नीला ने उसकी मुस्कराहट को भेदने का प्रयास किया।

"नीला, मन का काम जहाँ मिले, जाना चाहिए। मैं भी इसी काम के लिए यहाँ आया।" मिलन की हल्की-सी हँसी कमरे में पहली हलचल थी।

बारिश जब थमी, मिलन जाने को हुआ तो नीला ने कहा, "काफ़ी रात हो चुकी है। चाहे तो रुक सकते हो।"

"शुक्रिया!" मिलन ने जाते हुए कहा।

बारिश से नम हो आई रात और आसमान में ठहरे बादलों के बीच अँधेरा थरथरा रहा था। मिलन का साया देखते-देखते आँखों से ओझल हो गया था।

नीला और मिलन को साथ रहते महीनों गुज़र गए थे। नीला ने मिलन को रोका या मिलन ख़ुद नीला के पास रुका, इससे बड़ी बात यह थी कि दोनों ने इस सहजीवन को सहजता से स्वीकार लिया था।

इस सहजीवन से बहुत पहले मिलन ने एक बार पूछा था, "नीला, तुमने कभी अपनी शादी के बारे में क्यों नहीं सोचा?"

ठहाका लगाकर हँस पड़ी थी नीला। यह हँसी उड़ाती हँसी थी। मिलन उसको देखता रहा था गोया उसकी इस हँसी के भीतर कुछ तलाश रहा हो! नीला हँसी से बाहर एकदम संजीदा हो आई थी।

"प्यार भी किया...शादी का भी सोचा, लेकिन कुछ भी मुमकिन न हुआ। साला, प्यार के नाम पर फ़रेब, शादी के नाम पर सौदेबाज़ी। घृणा हो आई इस तमाम फ्रॉड से।"

मिलन ने न टोका, न कुरेदा। चुपचाप उसके सामान्य होने की प्रतीक्षा करता

रहा। नीला गहरी साँस अन्दर खींचते हुए ख़ुद को संयमित करती रही। सहसा मिलन उठा और किचन में चला गया। लौटा तो उसके हाथ में चाय के दो कप थे। चाय का कप लेते हुए नीला मुस्कराई, "यू आर अ परफ़ेक्ट कंपेनियन।"

"नो...नो वन इज़ परफ़ेक्ट। मी टू।"

मिलन ने टोका, "यह एक्सपेक्टेशन ही ग़लत है।"

"हाँ, तुम सही कह रहे हो, यह एक्सपेक्टेशन ही हमें छलता है। मैंने भी विजय से ऐसे ही एक्सपेक्टेशन किये थे। उस वक़्त प्यार में, प्यार के उन्माद में, प्यार के अलावा कुछ भी सोच पाना कहाँ मुमकिन हो पाता है?" नीला स्मृतियों के छूट गए किसी सिरे को पकड़ने की कोशिश कर रही थी, "मैं विजय के प्रेम में ऐसे ही पागल थी। उसकी बातें, उसका साथ, सबकुछ इतना रोमानी था, इतना पुरकशिश कि उससे परे सोचना भी बेमानी लगता। हमने सेटल होने के बाद शादी करने का फ़ैसला किया था। कॉलेज के बाद विजय ने यूपीएससी की तैयारी शुरू की, मैंने सोशल एंड वेलफ़ेयर वर्क्स में एडमिशन ले लिया। लेकिन यूपीएससी में सेलेक्ट होने के बाद तो विजय का तेवर ही बदल गया। वह मुझसे कटने लगा। मिलना तो मिलना, उससे बात करना भी मुहाल हो गया। आख़िरकार, एक दिन मैंने उसे उसके घर जाकर पकड़ा। वह आँखें मिलाने से बचता रहा। बहुत ज़ोर देने पर उसने जवाब दिया, "घर वालों ने मेरी शादी तय कर दी है।"

"'मुझसे प्रेम तुमने घर वालों से पूछकर किया था?' मैं आपा खो बैठी।

"वह किसी निरीह-सा चुप था। उसकी इस बेशर्मी ने मुझे बेतरह भड़का दिया, 'विजय, तुम ऐसा नहीं कर सकते। मैं तुम्हें ऐसा नहीं करने दूँगी।'

"'क्या करोगी तुम?' उसने ढिठाई दिखाई।

"'तुम्हारी शिकायत पुलिस में करूँगी...तुम्हारा कॅरियर बर्बाद कर दूँगी।'

"'जो मन आए, करो। लेकिन याद रखना, मैं आईएएस हो चुका हूँ। कोई तुम्हारी बात नहीं सुनेगा।' यह विजय नहीं, उसका दम्भ बोल रहा था। जिसे जी-जान से चाहा, उसे पहचानने में इतना बड़ा धोखा? यक़ीन नहीं हो रहा था, लेकिन एक विकृत सच मेरे सामने था। मैं कसमसाकर रह गई। मुझे विजय के सामने याचक होना मंजूर न हुआ। मेरा स्वाभिमान फुफकार उठा था। मन में उठ रहे ज्वार-भाटे को जबरन रोकती, मैं विजय की छाया से भाग छूटी थी।"

नीला के चेहरे पर उभर आई लकीरों में उसका दर्द नुमायाँ हो आया था। वह एकबारगी चुप हो गई थी, सम्भवत: अतीत से बाहर आने का जतन कर रही थी।

कहे और अनकहे के बीच मौजूद यातना से छुटकारा इतना आसान भी कहाँ होता है? मिलन एकटक नीला की ओर देखे जा रहा था। नीला ने आँखें मूँद ली थीं, शायद नमी छुपा रही थी।

"मिलन, सच पूछो तो प्यार...विवाह...सबसे मेरा विश्वास उठ गया।" नीला की आवाज़ कहीं दूर से आती जान पड़ी, "मेरे माता-पिता ने मेरी शादी कहीं और कराने की पहल की। लेकिन मैंने मना कर दिया। ज़्यादा दबाव डालने पर मैंने बग़ावत कर दी। उनके रोज़-रोज़ के मेलोड्रामा से तंग आकर घर छोड़ दिया।"

नीला ने आँखें खोलीं। मिलन को ख़ामोश देख जैसे ख़ुद सफ़ाई देने पर उतर आई, "तुम बताओ, क्या करती? उनके थोपे रिश्ते को स्वीकार कर लेती? किसी भी ऐरे-गैरे के साथ लग लेती?"

मिलन का तवज्जो चाहती थी नीला, लेकिन नीला के मन में उमड़ रहे जज़्बात को छेड़ना उसे उचित नहीं जान पड़ा। लिहाज़ा, मिलन ने कोई जवाब नहीं दिया। नीला ने क्षण भर को मिलन की ओर किसी उम्मीद से देखा, लेकिन उसकी ओर से कोई प्रतिक्रिया न मिलते देख, बोली, "तुम समझते हो, मैंने कुछ ग़लत किया?"

"नीला, मैं डिसिसीव नहीं हूँ।" इस बार मिलन ने नीला को ग़ौर से देखा, "हर किसी को अपना फ़ैसला ख़ुद लेने का हक़ है।"

नीला ने सन्तोष की साँस ली। उसे ख़ुशी हुई कि मिलन उसे ग़लत नहीं समझता। वह मिलन की आँखों में झाँकते हुए मुस्कराई, "मिलन, तुम मुझे पहले क्यों नहीं मिले?"

"अभी कौन-सी देरी हुई है?" मिलन ने चुहल की।

नीला 'साथिया' से अलग हो गई थी। इस बीच उसे एक फ़ाउंडेशन की ओर से ग्रामीण महिलाओं की शिक्षा और सामाजिक स्थिति पर विस्तृत अध्ययन के लिए प्रोजेक्ट मिल गया था। नीला मनपसन्द काम मिलने से ख़ुश थी। दो साल तक कोई आर्थिक चिन्ता नहीं थी। वह अपने काम के लिए कमर कसके जुट गई थी। उसे रात-दिन हलकान होते देख एक सुबह मिलन ने छेड़ा था, "तुम थकती नहीं हो?"

"ज़िन्दगी से थक चुकी स्त्रियों से मिलकर अपनी थकान भूल जाती हूँ। मुझे लगता है, उनके सामने मेरी थकान बहुत मामूली है।" मिलन की चिन्ता को नीला ने मुस्कराकर झटक दिया, "यक़ीन मानो मिलन, मैं जिन स्त्रियों से मिलती हूँ, उन्हें

देखकर कोफ़्त होती है कि हमने कैसा समाज बनाया हुआ है। सच पूछो तो, ऐसे समाज पर शर्म आती है।" नीला के स्वर में आई तुर्शी उसके भीतर ज़ब्त तल्खी का इज़हार थी।

"नीला, दुनिया के तमाम समाजों में असमानता और शोषण रहा है, लेकिन जिन समाजों ने इनके विरुद्ध संघर्ष किया, वे एक बेहतर और समानता पर आधारित समाज बनाने में सफल हुए। हमारी दिक़्क़त यही है कि हम अफ़सोस तो ज़ाहिर करते हैं, लेकिन इसे बदलने के लिए सिर्फ़ किताबी बातें करते हैं।"

मिलन ने सहज ही अपनी राय व्यक्त की थी, लेकिन नीला को जैसे नागवार गुज़रा, "मिलन, समस्याओं का गहरा अध्ययन किये बिना, उनके कार्य-कारणों को समझे बिना, उनका विश्लेषण किये बिना, बदलाव की कोई पहल सम्भव नहीं। मैं जब ऐसी स्त्रियों के जीवन को क़रीब से देख रही हूँ, तभी मैं इस सच्चाई को शिद्दत से समझ पा रही हूँ। यक़ीन मानो, प्रोजेक्ट ख़त्म होते ही मैं इन स्त्रियों के जीवन में बदलाव के लिए कुछ अवश्य करूँगी।"

नीला ने मिलन के तंज़ की काट रखते हुए अपनी भावी योजना का भी संकेत दे दिया था। मिलन और नीला एक-दूसरे के प्रति केयरिंग थे। व्यक्तिपरकता के बजाय समाज और सामूहिकता की सोच उन्हें वैचारिक स्तर पर भी उनके रिश्तों को मज़बूत करती थी। कई मामलों में दोनों में असहमतियाँ भी थीं, लेकिन वे एक-दूसरे की असहमतियों का सम्मान भी करते थे। वे एक-दूसरे को बाँधने के हिमायती नहीं थे। यही वजह थी कि जब नीला ने अपने प्रेग्नेंट होने की सूचना मिलन को दी तो उसका उड़ा चेहरा देखकर खुलकर हँस पड़ी, "मिलन, मैं तुम्हें बाँधूँगी नहीं। इसके लिए हमें कोई अपराधबोध पालने की ज़रूरत नहीं है।"

"आर यू श्योर?" मिलन का गला सूख गया था, "यह जानते हुए भी कि हम शादीशुदा नहीं हैं?"

"हमारे बीच ऐसी कोई शर्त तो नहीं थी?" नीला ने ज़ोर देकर कहा।

नीला के मन में कोई हिचक नहीं थी, कोई अफ़सोस नहीं था। लेकिन मिलन के चेहरे पर एक स्याह साया घिर आया था। उसे फक देख नीला उसके क़रीब आ गई, "मिलन, तुम शायद इस अप्रत्याशित के लिए तैयार नहीं हो। इस वजह से गिल्ट में हो?"

"नीला, सवाल गिल्ट का नहीं, सवाल उस ज़िम्मेदारी का है, जिसके लिए मैं अभी तैयार नहीं।"

"मिलन, डोंट वरी, मैं सब सँभाल लूँगी।" नीला ने मिलन के मन का बोझ हल्का करना चाहा, "यह मेरी ज़िम्मेदारी है।"

यह एक बेहद कठिन समय था। नीला का यह निर्णय स्वीकार करने में मिलन को काफ़ी समय लगा। जिस दिन नीला ने बच्ची को जन्म दिया, मिलन दिन-रात उसकी देखभाल में लगा रहा। नीला अपनी बेटी को देखकर निहाल होती रही। मिलन को अपने पास बुलाकर बोली, "बेटी का नाम मैंने सोच लिया है?"

"नाम? इतनी जल्दी?" मिलन उत्सुक दिखा।

"जल्दी कहाँ? बहुत पहले से सोच रखा था।" नीला मुस्कराई।

"अच्छा, क्या नाम सोचा है?"

"मिनी...मिलन और नीला के प्रथमाक्षर।" नीला प्रेम में डूबी हुई पहली बार इस क़दर भावुक दिख रही थी। उसने इसी भावना के वशीभूत मिलन की हथेली कसकर थाम ली थी।

वही मिनी एक ऐसी यात्रा पर निकलने वाली थी, जिसके रास्ते का पता नहीं था, जिसके गंतव्य का ठिकाना नहीं था। बस, एक उम्मीद थी और उस उम्मीद में हज़ारहा सवाल थे...हज़ारहा किन्तु-परन्तु थे। फिर भी उसने फ़ैसला कर लिया था कि वह उनसे मिलने जाएगी। उनसे, जिसकी धुँधली छवि उसकी आँखों में आज भी जमी हुई है। एक दाढ़ी वाला शख़्स जो घर में घुसते ही उस नन्ही जान को अपनी बाँहों में उठाता और बेतहाशा चूमने लगता। वह उस शख़्स के कन्धे को अपनी गदबदी हथेलियों से जकड़ लेती। उसका वह स्पर्श अपनी आत्मा में महसूस करते हुए वह आज भी रोमांचित हो जाती है। यह सबकुछ जस-का-तस उसकी आँखों में तिरता रहता है। जब तक वह ठीक से कुछ समझने के क़ाबिल नहीं हुई, तब तक बेचैन रही, बग़ैर जाने कि इस बेचैनी का क्या मतलब है। और जब उसे इस बेचैनी का कारण समझ आया, तब से उस छवि की शिनाख़्त वह पिता के रूप में करने लगी है। उनका वह चूमना, उनका वह स्पर्श, उनके कन्धे पर टिका उसका हाथ—सब उसे इतने आत्मीय लगते कि वह उन्हें फिर-फिर छूने, पाने को उद्धत हो जाती है। इन्हीं मन:स्थितियों में उसने ज़िद पकड़ ली थी, "हू वाज़ ही? क्या नाम था उनका?"

"मिलन।" नीला ने थोड़ी पीड़ा, थोड़ी हसरत के साथ बताया, "मिलन दास नाम था। वह तुम्हारे जन्म के दो साल बाद ही छोड़कर चला गया।"

"तुमने जाने दिया?" मिनी के मासूम चेहरे पर अविश्वसनीय हैरानी थी, "तुमने रोका नहीं?"

सीधा सवाल बेहद कठिन था। नीला की आँखों में पुरानी यादों के कई अक्स उतराते-उमड़ते चले आए, "मिनी, हमने कभी एक-दूसरे को बाँधा नहीं। मिलन का जाना ज़रूरी था। उसे मैं कैसे रोकती?

"अपने लिए नहीं, मेरे लिए तो रोक सकती थीं?" एक और दुरूह सवाल।

"यह तो उसे सोचना चाहिए था न?" सवाल के जवाब में सवाल।

एक मुख़्तसर ख़ामोशी गोया दोनों कोई अदृश्य सिरा पकड़ने में मुब्तिला थीं। आख़िर मिनी ने मनुहार के लहजे में पूछा, "हुआ क्या था? क्यों छोड़ गए वो?"

नीला ने क्षण भर को पलकें मूँदीं। बीते दिनों को ठीक-ठीक पकड़ने में स्मृतियों के बिम्बों को एक साथ जोड़ते हुए किरचों की चुभन आँखों में तिर आई, "मिलन की माँ बीमार थी। वह उन्हें देखने के लिए भुवनेश्वर गया। उसका पत्र आया, माँ की देखभाल के लिए मेरा यहाँ अभी रहना ज़रूरी है। कुछ दिनों बाद उसका दूसरा पत्र आया, 'नीला, मुझे यहाँ एक अख़बार में नौकरी मिल गई है। माँ के लिए यहाँ रुकना ज़रूरी है, इसलिए नौकरी जॉइन कर ली है। मिनी, मेरे पास उसे रोकने का कोई कारण नहीं था।' उसका आख़िरी ख़त आया था, जिसमें उसने लिखा था, 'यहाँ के आदिवासियों के ख़िलाफ़ माफ़ियाओं का षड्यंत्र चल रहा है, मैं उसे उजागर कर रहा हूँ...कह नहीं सकता, यह लड़ाई कितनी लम्बी चलेगी।'"

नीला ने अपनी बात ख़त्म करते-करते ख़ुद को उस मोड़ पर पाया, जहाँ वह अपनी बेटी के सामने अपनी सफ़ाई पेश कर रही हो। मिनी ने उसकी मन:स्थिति को महसूस किया। तुरन्त उसे बाँहों में भरकर लाड़ जताया, "मॉम, मैं समझ सकती हूँ। आपका स्वाभिमान। आई प्राउड ऑफ़ यू, मॉम!"

नीला ने भी मिनी को अँकवार में भर लिया। बोली कुछ नहीं, लेकिन मिनी का विश्वास पाकर उसके मन का बोझ उतर गया था।

भुवनेश्वर पहुँचकर मिनी सीधे मिलन के उस अख़बार के कार्यालय पहुँची, जिसका ज़िक्र उसने नीला को लिखे पत्र में किया था। वहाँ काम करने वाले लोगों ने मिलन के बारे में अनभिज्ञता जताई। मिनी को सहज ही विश्वास नहीं हुआ। उसने आस भरे स्वर में एक नौजवान पत्रकार जय पात्रा से अनुरोध किया, "आप पत्रकार हैं। प्लीज़, मुझे मेरे पिता को खोजने में मदद कीजिए!"

जय पात्रा उत्साही पत्रकार था, मिनी के आग्रह को स्वीकार कर उसके साथ हो लिया, "देखिए, जब से यह अख़बार कॉर्पोरेट हुआ है, पुराने लोग या तो छोड़ गए या उनकी छँटनी हो गई। कुछ पुराने पत्रकारों को मैं जानता हूँ। शायद उनमें से किसी को पता हो। चलिए, आपको उनसे मिलवाता हूँ।"

उम्मीद की किरण जागी। मिनी जय पात्रा के साथ चल पड़ी। एक लम्बी दूरी तय कर वे जिस बुज़ुर्ग पत्रकार के पास पहुँचे, उनका नाम था—प्रभात पटनायक। प्रभात पटनायक लगभग पैंसठ साल के अनुभवी पत्रकार थे। रिटायरमेंट के बाद वह अपने पत्रकारिता के अनुभवों पर आधारित कोई पुस्तक लिख रहे हैं। कभी-कभार कुछ अख़बारों के लिए सामयिक विषयों पर लेख भी लिखते हैं। उड़िया टीवी चैनलों पर बतौर विशेषज्ञ भी बुलाए जाते हैं। मिनी से यह जानकर कि वह मिलन दास को तलाश रही है, वह उससे मिलना चाहती है। प्रभात पटनायक ने सहज जिज्ञासावश पूछा, "तुम उससे क्यों मिलना चाहती हो?"

"वह मेरे पिता हैं।" बेझिझक मिनी ने जवाब दिया।

"तु...तु...तुम...मिलन की बेटी हो?" प्रभात पटनायक की आँखें आश्चर्य से फैल गई थीं।

मिनी ने 'हाँ' में अपनी गर्दन हिलाई।

प्रभात पटनायक ने पहलू बदलते हुए मिनी को ग़ौर से देखा। सामने बैठी एक मासूम, लेकिन अपने पिता की तलाश में निकली, इस लड़की के साहस से वह चमत्कृत दिखे, "बेटा, मिलन एक बहुत साहसी पत्रकार था। आम आदमी की समस्याओं, मुश्किलों और उनके संघर्ष के प्रति संवेदनशील था। शोषित, वंचित, पीड़ित जन के पक्ष में खड़ा वह एक निर्भीक आवाज़ था। उसने गांजिम ज़िले के आदिवासियों के शोषण को लेकर एक खोजी रिपोर्ट लिखी थी। इसमें उसने उस इलाक़े के दलालों के साथ मिलकर कुछ बड़े पूँजीपतियों द्वारा आदिवासियों की ज़मीनें हड़पने के मामले का खुलासा किया था। यह रिपोर्ट अख़बार ने छापने से मना कर दिया। इससे मिलन भड़क गया। उसने सम्पादक से रिपोर्ट न छापने का कारण पूछा, तो सम्पादक ने कुछ भी स्पष्ट बताने से इनकार कर दिया।"

प्रभात पटनायक क्षण भर को रुके, मिनी की साँसें टँगी रहीं, गोया वह कोई जादुई-कथा सुन रही हो। जय पात्रा भी यह कहानी सुनते हुए चकित था कि कोई पत्रकार ऐसा भी था, जो अपने सम्पादक से सवाल भी कर सकता था। प्रभात पटनायक ने अपनी बात जारी रखी, "मिलन ने जब सम्पादक से अपनी रिपोर्ट वापस

माँगी तो उसने देने से इनकार कर दिया। बस, क्या था, ग़ुस्से में तिलमिलाए मिलन ने उसी वक़्त सम्पादक की लानत-मलामत कर डाली। उसे पूँजीपतियों का दलाल और ग़रीब आदिवासियों का विरोधी बताकर उसका मज़ाक़ उड़ाया। सम्पादक ने मिलन को कुछ समझाना चाहा, लेकिन ग़ुस्से में वह उसके चैम्बर से बाहर निकल गया। मिलन के इस रौद्र रूप से पूरे सम्पादकीय विभाग में सनसनी व्याप गई थी। इस हाई वोल्टेज़ माहौल के बीच मिलन ने अपना इस्तीफ़ा दे दिया। उसी झोंक में वह अपना शान्तिनिकेतनी थैला सँभालता तूफ़ान की तरह अख़बार के कार्यालय से बाहर निकल गया।"

अचानक माहौल में एक अबोला सन्नाटा छा गया था। प्रभात पटनायक ख़ुद को संयत करने की कोशिश कर रहे थे। जय पात्रा के चेहरे पर उलझन की अनगिनत सलवटें थीं। मिनी की उत्सुकता चरम पर थी, उसने तपाक से पूछा, "सर, इतना सब कुछ आपको कैसे मालूम है? क्या मिलन दास आपके गहरे मित्र थे?"

"नहीं बेटा, मिलन मेरा दोस्त नहीं था। मैं यह सब इसलिए जानता हूँ कि मैं ही उसका सम्पादक था।" प्रभात पटनायक जैसे अपराधबोध से शर्मिंदा थे, "मैं उस वक़्त अपनी कुर्सी से बँधा था। उसकी रिपोर्ट न छापने का दबाव मुझ पर मैनेजमेंट ने बनाया था। मिलन की वह रिपोर्ट जिन पूँजीपतियों को एक्सपोज़ कर रही थी, वे हमारी कम्पनी के मालिक के रिश्तेदार थे। इसीलिए मुझे उनका सख़्त आदेश था कि न रिपोर्ट छापी जाए, न वापस की जाए।"

प्रभात पटनायक जैसे मिनी की अदालत में कन्फेस करके स्वयं को पापमुक्त करना चाह रहे थे, "मिनी, ये उन दिनों की बात है, जब अख़बारों का चरित्र बदल रहा था। काली पूँजी मीडिया में पम्प हो रही थी। पत्रकारिता मैनेजमेंट की चाकरी करने को बाध्य थी। सम्पादक पत्रकार नहीं, मैनेजर हो गए थे। मैं भी उसी जमात का हिस्सा था। मुझे अफ़सोस है, मैं उस वक़्त मिलन के साथ नहीं खड़ा हो पाया।"

मिनी की समझ में नहीं आ रहा था कि वह प्रभात पटनायक को क्या कहे। पछतावे की शर्मिंदगी में डूबे इस बुज़ुर्ग के प्रति मन में सहानुभूति जाग उठी। उसने विनम्र लहजे में गुज़ारिश की, "सर, मिलन...मेरे पापा के बारे में कोई जानकारी हो तो बताएँ, वह कहाँ हैं? कैसे मिल सकते हैं?"

प्रभात पटनायक की आँखें छत पर जा टिकीं। वह खोए-खोए स्वर में बोले, "सुना था, इस्तीफ़े के बाद मिलन छतरपुर चला गया। वहाँ उसकी माँ थी। उसके बाद उसकी कोई ख़बर नहीं मिली। यक़ीन मानो, उसके बारे में मुझे कुछ नहीं पता।"

मिनी भावुक हो आई थी। उसकी आँखों की कोरों पर नमी थी।

प्रभात पटनायक के घर से निकलकर जय पात्रा ने पूछा, "अब क्या करेंगी आप?"

"मैं छतरपुर जाऊँगी!" मिनी ने दृढ़ स्वर में जवाब दिया।

"मैं चलूँ आपके साथ?" जय पात्रा ने स्वत:स्फूर्त प्रस्ताव रखा।

"रियली?"

"हाँ, क्यों नहीं! आपकी मदद करके मुझे ख़ुशी होगी।" जय पात्रा स्वभावत: सहयोगी भाव से भरा था।

छतरपुर पहुँचते-पहुँचते मिनी और जय पात्रा खुल चुके थे। उनके बीच औपचारिकता की दीवार ढह गई थी। वे रास्ते भर एक-दूसरे के बारे में जानते-पूछते रहे। जय पात्रा उड़िया में कविताएँ भी लिखता है, यह जानकर मिनी को हैरानी हुई। उसने मासूमियत से पूछा, "कविता कैसे लिख लेते हो? आय मीन, ये तो गॉड गिफ़्टेड होता है न?"

"गॉड गिफ़्टेड नहीं...हमारी संवेदना किसी चीज़ को लेकर कितनी घनीभूत होती है, उसकी कलात्मक अभिव्यक्ति है कविता।" जय पात्रा ने कोई परिभाषा दुहरा दी।

मिनी जय पात्रा से प्रभावित दिखी, "तुम बहुत अच्छे हो!"

"तुम बहुत साहसी हो। इतनी दूर चली आईं अपने पिता की तलाश में।" जय पात्रा ने उसी अन्दाज़ में मिनी की सराहना की।

"तुम कह रहे थे, यहाँ कोई तुम्हारी पहचान का है?"

"हाँ, एक लोकल रिपोर्टर है रितेश, शायद वह हमारी मदद कर पाए।"

जय पात्रा ने जेब से मोबाइल निकालकर रितेश का नम्बर लगाया। दूसरी ओर से जवाब मिलते ही उसने रितेश से मिलने का आग्रह किया। बमुश्किल दस मिनट बाद ही रितेश आ पहुँचा। जय पात्रा से गले मिलकर उसने आत्मीयता ज़ाहिर की। जय पात्रा ने मिनी से परिचय कराते हुए कहा, "रितेश, ये लड़की बहुत दूर से आई है अपने पिता की तलाश में। तुम्हें इसकी मदद करनी है।"

रितेश ने देखा, मिनी उसकी तरफ़ बड़ी उम्मीद से देख रही थी। रितेश कोई जवाब देने के बजाय अपने मोबाइल से किसी को कॉल लगाने लगा। कॉल लगते ही उसने पूछा, "गुरुजी, आपने एक बार मिलन दास के बारे में बताया था। हाँ... हाँ, वही गुरुजी। उनसे कैसे मिलना हो सकता है? बहुत अर्जेंट है गुरुजी, प्लीज़, आप ही कुछ कर सकते हैं।"

मोबाइल पर बात ख़त्म कर रितेश ने बताया, "गुरुजी इस इलाक़े के गांधीवादी नेता हैं। मिलन दास को जानते हैं। वह मिलन दास से बात करके कॉल करेंगे।"

रितेश दोनों को लेकर एक रेस्टोरेंट में आया। चाय ख़त्म होते न होते गुरुजी का कॉल आ गया। दूसरी ओर की बात सुनते हुए रितेश के चेहरे पर कई तरह के भाव आते-जाते रहे। अन्त में कॉल कट कर वह जय पात्रा से मुख़ातिब हुआ, "मिलन दास मिलने को तैयार हो चुके हैं। लेकिन हाँ, मैंने गुरुजी को यह नहीं बताया है कि मिलन दास से उनकी बेटी मिलने आई है।"

"रितेश, मिलना तो है। बोलो, कहाँ चलना होगा?" जय पात्रा ने जानना चाहा।

"मोहाडा। यहाँ से पच्चीस-तीस किलोमीटर होगा।" रितेश ने बताया।

"तब तो हम मोटरसाइकिल से जा सकते हैं।" जय पात्रा ने मिनी की ओर मुख़ातिब होकर कहा।

मिनी थोड़ी हिचकिचाई, "लेकिन तुम थक चुके होगे!"

"अरे नहीं, जब निकल पड़े तो निकल पड़े। बैठो, चलते हैं।" जय पात्रा ने अपनी मोटरसाइकिल स्टार्ट करते हुए रितेश से पूछा, "चलें?"

रितेश ने भी अपनी मोटरसाइकिल स्टार्ट कर ली थी।

मोहाडा पहुँचते ही मिनी की आँखों में चमक आ गई थी। सारी थकान काफ़ूर हो चुकी थी। उसने जय पात्रा के कन्धे पर हाथ रखकर काँपते स्वर में कहा, "विश्वास नहीं हो रहा कि मेरी तलाश पूरी हो गई!"

"तुम्हारे विश्वास ने यह सम्भव किया है।" जय पात्रा ने मिनी की हौसलाअफज़ाई की।

वे जिस घर के सामने रुके थे, वह एक साधारण क़िस्म का आश्रमनुमा घर था। एक लम्बे खुले बरामदे में सफ़ेद बालों-दाढ़ी वाला दरमियाने क़द का एक शख़्स लकड़ी की कुर्सी पर बैठा जैसे उन्हीं की प्रतीक्षा कर रहा था। उन्हें उत्सुकता से देखता हुआ उठा और पास आकर जिज्ञासा की, "गुरुजी ने भेजा है?"

"जी...जी।" रितेश ने बताया, "ये मेरे पत्रकार दोस्त हैं। भुवनेश्वर से आए हैं आपसे मिलने।"

मिनी ने मुग्ध भाव से उस शख़्स को देखा, जो उसके पिता थे, जिनकी तलाश में वह इतनी दूर से चलकर आई है। जी में आया कि वह लपककर उनसे लिपट जाए, लेकिन उसके पाँव थम गए थे। ज़ुबान चिपक गई थी। जज़्बात के अतिरेक

में उसकी चेतना ठिठकी हुई थी। जय पात्रा ने मिनी की आँखों में झाँका। मिनी ने ख़ुद को संयत किया। उसने कुछ कहना चाहा कि तभी मिलन दास बोल पड़े, "अच्छे समय पर आए तुम लोग। आज यहाँ आसपास के गाँव के लोगों की मीटिंग होने वाली है।"

"आप तो पत्रकार थे, फिर यहाँ क्या कर रहे हैं आप?" मिनी उत्सुकता से भरी हुई थी। उसकी आवाज़ लरज रही थी।

मिलन दास ने मिनी को ग़ौर से देखा। उनकी आँखें सिकुड़ीं गोया उसे तौल रहे हों। मिनी उन्हें अपलक देखे जा रही थी। मिलन दास ने पूछा, "तुम ट्रेनी हो?"

मिनी ने मासूमियत में सिर हिलाया। मिलन दास मुस्कराए। वे लोग बरामदे में आ गए थे। वहाँ पड़ी काठ की कुर्सियों की ओर बैठने का इशारा करते हुए मिलन दास ने आवाज़ लगाई, "मुक्ति, कुछ चाय-पानी का इन्तज़ाम करो, मेहमान आए हैं।"

मिनी चौंकी, मुक्ति? कौन है ये मुक्ति? उसने मायूस निगाहों से जय पात्रा की ओर देखा।

जय पात्रा शायद उसकी मन:स्थिति भाँप गया था, लिहाज़ा उसने उसे चुप रहने का इशारा किया।

ऐन तभी मिलन दास मिनी की ओर मुख़ातिब हो आए थे, "तुम पूछ रही थीं, मैं यहाँ कैसे आ गया? तो, मैं पत्रकारिता से हारकर यहाँ आया। मुझे लगा, पत्रकारिता जब ग़रीब आदिवासियों के साथ खड़े होने के बजाय पूँजीपतियों, माफ़ियाओं के साथ खड़ी हो, तो वहाँ रहने का कोई औचित्य नहीं है।"

उनकी आवाज़ मिनी के भीतर गूँज रही थी। उसे चुप देख मिलन दास ने बात जारी रखी, "मैं यहाँ आया इस संकल्प के साथ कि आदिवासियों को अपने शोषण, उत्पीड़न के ख़िलाफ़ ख़ुद आवाज़ उठानी होगी। उन्हें अपनी लड़ाई ख़ुद लड़नी होगी। इसके लिए इन्हें तैयार करने के इरादे से आया और फिर यहीं का होकर रह गया।"

मिलन दास के चेहरे पर हल्की स्मिति पसर आई थी। जय पात्रा ने उन्हें टोका, "आपको कभी यहाँ से लौट जाने की इच्छा नहीं हुई?"

"नहीं, यह मेरा चुनाव था।" मिलन दास के स्वर में दृढ़ता थी।

मिनी फिर चिहुँकी, मॉम भी तो यही कहती है, यह मेरा चुनाव था। उसने मिलन दास को दबी मुस्कराहट के साथ निहारा। वह कह रहे थे, "जब मैं यहाँ आया, तब इलाक़े की स्थिति बहुत ख़राब थी। बाहरी लोगों ने शराब की भट्ठियाँ लगाकर आदिवासियों को नशे की लत डाल दी थी। आदिवासी अनपढ़ थे...नशे

ने उनकी स्थिति दयनीय बना दी थी। बाहरी लोग इनकी ज़मीनें औने-पौने दामों में हड़प रहे थे। इनके पेड़ों को, ज़मीनों को, गिरवी रखकर भारी ब्याज पर क़र्ज़े दे रहे थे। उन हड़पी ज़मीनों को बिचौलिये, गुंडे, बड़े पूँजीपतियों को बेच रहे थे। ये आदिवासी बिचौलियों, गुंडों और पूँजीपतियों की हवस का शिकार थे। इन्हीं के ख़िलाफ़ लिखी मेरी रिपोर्ट अख़बार ने छापने से मना कर दिया था। तब मैंने इन आदिवासियों को अपने अधिकार के लिए लड़ने को तैयार करने का फ़ैसला किया। लेकिन यह सब आसान नहीं था। गुंडों, बिचौलियों, शराब माफ़ियाओं ने मेरे ख़िलाफ़ अभियान छेड़ दिया। यहाँ के सीधे-सादे आदिवासियों को भड़काया कि मैं नक्सली हूँ...मैं बाहरी हूँ...मैं मिशनरी हूँ। उन्हें क्रिश्चयन बनाने आया हूँ। पहले तो कुछ आदिवासी उनके झाँसे में आ भी गए। लेकिन मैं जमा रहा। मेरी ज़िद देखकर, मेरा आचरण देखकर, मेरी बातें सुनकर कुछ लोगों को विश्वास हुआ कि मैं उनकी बेहतरी चाहता हूँ। धीरे-धीरे आसपास के कुछ गाँवों के लोग मेरी बातों को समझने लगे। मैंने उन्हें समझाया कि तुम्हारी ज़मीनें ये बाहरी लोग ग़ैरक़ानूनी ढंग से हड़प रहे हैं। तुम्हें जानबूझकर क़र्ज़े के जाल में फँसा रहे हैं। आदिवासी लोगों को बात समझ आने लगी। वे एकजुट होने लगे। इस एकजुटता का परिणाम हुआ कि हमने आदिवासी गाँवों में कमेटियाँ बनाईं, जो अपने हक़ की लड़ाई के लिए हरदम तैयार रहती हैं। बाहरी लोगों, ख़ासकर शराब माफ़िया, जंगल माफ़िया के गुंडों से मुक़ाबला करतीं।"

"यह आपका पत्रकारिता से बदला था?" जय पात्रा ने पूछा।

"नहीं, ये लफ़्फ़ाज़ी से बाहर आकर ज़मीनी सच्चाई से जुड़ना था। पत्रकारिता का काम है, लोगों को अपने अधिकार के लिए जागरूक करना, एजुकेट करना। लेकिन जब वह शोषकों के साथ खड़ी हो, जनता के विरुद्ध हो जाए तो क्या किया जा सकता है? मैंने यहाँ के लोगों को जागरूक करने के काम को चुना। कह सकते हो, पत्रकारिता से बदला नहीं, उसके धर्म का निर्वाह कर रहा हूँ।" संयत शान्त मुस्कान थी मिलन दास के चेहरे पर।

ऐन इसी वक़्त घर के अन्दर से एक पन्द्रह-सोलह साल की लड़की एक ट्रे में तीन गिलास पानी और चाय के कप लेकर आई और एक छोटे-से गोल टेबल पर रखने लगी, तो मिलन दास ने उसका परिचय कराया, "यह है मेरी बेटी मुक्ति दास।"

मुक्ति ने हाथ जोड़कर अभिवादन किया। मुक्ति को ग़ौर से देखती मिनी के चेहरे पर आश्चर्य के भाव थे। मुक्ति वापस जाने के लिए मुड़ गई थी। मिलन दास ने मुक्ति

को रोकते हुए निर्देश दिया, "बेटा, माँ को बोलो, ये लोग खाना खाकर जाएँगे।"

मिनी का आश्चर्य सातवें आसमान पर जा पहुँचा था। वह कभी मिलन दास को देखती, कभी पलटकर पिता की बात सुनती मुक्ति को। तभी जय पात्रा ने हड़बड़ाकर बरजा, "नहीं सर, हम खाना खाकर आए हैं। आज ही भुवनेश्वर लौटना है। खाना फिर कभी।"

मुक्ति घर के अन्दर जाने के लिए मुड़ी कि मिनी भी उसके साथ हो ली। उसकी जिज्ञासा मुक्ति की माँ से मिलने को हो आई थी। यह कच्ची दीवारों और खपरैलों वाला कमरा था, जिसमें व्हील चेयर पर बैठी औरत की ओर इशारा कर मुक्ति ने बताया, "ये माँ है!"

व्हील चेयर पर बैठी उस साँवली औरत को मिनी विस्मय और सम्मोहन के बीच खड़ी एकटक देखती रही। उसके हाथ जुड़े थे। होंठ भिंचे थे। मुक्ति बता रही थी, "माँ चल नहीं सकती। लेकिन सारा काम कर लेती है।"

"क्यों नहीं चल सकतीं? क्या हुआ इनको?" मिनी अपने विस्मय से बाहर निकली।

मुक्ति के बजाय माँ ने उत्तर दिया, "बेटा, एक संघर्ष के दौरान गुंडों की गोली लगी थी। उसी से कमर के नीचे का हिस्सा पैरालाइज़ हो गया।"

मिनी की आँखें फैल गईं। एक के बाद एक सामने आते आश्चर्यों से वह ख़ुद को जैसे किसी रहस्यलोक में पा रही थी। बाहर बैठे उसके पिता मिलन दास, यहाँ सामने व्हील चेयर पर बैठी उनकी योद्धा पत्नी और इन दोनों की ये मासूम बेटी मुक्ति। इनमें वह कहाँ है? वह यहाँ क्यों है? उसकी यह कैसी यात्रा है, जिसमें उसे जो मिला, वह उसकी कामना नहीं थी, और जिसकी तलाश थी, वह मिलकर भी कहाँ मिला? वह अपनी यात्रा के गंतव्य और तलाश के अप्रत्याशित अन्त पर पहुँचकर किंकर्तव्यविमूढ़ हो आई थी। उसे चुप देख माँ ने कहा, "बेटा, आप लोग खाना खाकर जाना...मैं तैयार करती हूँ।"

अपने-आपमें लौटी मिनी ने झट से झुककर उनके पाँव छूते हुए मना किया, "नहीं...नहीं...हमें लौटने की जल्दी है।"

मिनी के सिर पर हाथ फेरती माँ ने कहा, "अरे, ऐसी क्या जल्दी है! इतनी दूर से आई हो, तो यहाँ के जीवन को देखो। यहाँ के व्यंजन को चखो!"

दिल-दिमाग़ के द्वंद्व में फँसी मिनी की आँखें धुँधला गई थीं। इससे पहले कि कंठ अवरुद्ध हो, वह क्षमा-याचना की मुद्रा में दोनों हाथ जोड़कर, तेज़ क़दमों

से बाहर चली आई। उस पर नज़र पड़ते ही जय ने पूछा, "क्या इरादा है अब?"

मिनी का कंठ अभी भी अवरुद्ध था। इससे पहले कि उसके जज़्बात बेक़ाबू हों, इससे पहले कि वह इससे टकराए, उसने सिर हिलाकर चलने का इशारा किया। जय पात्रा और रितेश उठ खड़े हुए। अवाक् मिलन दास ने कहा, "रुकते तो अच्छा होता!"

उनके इस आग्रह का उत्तर दिये बग़ैर मिनी जय पात्रा की मोटरसाइकिल पर जा बैठी। मिलन दास उन्हें विदा करने बाहर तक आए। रितेश ने मोटरसाइकिल स्टार्ट कर दी थी। मोटरसाइकिल पर बैठी मिनी ने मुड़कर देखा, मिलन दास के हाथ जुड़े हुए थे। वह उन्हें तब तक देखती रही थी, जब तक उनकी छवि ओझल नहीं हो गई।

गाँव से बाहर निकलकर जय पात्रा ने पूछा, "तुम्हारी तलाश पूरी हुई?"

मिनी ने कोई जवाब नहीं दिया। वह अपने में खोई-सी थी। जय पात्रा ने गर्दन घुमाकर पीछे देखा। मिनी को चुप देख, टोकना उचित नहीं समझा।

यह मिनी की यात्रा थी—तलाश की यात्रा...अन्वेषण की यात्रा...रहस्यलोक की यात्रा...लौटती की यात्रा...। उसकी आँखों में पिता की वह छवि बार-बार तैर आती है, जब विदा के समय उनके हाथ जुड़ गए थे। माँ से पूछेगी, क्या पहचाना होगा उन्होंने मुझे?

अपने ही मासूम सवाल पर मुस्कराती हुई वह अपने सिर को कसकर झटक देती है, "कम ऑन मिनी!"

विदा की सुबह जय पात्रा ने मिनी से कहा, "मुझे नहीं पता, तुम्हें इस यात्रा से क्या मिला, लेकिन मुझे पता है कि तुम्हारी यात्रा में मेरा होना भी शामिल है।"

मिनी मुस्कराई और जय पात्रा से हाथ मिलाते हुए बोली, "जय, किसी यात्रा का हासिल कोई गंतव्य हो, ज़रूरी नहीं। मेरे लिए तो इस यात्रा का हासिल वह दूरी है, जो मैंने तय की है। इस हासिल में तुम भी हो। शायद हम ऐसे ही फिर किसी यात्रा के दौरान मिलें। तब तक तुम बहुत याद आओगे।"

ट्रेन चल पड़ी थी। दृश्य पीछे छूटते जा रहे थे...मिलन दास...मुक्ति...मुक्ति की माँ...जय पात्रा...एक-एक कर सभी पीछे छूट रहे थे।

मिनी ने पीछे मुड़कर देखने से ख़ुद को रोका।

नग्न

वे चले तो थे चरबजिया गाड़ी से लेकिन स्टेशन पहुँचते-पहुँचते पाँच बज गए। अजीत का सुझाव था कि चार बजे पहुँचे तो सुबह का झुरमुटा साफ़ होने के बाद ही स्टेशन से गाँव के लिए निकलेंगे। लेकिन अब, जबकि प्लेटफ़ार्म के बाहर उजास उतरने लगी थी, संजय ने पूछा, "क्या कहते हो भाई जी, चलें?"

"चलना तो हइए है...एक-एक कप चाय हो जाए तो साला, देह का बाथा निकले।" देह को दाएँ-बाएँ झटका देते अजीत प्लेटफ़ार्म पर बने टी-स्टॉल की ओर बढ़ चला।

"चलो, स्टेशन के बाहर बुढ़ना की दुकान में एक नम्बर चाय मिलेगी। उसके स्पेशल चाय का कोई तोड़ नहीं है।"

संजय अपनी जगह पर खड़ा था। उसे उम्मीद थी कि अजीत उसके सुझाव पर सहमत होगा और वे बुढ़ना की अफ़ीम के सत वाली चाय पीकर गाँव के लिए रवाना होंगे। लेकिन नहीं, अजीत पलटा और मुस्कराते हुए बोला, "ए संजय बाबू, यहीं देवी भाई से स्पेशल बनवा लेते हैं। चाय पीकर इधरे से लाइने लाइन गाँव चल देंगे।"

संजय ने कोई जवाब नहीं दिया। अजीत ने दूर से ही टी-स्टॉल वाले देवी को आवाज़ दी, "ए देवी भाई, दू ठो कड़क।"

छोटा-सा रेलवे स्टेशन, कोई भीड़ नहीं। ट्रेन आई तो थोड़ी-सी आमदरफ़्त की हलचल, गई तो एक हल्की-सी जुम्बिश के साथ निचाटपन। यहाँ पर काम करनेवाले सभी एक-दूसरे को जानते हैं। फिर देवी तो उनके ही गाँव ललई ख़ुर्द का रहनेवाला है। अपने नाम की हाँक सुनकर देवी ने मूँड़ी उठाई। अजीत को देखकर मुस्कराया। पैन में दूध डालते हुए पूछा, "कैसी रही परीक्षा?"

"तुम तो जानते हो, जब तक रिज़ल्ट न आ जाए, कुछ कहना मुश्किल।" जवाब संजय ने दिया।

"बिना लिये-दिये कुछ न होनेवाला।" उबलते दूध में चाय पत्ती डालते देवी ने दो टूक रिज़ल्ट सुना दिया।

"कहते तो तुम ठीक हो। साला, फ़िज़िकल निकाल लो, रिटेन पास कर जाओ। फिर भी बिना नकदनारायण कोई गारंटी नहीं।" अजीत ने ठंडी साँस छोड़ी।

"कहिए तो बात करें? एक आदमी है जानकारी में!" देवी रहस्यमय अन्दाज़ में मुस्कराया गोया सफलता की कुंजी उसी के हाथ में हो।

"आदमी कि दलाल?" संजय ज़ोर से हँसा।

"आदमिये तो दलाल होता है।" देवी भी उसी अन्दाज़ में हँसा।

"आदमी तो दलाल हो सकता है, देवी भाई, दलाल आदमी नहीं हो सकता।" संजय का तंज़ और गहरा हो गया था।

"जो समझिए। कहिए तो मिला देंगे! बाक़ी आप लोग फरिया लीजिएगा।" देवी ने दूसरे ग्राहक को चाय देते हुए मूँड़ी दूसरी ओर कर ली।

"गाँव आओ तो बात करते हैं।" चाय का ख़ाली गिलास काउंटर के आगे लगे हैंगर में डालकर अजीत ने पैसे देने चाहे तो देवी ने मना कर दिया।

"ये चाय हमारी ओर से, नौकरी लगने के बाद चुका दीजिएगा।" देवी के होंठों पर अपनापे की स्मिति थी।

चाय पीकर दोनों ने विदा ली। प्लेटफ़ॉर्म से सीधे बढ़ते हुए रेलवे पटरी को सपोर्ट देती चौड़ी भीत पकड़ ली। बमुश्किल आधा किलोमीटर आगे टेढ़ी पुलिया थी, जहाँ से नीचे उतरकर गाँव का शॉर्टकट रास्ता था। सड़क से जो दूरी तीन किलोमीटर थी, वही शॉर्टकट से डेढ़ किलोमीटर हो जाती थी। पता नहीं क्या सूझा कि संजय ने चुहल की, "अजीत भाई, शॉर्टकट वाला ये रास्ता किसने ढूँढ़ा होगा?"

"कोई हो, वो अक़्लमन्द रहा होगा। शायद अपने गाँव का ही हो।" अजीत हँसा।

थोड़ी सँकरी हो आई भीत पर सँभलकर बढ़ते संजय संजीदा स्वर में बोला, "वैसा ही अक़्लमन्द जैसावाला देवी बता रहा है?"

"हाँ, वो ग़लत क्या कह रहा है? सच्चाई तो यही है?"

"तो आप क्या सोचते हैं, दलाल से बात कीजिएगा?"

"सामने की थाल छोड़ दें?" अजीत टक से पलटा, "रिटेन, फ़िज़िकल सब अच्छा हुआ है, क्या गारंटी है कि तुम्हारा फ़ाइनल सेलेक्शन हो ही जाएगा?"

संजय से जवाब देते न बना। लगा, वह कठघरे में खड़ा है। यह दूसरा चांस है। पिछली बार नहीं हुआ तो बहुत मलाल हुआ था।

"गारंटी तो नहीं है, अजीत भाई, लेकिन रिश्वत देकर भी नौकरी मिल जाएगी, क्या गारंटी है? मन में बहुत हिचक है।"

"चलो, एकाध दिन ठंडे से सोचेंगे, फिर तय करेंगे।"

अजीत सधे क़दमों से आगे बढ़ा। उसकी पीठ पर जो बैग था, उस पर कोचिंग का नाम लिखा था—गुरु हनुमान। संजय की पीठ पर भी वही बैग था। दोनों ने इसी इंस्टिट्यूट में कोचिंग ली थी। कोचिंग का रिज़ल्ट अच्छा था, लेकिन गुरु हनुमान सेलेक्शन की गारंटी नहीं देते थे। संजय उनकी इसी ईमानदारी का क़ायल था।

वे स्टेशन से लगभग आधा फ़र्लांग निकल आए थे। उजास में चमक आ गई थी। हवा ठहरी हुई थी, जिससे इस सुबह में भी कोई नमी नहीं थी। तेज़ क़दमों से चलने के कारण टेढ़ी पुलिया अब बमुश्किल चार-पाँच बाँस दूर थी। अजीत आगे था, संजय पीछे। अचानक अजीत ऐसे ठिठका, जैसे सामने कोई भूत देख लिया हो! उसके कंठ से निकली आवाज़ में अकुलाहट भरी घबराहट थी, "लाश...लड़की की लाश! संजय भाई, वो देखो!!"

संजय जहाँ था, अजीत की आवाज़ सुनकर वहीं जम गया। आँखें चौड़ी कर उस ओर देखने लगा, जिधर अजीत ने इशारा किया था। रेल लाइन के बाहर ठीक टेढ़ी पुलिया के बीचोंबीच एक लड़की की लाश पड़ी थी। दो कुत्ते उस लाश को घसीट रहे थे। अचानक उन दोनों की आमद देखकर वे गुर्राए, फिर अजीत को आगे बढ़ता देखकर तेज़ी से पुलिया के नीचे भागे। लड़की का शरीर बुरी तरह नुचा हुआ था। जगह-जगह से ख़ून रिस रहा था। कपड़े फटे थे। पेट से नीचे तो लगभग नग्न ही थी। उसके बाल बेतरतीब पसरी स्याही-सा उसके चेहरे पर बिखरे थे। इस स्याही से झाँकता उसका चेहरा स्पष्ट नहीं दिख रहा था, पर संजय ने अनुमान लगाया, ज़रूर वह गहन पीड़ा से भरा होगा! उसके लिए यह दृश्य भयावह, अप्रत्याशित और हृदयविदारक था। उसे इस तरह सन्न देख अजीत ने ज़ोर से हाँक लगाई, "क्या हुआ, संजय बाबू...हवा निकल गई?"

संजय अपने-आपमें लौटा, "अजीत भाई, क्या पता, लड़की ज़िन्दा हो?"

"लगता तो नहीं...फिर भी देख लेते हैं।" अजीत लड़की की लाश के क़रीब पहुँचा।

संजय भी तेज़ी से लपका।

"संजय बाबू, लड़की ज़िन्दा नहीं है। इसकी हालत देखकर तो लग रहा, कब की मर चुकी होगी।" अजीत ने लाश का जायज़ा लेते हुए पुष्टि की।

"मर चुकी तो नहीं, मारी जा चुकी लगती है।" संजय ने आशंका जताई।

"इसके कपड़े फटे हुए हैं, शरीर पर गहरे ज़ख़्म हैं। अभी भी जगह-जगह से ख़ून रिस रहा है। लगता है, दरिंदगी हुई है।" अजीत ने जैसे लड़की की लाश का सूक्ष्म मुआयना कर लिया था।

"बहाली हुई नहीं, लेकिन पड़ताल तो ऐसी कि सीधे आईओ हो गए हो?" संजय ने ख़ुद को सदमे से बाहर निकालने की कोशिश में तंज़ कसा।

अजीत ने संजय की बात पर ध्यान दिये बग़ैर कहा, "पुलिस को ख़बर कर देते हैं।"

"तुम्हारे पास नम्बर है?"

"पुलिस कंट्रोल रूम का होना चाहिए!" अजीत जेब से मोबाइल निकालते हुए बोला।

पुलिस कंट्रोल रूम की घंटी बज रही थी। अजीत के चेहरे पर कई तरह के भाव आ-जा रहे थे। संजय एक-एक भाव को बड़े ग़ौर से देख रहा था मानो दूसरी ओर से कहे जा रहे के भावार्थ को समझने की कोशिश कर रहा हो। अचानक अजीत के चेहरे पर निराशा देखकर संजय भी बुझ गया।

"कोई नहीं उठा रहा।" उसी हताशा के साथ अजीत ने मोबाइल को घूरा।

"हेल्पलाइन...कंट्रोल रूम...सब साला दिखावा है। किसी को अपनी ड्यूटी से कोई मतलब नहीं।" संजय क्षोभ से भरा हुआ था।

"फिर कॉल करके देखते हैं।" अजीत ने बग़ैर रुके दोबारा कॉल लगाया।

इस बार तुरन्त ही जवाब मिला, "हेलो, पुलिस कंट्रोल रूम। जी जनाब, बताएँ?"

अजीत ने एक ही साँस में रेल लाइन टेढ़ी पुलिया पर एक लड़की की लाश होने की सूचना दे डाली। उसकी बात ख़त्म होते ही दूसरी ओर से कहा गया, "आप वहीं रुकें। पुलिस दस मिनट में पहुँच जाएगी।"

दूसरी ओर से कॉल कट कर दी गई थी। संजय के चेहरे की उत्सुकता देख अजीत ने बताया, "दस मिनट में पुलिस आ रही है।"

"तो चलें?"

"नहीं, यहीं रुकने को बोला है।"

संजय की नज़र अनायास ही अपनी घड़ी पर गई, जैसे दस मिनट के हिसाब से पुलिस के पहुँचने के समय का अनुमान लगा रहा हो!

"हमको तो नहीं लगता कि पुलिस दस मिनट में आ जाएगी।"

"तुम पुलिस से नाराज़ लगते हो फिर भी पुलिस में ही भर्ती होना चाहते हो?"

"इसलिएं कि मेरे जैसे लोग आएँगे तो पुलिस की छवि बदलेगी।" संजय ने जवाब देने के साथ ही टेढ़ी पुलिया के नीचे की ओर इशारा किया, "उधर देखिए, अजीत भाई!"

नीचे दोनों कुत्ते एक-दूसरे से गुत्थमगुत्था थे। दोनों लड़की के जिस्म से नोचे कपड़े के टुकड़े की छीना-झपटी में नूराकुश्ती कर रहे थे।

"इन कुत्तों ने बेचारी का जिस्म बुरी तरह नोचा है।"

"अजीत भाई, जिन लोगों ने इस लड़की के साथ दरिंदगी की, वे क्या किसी कुत्ते से कम रहे होंगे?" संजय का क्रोध भड़क गया, "साला, ऐसे लोगों को तो सीधे गोली मार देनी चाहिए।"

"क्या पता, लड़की चलती ट्रेन से गिर पड़ी हो?" अजीत ने दलील दी।

"अच्छा, किसे कवर दे रहे हो तुम?"

"ये कवर नहीं, एक थ्योरी है।" अजीत ने बचाव किया।

"पुलिस में भर्ती हुए नहीं, लेकिन पैतरा सीख गए!" संजय हँसा।

माहौल सहज नहीं हुआ। सामने एक लड़की की बदहाल-सी लाश, नीचे आपस में कुश्ती लड़ते कुत्ते, पुलिस के आने की उबाऊ प्रतीक्षा और तरह-तरह की आशंकाओं से घिरा मन। दिन चढ़ आया था। हवा अभी भी ठहरी हुई थी। उमस बढ़ने के आसार थे। उन दोनों के अन्दर ऊब, खीज, बेचैनी सघन होती जा रही थी।

"अब तक तो हम गाँव पहुँच रहे होते।" अजीत का अफ़सोस उभर आया।

"रातभर की थकान अलग हावी है।" संजय भी मन:स्थिति छिपा नहीं पाया।

"एक बात तो है, हमारे यहाँ रुक जाने से लाश कुत्तों का आहार बनने से बच गई।"

"हाँ, ये तो है।" संजय ने तंज़ कसा, "दिल बहलाने को ग़ालिब ख़याल अच्छा है।"

अचानक, एक चील ने लाश पर झपट्टा मारा। दोनों एक साथ बेसाख़्ता चीख़ पड़े। चीख़ें सुनकर वो चील पलक झपकते दूर हवा में ऊँची उड़ान के साथ गोल-गोल मँडराने लगी। उस पर नज़र जमाए अजीत बोला, "जानते हो, ये गोल-गोल काहे घूम रही है?"

"हाँ, अपने साथियों को भोज का दावत दे रही है।" संजय ने वितृष्णा से अपना अनुमान व्यक्त किया।

तभी पीठ पीछे से आती आवाज़ों ने दोनों का ध्यान आकृष्ट किया। ये पुलिसवाले थे, जो स्टेशन की ओर से उसी राह चले आ रहे थे, जिससे होकर वे दोनों आए थे। ख़ाकी वर्दी में जो सबसे आगे चल रहा था, कन्धे पर लगे स्टार से वह सब इंस्पेक्टर लग रहा था। उसकी कमर में टँगी होलस्टर में पिस्तौल कसी थी। उसके पीछे बिना वर्दी वाला एक शख़्स था, जिसने सफ़ेद शर्ट और नीचे ख़ाकी पैंट पहन रखी थी। आम तौर पर यह माना जाता है कि ये ऑफ़ ड्यूटी पुलिसवाला होता है। इन दोनों के पीछे ख़रामा-ख़रामा चल रहे दो सिपाही थे, जिनमें से एक के दाएँ कन्धे पर राइफ़ल टँगी थी और बाएँ कन्धे पर लाल गमछा लटक रहा था, जबकि दूसरे के दाएँ कन्धे पर राइफ़ल थी और उसी हाथ को कान से सटाए मोबाइल पर किसी से ज़ोर-ज़ोर से बात कर रहा था और बीच-बीच में गालियाँ भी देता जा रहा था।

सबके आगे चल रहा सब-इंस्पेक्टर संजय के पास आकर रुका और बिना देर किये कड़क आवाज़ में दरयाफ़्त किया, "तुमने कंट्रोल रूम में फ़ोन किया था?"

"जी, हमीं ने किया था।" अजीत ने आगे बढ़कर पुष्टि की।

"कंट्रोल रूम काहे फ़ोन किया, यहाँ स्टेशन पर जीआरपी थाना है, आकर बता नहीं सकते थे?" सब-इंस्पेक्टर ने आक्रामक लहजे में घुड़की दी।

"कंट्रोल रूम को ख़बर किये, तो क्या?" संजय ने प्रतिवाद किया।

"जो कह रहे हैं, समझ में नहीं आ रहा?" सब-इंस्पेक्टर ने फिर पुलिसिया रुआब दिखाया।

"ख़ूब समझ में आ रहा। आपके थाने के पास लाश पड़ी है और आपको पता नहीं। यह ख़बर आपको पुलिस कंट्रोल रूम से मिल रही, इतनी बात हमको भी समझ आ रही है।" संजय ने भी तुर्की-ब-तुर्की जवाब दिया।

इससे पहले कि सब-इंस्पेक्टर कोई और तल्ख़ बात करता, अजीत ने उसका ध्यान आकृष्ट किया, "दरोगा जी, वो लाश पड़ी है। उधर...आप कार्रवाई करिए। हम अब चलते हैं।"

सब-इंस्पेक्टर ने राइफ़ल वाले जवानों को लाश की ओर बढ़ने का इशारा किया और लगे हाथ सख़्त स्वर में आदेश दिया, "जब तक कार्रवाई पूरी नहीं हो जाती, तुम दोनों के बयान नहीं हो जाते, कहीं नहीं जा सकते।"

अजीत और संजय ने एक-दूसरे को देखा। उनके चेहरे पर उभरी खीज ऐसी कि दोनों एक साथ फट पड़ेंगे, लेकिन उनकी परवाह किये बग़ैर सब-इंस्पेक्टर भी लाश की ओर बढ़ गया था। बिना वर्दी वाला उसके पीछे चल रहा था।

"आओ, देखते हैं, क्या करता है!" अजीत ने ख़ुद को ज़ब्त कर संजय को इशारा किया।

दोनों जब तक लाश के पास पहुँचे, लाश का ग़ौर से मुआइना करते राइफ़ल वाले एक सिपाही ने ज़ोर से एलान किया, "जानते हैं हुज़ूर, ये लाश हमारे एरिया में नहीं है।"

"क्या मतलब?" सब-इंस्पेक्टर ने पूछा।

"हुज़ूर, मतलब यह कि हमारा एरिया पुलिया के उधर ही तक है, जबकि लाश पुलिया के बीचोबीच पड़ी है।" उसी सिपाही ने अपने थाना क्षेत्र की सीमा की व्याख्या की।

सब-इंस्पेक्टर ने राहत की साँस ली और कहीं ज़्यादा तल्ख़ आवाज़ में अजीत और संजय से मुख़ातिब हुआ, "सुन लिए, लाश हमारे एरिया में नहीं है।"

"तो?" संजय ने शुष्क स्वर में कहा।

सब-इंस्पेक्टर तिलमिलाया, "तो क्या? यह केस नरही थाना का है। वही कार्रवाई करेगा।"

"ठीक है, फ़रियाइए आप लोग एरिया। लेकिन लाश पर कोई कपड़ा तो डाल दीजिए!"

"क्यों, अब तक कपड़े की याद नहीं आई या उसके मज़े ले रहे थे?" सब-इंस्पेक्टर बेशर्मी से बोला।

संजय ख़ुद को ज़ब्त नहीं कर पाया। भड़क गया, "दरोगा जी, आप हम पर किस बात का ग़ुस्सा निकाल रहे हैं? हमने लाश की सूचना दी, आपके आने तक रुके रहे। हम भी पढ़े-लिखे लोग हैं। हमने अपनी ज़िम्मेदारी निभाई। कोई गुनाह किया?"

कड़ा प्रतिकार होते देख सब-इंस्पेक्टर के तेवर ढीले पड़े, "कहाँ घर है? इधर कैसे आए?"

"यहीं ललई ख़ुर्द घर है। पटना से एएसआई परीक्षा देकर लौट रहे थे। गाँव जाने का यह शॉर्टकट रास्ता है। यहाँ लाश पर नज़र पड़ी तो कंट्रोल रूम को सूचना दे दी।" अजीत ने एक साथ कई तीर साध लिये।

सब-इंस्पेक्टर के चेहरे का खिंचाव नरम हो आया था। पता नहीं, उन दोनों के स्थानीय गाँव ललई ख़ुर्द के होने का असर था या उनके एएसआई परीक्षा देने की समान अनुभूति का प्रभाव या उन दोनों की बेधड़क निडरता का दबाव था, सब-इंस्पेक्टर मुलायम हो गया था।

"अरे महाराज, ये सब पहले न बताना चाहिए था।"

संजय ने बात बीच में लोक ली, "आपने मौक़ा ही कब दिया? आते ही लगे हड़काने।"

"क्या करें, न हड़काएँ तो सामने वाला पुलिस को हल्के में लेने लगता है।" सब-इंस्पेक्टर ने हँसकर रहस्योद्घाटन-सा किया।

लाश के पास खड़े मोबाइल वाले सिपाही ने पूछा, "हुज़ूर, क्या किया जाए?"

"एक काम करो, नरही थाना को ख़बर कर दो।" सब-इंस्पेक्टर ने आदेश दिया।

सादी वर्दी वाले ने पहली बार हस्तक्षेप किया, "नहीं, तुम्हारा फ़ोन करना ठीक नहीं होगा। ऐसा करो, इन्हीं लोगों से कॉल कराओ।"

"हम क्यों करें? ये आपका काम है, आप लोग करें।" इस बार अजीत भड़का, "हमने भलमनसाहत क्या दिखाई, आप लोग हमीं से खेल करने लगे?"

"ज़ीरो एफ़आईआर क्यों नहीं करते? लाश ज़ब्त करिए। बाद में थाना, एरिया, इन्क्वायरी तय करते रहिएगा।" लगे हाथ संजय ने एक और दलील दी।

"देखिए, बात समझिए।" सादी वर्दी वाला मुलायम लहजे में मुख़ातिब हुआ, "ज़ीरो एफ़आईआर लेडीज़ के लिए है। लेकिन तब, जब वह स्वयं शिकायत दर्ज कराए। इस मामले में तो ये सम्भव नहीं है।"

क़ानून का किस तरह मखौल बनाया जाता है, इस पुलिसिये की दलील सुनकर संजय दंग रह गया। सामने एक लड़की की लाश पड़ी थी। मौक़े पर पुलिसवाले भी थे, लेकिन वे क़ानून और एरिया की ओट में कोई कार्रवाई करने से बच रहे थे। आजिज़ मन से उसने सब-इंस्पेक्टर से कहा, "हम नरही थाना को कॉल कर देंगे, लेकिन उनके आने तक आप लोगों को रुकना पड़ेगा!"

"जिसका एरिया है, वो आ ही जाएँगे तो हमारा क्या काम?" सब-इंस्पेक्टर बौखलाया।

"जिस मामले में हमारा कोई लेना-देना नहीं, तब तो आपने हमें रोक के रखा। अब आपकी बारी आई तो लगे पिंड छुड़ाने?" संजय तंज़ से बाज नहीं आया।

"नरही थाने का नम्बर बताइए, मैं लगाता हूँ कॉल।" बिना विलम्ब अजीत ने मोबाइल निकाल लिया।

सब-इंस्पेक्टर ने नम्बर बताया। अजीत ने जैसे ही कॉल लगाया, दूसरी ओर से तत्काल किसी ने रिसीव किया, "हेलो, नरही थाना।"

"सर, रेल लाइन के पास टेढ़ी पुलिया पर एक लड़की की लाश पड़ी है। जल्दी आइए।"

"रेल लाइन? जीआरपी को क्यों नहीं बोलते?"

"सर, जीआरपी से लोग आए हैं। कह रहे, लाश इनके एरिया में नहीं है।"

"उनसे बात कराइए तो?"

अजीत ने मोबाइल सब-इंस्पेक्टर की ओर बढ़ाया। उधर की बात सुनकर उसने झिझक के साथ तर्क दिया, "सर, लड़की की लाश पुलिया के बीच में है। हमारा एरिया तो पुलिया के उधर ही समाप्त हो जाता है।"

दूसरी ओर से फिर कुछ कहा गया, जिसे सुनकर सब-इंस्पेक्टर ने उत्तर दिया, "ठीक है सर, हम रुकते हैं।" मोबाइल कट कर सब-इंस्पेक्टर ने मायूस स्वर में बताया, "एसएचओ स्वयं थे। रुकना पड़ेगा।"

अजीत के होंठों पर गहरी हो आई मुस्कराहट का अर्थ था, अब तमाशा देखने का मज़ा आएगा, "क्या कहते हो, संजय बाबू?"

संजय पूर्ववत् संजीदा था। फुसफुसाते हुए बोला, "लाश को छोड़कर तो नहीं ही जा सकते। इनका कोई भरोसा नहीं, लाश ही न ग़ायब कर दें।"

अजीत ने सुनिश्चित किया कि संजय की बात किसी ने सुनी या नहीं। शुक्र था कि पुलिसवाले अपने-आपमें व्यस्त थे। उसने भी धीमे स्वर में कहा, "भाई, लाश की दुर्गति नहीं देखी जा रही।"

"छोड़िए, जब पुलिसवालों को ही कोई सेंस नहीं तो हम क्या कर सकते हैं?" संजय ने अफ़सोस जताया।

"फिर भी..."

"पूछकर देखिए।"

अजीत ने नरम लेकिन खुले स्वर में अनुरोध किया, "दरोगा जी, कहिए तो लाश पर एक चादर डाल दें?"

"नहीं, ऐसा नहीं कर सकते। जब तक लाश की ज़ब्ती न हो जाए, पंचनामा नहीं हो जाता, कोई छेड़छाड़ सम्भव नहीं।" सादी वर्दीवाले ने एक बार फिर हस्तक्षेप किया।

"आप क्या कहते हैं, दरोगा जी?" संजय ने आजिज़ी से सब-इंस्पेक्टर से पूछा।

"मुंशी जी ठीक कह रहे हैं।" सब-इंस्पेक्टर ने सादी वर्दीवाले की पहचान और हिदायत की तसदीक़ की।

दोनों ग़म खाकर रह गए। बेचैनी से नज़र इधर-उधर घुमाते हुए ख़ुद को इस दृश्य से बाहर करने की कोशिश करने लगे। इस उपक्रम में पुलिया के नीचे दोनों कुत्ते लड़ते दिखे, आसमान में उड़ती चीलें अब भी तेज़-तेज़ मँडराती नज़र आईं। उमस बढ़ गई थी। ठहरी हवा दमघोंटू जान पड़ रही थी। संजय ने अपने बैग से पानी का बोतल निकाला और गटगट कई घूँट पी गया, जैसे कंठ में अटकी हूल को गटक जाना चाहता हो। अजीत ने भी संजय से बोतल लेकर मुँह में पानी भरा और पिच्च से कुल्ला कर दिया। एक चुल्लू पानी से मुँह पर छींटे मारे और ख़ाली बोतल कुत्तों की ओर फेंकते हुए दुत्कारा, "साला, कुत्ता अपनी जात दिखाना नहीं भूलता।"

अजीत की भड़ास को समझना मुश्किल नहीं था। संजय मुस्कराकर रह गया।

ऐन इसी वक़्त टेढ़ी पुलिया के दूसरी ओर कुछ दूरी पर एक पुलिस जीप आकर रुकी। चार-पाँच पुलिसवाले उतरे और टेढ़ी पुलिया की ओर आते दिखे। पुलिया पर मौजूद पुलिसवालों में फुसफुसाहट होने लगी थी।

"अरे डरना क्या, जो सच है, वो है!" सादी वर्दीवाले ने हौसला बढ़ाया।

"हाँ, हुज़ूर, मुंशी जी ठीके कह रहे हैं।" गमछे से मुँह पोंछते सिपाही ने भी समर्थन किया।

नरही थाने के पुलिसवाले ऊँचाई चढ़कर पुलिया पर आ गए थे। सब-इंस्पेक्टर समेत जीआरपी के सभी जवानों ने सावधान की मुद्रा में नरही थाने के एसएचओ का 'जयहिन्द' से अभिवादन किया। एसएचओ ने एक सरसरी नज़र लड़की की लाश पर डाली, मानो लाश देखना उसके लिए कोई सामान्य घटना हो। प्रतिक्रियाहीन उसका चेहरा प्रस्तरमुख लग रहा था। संजय और अजीत के लिए उसकी यह मुखमुद्रा हैरानकुन थी। एसएचओ ने सीधे सब-इंस्पेक्टर से पूछा, "दरोगा जी, आपको कैसे पता चला कि लाश आपके एरिया में नहीं है?"

"सर, वो क्या है कि मुंशी जी बताए।" जवाब देते सब-इंस्पेक्टर की आवाज़ लटपटा गई।

मुंशी जी बग़लें झाँकने लगे थे। लेकिन इस वक़्त इनकार करना मुमकिन नहीं हुआ। एसएचओ ने अपने एक सिपाही से एरिया डिटेल का विवरण माँगा। सिपाही ने एक डायरीनुमा किताब बढ़ा दी, जिसके एक पन्ने को खोलकर एसएचओ ने सब-इंस्पेक्टर को दिखाया, "क्या लिखा है?"

सब-इंस्पेक्टर के चेहरे पर हवाइयाँ उड़ने लगी थीं। उसे चुप देख एसएचओ ज़ोर देकर बोला, "टेढ़ी पुलिया का आधा हिस्सा जीआरपी का एरिया है और आधा

हिस्सा नरही थाने में आता है। अब बताइए, क्या किया जाए? डेड बॉडी तो दोनों के एरिया में है?"

सब-इंस्पेक्टर से लेकर अब तक दलील पर दलील दे रहे मुंशी को जैसे साँप सूँघ गया था। कोई फ़ैसला न होते देख संजय बोल पड़ा, "सर, आप सीनियर हैं, आप ही तय कर दीजिए।"

एसएचओ ने संजय और अजीत को तीक्ष्ण निगाहों से घूरा, फिर उनकी उपस्थिति का कारण पूछा। अजीत ने जवाब दिया, "लाश हमने देखी। कंट्रोल रूम को हमने फ़ोन किया।"

"अच्छा...अच्छा...बहुत अच्छा किया।" एसएचओ के अन्दाज़ में प्रशंसा कम उपहास का भाव ज़्यादा था, "आप जैसे नौजवानों की इस देश को बहुत ज़रूरत है।"

एसएचओ का यह अन्दाज़ संजय को नागवार गुज़रा, शुष्क स्वर में बोला, "ठीक है, सर, अब हम लोग चलें, बहुत देर हो गई।"

"अरे ऐसे कैसे चलें? लाश डिस्पोज़ होना बाक़ी है। आप दोनों का बयान भी दर्ज होगा। उसके बाद ही जाने दिया जाएगा।" एसएचओ ने क़ानूनी बन्दिश में घेर लिया।

"ठीक है, फिर चलिए, कार्रवाई शुरू करिए।" अजीत के मन में छुटकारे की उम्मीद जागी।

"कार्रवाई तो तब होगी जब एरिया तय हो जाएगा।" एसएचओ और सख़्त हो आया था।

एसएचओ का रुख़ और मिज़ाज देखकर दोनों ने चुप रहने में ही भलाई समझी। सब-इंस्पेक्टर और एसएचओ के बीच एरिया का मामला उलझता जा रहा था। एसएचओ सीनियर होने के कारण सब-इंस्पेक्टर पर हावी होना चाह रहा था, जबकि सब-इंस्पेक्टर अपनी ज़िद पर अड़ा हुआ था। स्थिति अशोभनीय और नाक़ाबिले बरदाश्त होती जा रही थी। भीतर ही भीतर भड़क रहे अजीत ने मोबाइल निकाला और कंट्रोल रूम को कॉल कर वस्तुस्थिति की जानकारी दे डाली। उधर से क्या कहा गया, नहीं पता, लेकिन उसके चेहरे से तमाशा देखने की उत्सुकता साफ़ नज़र आ रही थी। एक उचटती नज़र लड़की की लाश की ओर डाली, उसके दुर्भाग्य की सोच उसके अन्दर हूक-सी उठी। वह संजय के और क़रीब आ सटा।

"क्या हुआ?" संजय फुसफुसाया।

"देखो, क्या होता है?" असमंजस भरा अजीत का स्वर उतना ही मद्धिम था।

इस ऐंठे समय के बीच एसएचओ का मोबाइल बजा। उसने फुर्ती से मोबाइल को कान से लगाया और बुलन्द स्वर में एड़ियों पर उचका, "जय हिन्द, सर!"

यक़ीनन कोई बड़ा पुलिस अफ़सर था, जिसे एसएचओ ने सलामी ठोंकी थी। दूसरी ओर की बात सुनते हुए वह बार-बार 'सर...सर' किये जा रहा था। न कोई सवाल, न कोई जवाब, न कोई तर्क-वितर्क। बात ख़त्म होते ही एसएचओ ने हारे को हरिनाम की मन:स्थिति में अपने सिपाहियों को लाश उठाने का आदेश दिया। सब-इंस्पेक्टर, सादी वर्दी वाला मुंशी और उसके साथ के सिपाहियों ने राहत की साँस ली। वे बग़ैर रुके दबे पाँव वापस लौट गए। संजय ने उम्मीद से भरकर एक बार फिर एसएचओ से गुजारिश की, "सर, लाश को ढक दिया जाए।"

"लाश को पोस्टमार्टम के लिए ले जाया जाएगा।"

"सर, डेड बॉडी की भी गरिमा होती है, इतना ख़याल रखने को तो क़ानून भी कहता है।" संजय ने एसएचओ की बात बीच में ही काट दी।

"डीएसपी साहब को तुम लोगों ने ही फ़ोन किया था?" एसएचओ के अन्दाज़ में अब अकड़ नहीं थी।

न अजीत ने जवाब दिया, न संजय ने तसदीक़ की। अलबत्ता संजय ने अपने पिट्ठू बैग से सफ़ेद चादर निकालकर एक सिपाही की ओर बढ़ा दिया। सिपाही ने एसएचओ की ओर देखा। एसएचओ ने सर के इशारे से अनुमति दे दी। दो सिपाहियों ने मरे जानवर की तरह जवान लड़की की लाश को टाँगकर जीप तक पहुँचाया। एसएचओ के निर्देश पर एक सिपाही ने संजय और अजीत के बयान लिये। दोनों ने अपना नाम, पता और हस्ताक्षर दर्ज किया। एसएचओ ने उन्हें जाने का आदेश देते हुए कहा, "जब बुलाया जाए, बिना हीलहुज्ज़त हाज़िर हो जाना।"

दोनों ने सर हिलाकर हामी भरी और वहाँ से भागे जैसे मक़तल से छूटकर भागता है कोई!

दो हफ़्ते पहले

ज़िले के नये पुलिस कप्तान विनय कुमार ने अपनी ज्वाइनिंग के दूसरे दिन से थानों का निरीक्षण शुरू कर दिया था। हर थाने की फ़ाइलें खँगालीं, फ़रार अपराधियों की तुरन्त गिरफ़्तारी का आदेश दिया। जिनकी बेल ख़त्म हो गई थी, उनकी गिरफ़्तारी के लिए औचक अभियान चलाने का फ़रमान जारी किया, समय से चार्जशीट फ़ाइल न

करने वाले पुलिसकर्मियों को शोकॉज नोटिस दिया और पेंडिंग केसेज़ को रीओपेन करने की ताक़ीद की। इसी निरीक्षण के दौरान नरही थाने में रेप का एक ऐसा केस मिला, जो पिछले दस सालों से पेंडिंग पड़ा था। केस की पूरी डिटेल पढ़ने के बाद पुलिस कप्तान विनय कुमार अपने ऊपर नियंत्रण नहीं रख पाया। एसएचओ हरिनारायण मिश्रा को खा जाने वाले लहजे में तलब किया, "ये है आपके थाने का हाल? पिछले दस साल से पूजा देवी रेप केस जाँच के बिना पड़ा हुआ है? कोई गिरफ़्तारी नहीं, कोई चार्जशीट नहीं। ये थाना है या ख़ैराती होटल?"

एसएचओ हरिनारायण मिश्रा को कोई जवाब देते नहीं बना। उनके माथे पर पसीना छलक आया था। पचपन की उम्र और पुलिस नौकरी के पच्चीस साला अनुभव को इस अट्ठाईस साल के आईपीएस लड़के ने धोकर रख दिया था। अनुशासन में बँधे वह हमेशा अपने सीनियर अफ़सरों का आदेश सर झुकाकर मानने के क़ायल रहे हैं। 'जैसी बहे बयार, पीठ वैसी कर लीजे' के हिमायती। यही कारण है कि हर विपरीत परिस्थिति में भी सुर्ख़रू होकर निकले हैं। उनकी निरीह ख़ामोशी और चेहरे पर शर्मिंदगी का भाव पुलिस कप्तान पर बेअसर गया। उसने सख़्त स्वर में पूछा, "क्या एक्सप्लेनेशन है इसका? दस-दस साल तक केस बिना किसी नतीजे के पड़ा है और तुम्हें कोई फ़िक्र नहीं? ऐसे चलता है थाना? क्यों न तुमको सस्पेंड कर दिया जाए?" पुलिस कप्तान विनय कुमार फ़ाइल पटकते हुए अब 'तुम-ताम' पर उतर आया था।

एसएचओ कक्ष में उपस्थित मुंशी, बड़ा बाबू और तीमारदारी में लगे सिपाही के साथ-साथ बाहर बरामदे से लेकर हवालात तक सन्नाटा छा गया था। जिसे 'पिन ड्राप साइलेंस' कहते हैं, ऐसी चुप्पी कि सूई भी गिरे तो सिहरन-सी हो जाए। अगली अघटित की कल्पना में पूरा थाना कान बना हुआ था।

"कौन है इस केस का आईओ?"

पुलिस कप्तान का तेवर यथावत् था, लेकिन एसएचओ हरिनारायण मिश्रा को अपनी बात रखने का अवसर मिल गया, "सर, आईओ का ट्रांसफ़र हो गया। पता नहीं, वे कहाँ गए?"

"ट्रांसफ़र-पोस्टिंग तो होते रहते हैं, इससे क्या सारे मामले पेंडिंग रहेंगे?" पुलिस कप्तान विनय कुमार हत्थे से उखड़ गया, "केस का चार्ज देने की ज़िम्मेदारी किसकी थी? आईओ बनाने का काम किसका था?"

"सर, वो क्या है कि इस थाने में मेरी पोस्टिंग हुए अभी पाँच महीने हुए हैं?"

अपनी स्थिति बताने में अपनी ग़लती छुपाने की भी कोशिश थी।

"मिश्रा जी, ये चालाकियाँ मुझे मत पढ़ाओ! ज़्यादा होशियारी दिखाओगे तो लाइन हाज़िर कर दूँगा।" पुलिस कप्तान किसी हाल नरम पड़ता नहीं दिख रहा था, "केसेज़ की रिव्यू की ज़िम्मेदारी किसकी है?"

चलते चाबुक-सा सन्नाटा साँय-साँय कर रहा था। अदीठ मार कितनी कष्टकर होती है, थाने की दरो-दीवार महसूस कर रही थी। हर किसी को लग रहा था कि एसएचओ अब नपा कि तब नपा। एसएचओ सावधान की मुद्रा में तना ज़रूर था, लेकिन चेहरे पर तनाव कहीं ज़्यादा सघन था। अचानक पुलिस कप्तान विनय कुमार का स्वर नरम पड़ा, "इस पूजा रेप केस को ओपेन कीजिए। कोई तेज़-तर्रार आईओ को लगाइए। केस पर आप स्वयं भी नज़र रखेंगे। मैं रिज़ल्ट चाहता हूँ।"

"सर!" एसएचओ हरिनारायण मिश्रा ने एड़ियाँ बजाईं।

पुलिस कप्तान की गाड़ी नरही थाना परिसर से बाहर निकलते ही एसएचओ हरिनारायण मिश्रा सहित हर शख़्स ने राहत की साँस ली। बिना देर किये, उसी दिन, उसी वक़्त पूजा देवी रेप केस की जाँच का ज़िम्मा पवन चौहान नामक तेज़-तर्रार युवा एसआई को सौंपकर एसएचओ हरिनारायण मिश्रा ने लगभग घिघियाते हुए अर्ज़ किया, "पवन बाबू, थाना की इज़्ज़त और मेरी नौकरी आपके हाथ में है। पूरा मामला समझ लीजिए और कल से ही जाँच शुरू कर दीजिए।"

एसएचओ हरिनारायण मिश्रा का यह तलस्पर्शी व्यवहार एसआई पवन चौहान को भीतर तक भिगो गया। उनकी जैसी दुर्गति कप्तान साहब ने की थी, वह पवन चौहान को दुख और संवेदना से विगलित किये हुए था। उसने केस की फ़ाइल लेकर एसएचओ को विश्वास दिलाया, "सर, मैं अपनी तरफ़ से कोई कोर-कसर नहीं छोड़ूँगा।"

पवन चौहान के इस आश्वासन ने एसएचओ के आहत मन पर फ़ाहा रखा।

पेंडिंग केस की पड़ताल

पवन चौहान मोटरसाइकिल से सीधे पूजा देवी के गाँव अनोरा जा पहुँचा।

मुख्य सड़क से दाएँ मुड़ती सिंगल लेन सड़क अनोरा जाती थी। मुख्य सड़क और अनोरा वाली सड़क के तिकोन पर चाय, बिस्कुट, पकौड़ी की एक दुकान थी, जबकि उसके बग़ल में पान, बीड़ी, सिगरेट, गुटखा, चिप्स के दो-तीन खोखे

लाइन से खड़े थे। चाय की दुकान के बाहर बाँस के फट्टों को जोड़कर ग्राहकों के बैठने की मचाननुमा बेंच बनाई गई थी। यह आइडिया पवन चौहान को इतना भाया कि वह उस पर बैठकर चाय पीने का लोभ संवरण नहीं कर पाया। मोटरसाइकिल किनारे खड़ी कर चाय दुकान तक आया। उसे पुलिस वर्दी में देख वहाँ बैठे लोग उठकर खड़े हो गए। बाँस के मचान पर उसके बैठते ही किसी ने आवाज़ दी, "अरे दीपुआ, स्पेशल चाय पिला दरोगा जी को।"

पवन चौहान अपनी वर्दी, अपने रुतबे पर मन-ही-मन मुस्कराया। दीपुआ चाय बना रहा था। लोग उत्सुकता से भरे उसे देख रहे थे।

जिस व्यक्ति ने चाय का आदेश दिया था, उसी ने जिज्ञासा की, "क्या सर, इधर...कोई ख़ास बात?"

"आप?" पवन चौहान ने परिचय जानना चाहा।

"रफ़ीक अंसारी, अनोरा का मुखिया।" चाय का आदेश देने वाले ने बताया।

"हाँ, एक इन्क्वायरी है।" पवन चौहान का सपाट स्वर सनसनी-सा उठा और वहाँ उपस्थित हर किसी को अपनी गिरफ़्त में ले लिया। चाय आ चुकी थी। चाय की पहली चुस्की के साथ उसने पूछा, "रघुवंश प्रसाद का घर किधर पड़ेगा?"

रफ़ीक अंसारी हिचके, माजरा क्या है, लेकिन जवाब तो देना था, बोले, "रघुवंश बाबू तो यहीं थे। चाय पीकर अभी गए हैं।"

"आप साथ चलते तो उनके घर पहुँचने में आसानी होती।" पवन चौहान चाय ख़त्म कर चलने को उद्धत हुआ।

रफ़ीक अंसारी ने चायवाले को पैसे दिये और पवन चौहान के साथ चल पड़ा। रास्ते में पता चला कि वह पिछले तीन टर्म से मुखिया हैं कि उनके गाँव में हिन्दू-मुस्लिम का कोई मसला नहीं है, कि रघुवंश बाबू उनके बचपन के संघतिया हैं, कि सरकारी योजनाओं का लाभ उनके गाँव में सबको मिल रहा है। बातों-बातों में रफ़ीक अंसारी ने एक घर के सामने मोटरसाइकिल को रोकने का इशारा किया। मोटरसाइकिल जैसे ही रुकी, रफ़ीक अंसारी उतरकर लपके और दरवाज़े पर खड़े होकर हाँक लगाई, "हो रघुवंश भाई, रघुवंश भाई हो, देखिए, कोई आपसे मिलने आया है।"

रफ़ीक अंसारी ने 'पुलिस आई है' या 'दरोगा जी आए हैं', जानबूझकर नहीं बताया। उन्हें लगा कि इससे मन में डर समा जाएगा। बग़ैर विलम्ब रघुवंश प्रसाद दरवाज़े में प्रकट हुए। साथ में दरोगा जी को देखकर चिहुँके। चिहुँककर पूछा, "क्या बात है, संघतिया?"

रफ़ीक अंसारी के जवाब देने से पहले पवन चौहान ने अपने आने का मक़सद बताया, "आपकी बेटी पूजा देवी के रेप मामले में आपसे कुछ बात करनी थी।"

रघुवंश प्रसाद का चेहरा एकबारगी स्याह पड़ गया। रफ़ीक अंसारी भी परेशान दिखे। पवन चौहान ने वस्तुस्थिति को भाँपकर बेहद नरम स्वर में अर्ज़ किया, "देखिए, क्या है कि इस केस को अब हम देख रहे हैं। आप मदद करें तो हम आपकी बेटी को न्याय दिला सकेंगे।"

रघुवंश प्रसाद का कंठ अवरुद्ध था, वह कहीं गहरे चुप्पी में जकड़े हुए थे। रफ़ीक अंसारी ने स्थिति सँभाली, "दरोगा जी, आइए, अन्दर बैठकर बात करते हैं।"

पवन चौहान ने ग़ौर किया कि आसपास से गुज़रते लोग उसे वर्दी में देखकर ठिठक जा रहे थे। उसे भी अन्दर बैठकर पूछताछ करने में आसानी होगी, यह सोचकर वह भी रघुवंश प्रसाद और रफ़ीक अंसारी के पीछे घर के अन्दर चला आया। यह दालान थी, जिसमें एक ख़ाली चिकनी चौकी थी और प्लास्टिक की दो कुर्सियाँ पड़ी थीं। एक पर रफ़ीक अंसारी बैठे, दूसरे पर वह बैठा। चौकी पर पालथी मारकर बैठे रघुवंश प्रसाद अभी भी गुम्मी में थे। रफ़ीक अंसारी ने चुप्पी तोड़ी, "दरोगा जी, सरकार को दस साल बाद इस मामले की याद आई? यह अपने-आपमें नाइंसाफ़ी है।"

"देखिए, वो क्या है कि..."

पवन चौहान की बात काटते हुए रघुवंश प्रसाद रुआँसे स्वर में बोले, "दरोगा जी, हमें कोई न्याय नहीं चाहिए। हम उस घटना को भूल चुके हैं।"

पवन चौहान हैरानी से रघुवंश प्रसाद को देखता रह गया। उनकी आँखों में नमी थी...चेहरा दर्द से भरा था...देह दुख के स्थायी भाव में थी। उसकी हैरानी को रफ़ीक अंसारी ने लक्ष्य किया, "दरोगा जी, अच्छा होता कि आप इस मामले को छोड़ ही देते, जिस गाँव जाना नहीं, उसके कोस गिनकर क्या करेंगे?"

"आप लोगों की नाराज़गी जायज़ है। लेकिन केस बन्द कैसे हो सकता है? क़ानून को अपना काम तो करना ही होगा न?" पवन चौहान ने सहानुभूति के साथ समझाने की कोशिश की।

"हुज़ूर, हम ऐसे क़ानून का क्या करें जो पीड़ित को न जीने दे, न मरने दे? हम हाथ जोड़ते हैं, हमें इस केस में नहीं पड़ना!" रघुवंश प्रसाद दोनों हाथ जोड़कर गिड़गिड़ा पड़े।

"बात क्या है, आप डर रहे हैं? आरोपी धमकाता है? हमारी मदद कीजिए। हम उसे उसके असली ठिकाने तक पहुँचाएँगे।"

"दस साल से तो वो छुट्टा घूम रहा है।" रफ़ीक अंसारी का रोष दबे स्वर में फूटा, "आप कहते हैं, उसे असली ठिकाने तक पहुँचाएँगे?"

पवन चौहान को जवाब देते नहीं बना। पुलिस की लापरवाही ने न्याय की कामना को कैसे त्रासदी में बदलकर रख दिया था! यह दुख जिस पर गुज़रा है, जो तिल-तिलकर जिया-मरा है, उसका दर्द किसी लफ़्फ़ाज़ी से कम नहीं हो सकता। दालान के भीतरी दरवाज़े पर आकर एक महिला खड़ी हो गई थी, समझते देर नहीं लगी कि वह रघुवंश प्रसाद की पत्नी है। सर पर आँचल होने के बावजूद रूखे बाल, धँसी आँखें, झुर्रियों से भरा चेहरा, बेरंग हो चुकी देह उनके दुख के थपेड़ों की कहानी कह रही थी।

वह महिला भर्राए स्वर में बोलीं, "सुनिए साहेब, हमरी बेटी का बियाह हो चुका है। उसकी गिरहस्थी बस गई है। हम अब उसका जीवन बर्बाद नहीं कर सकते।"

इस केस के दुबारा खुलने से पूजा का बसा-बसाया घर तबाह हो जाएगा। उसकी ज़िन्दगी नर्क हो जाएगी। परिवार की इज़्ज़त फिर उछाली जाएगी। पूजा के बाल-बच्चे हुए तो वे भी सदमे का शिकार हो जाएँगे। इन सारे ख़यालों के बीच पवन चौहान को क़ानून और सहानुभूति की दोधारी तलवार पर सन्तुलन साधना कठिन हो रहा था; बोला, "रघुवंश बाबू, पूजा को न्याय दिलाना क़ानून का काम है। लेकिन अब हालात ऐसे हैं कि एक तरफ़ कुआँ है, दूसरी तरफ़ खाई। मेरी राय है, आप कल थाना आ जाइए। एसएचओ साहब से बात-विचार करके कोई रास्ता निकाला जाएगा।"

रघुवंश प्रसाद, रफ़ीक अंसारी भी उठ खड़े हुए थे। पूजा की माँ दरवाज़े के बीच किसी मूर्ति-सी जड़ थी। उनसे नज़र मिलाने का साहस नहीं कर पाया पवन चौहान।

पड़ताल का दूसरा दिन

पवन चौहान की दी रिपोर्ट से एसएचओ हरिनारायण मिश्रा पहले तो चकराए, फिर केस की जाँच और उसकी अद्यतन स्थिति को ध्यान में रखते हुए लगा कि यह जानकारी उसे तत्काल कप्तान साहब को दे देनी चाहिए। उनकी नाराज़गी और अपनी ख़राब हुई छवि दुरुस्त करने का यह अच्छा अवसर था। इस ख़याल के साथ ही उन्होंने मोबाइल से आनन-फ़ानन पुलिस कप्तान को पूजा बलात्कार कांड की अद्यतन जानकारी दी। एक-एक बात वह इस नाटकीयता से बताते रहे, जैसे

सब कुछ उनकी आँखों के सामने घटा हो। एसएचओ की मुखमुद्रा, देहभाव और आवाज़ का आरोह-अवरोह देखकर किसी को भी यह भ्रम हो सकता था कि यह आदमी किसी भाँड़ मंडली में होने के बजाय पुलिस में कैसे आ गया? नाटक जारी था, शायद कप्तान साहब ख़ुश थे। लेकिन ये क्या? देखते ही देखते एसएचओ साहब की घिग्घी बँध गई। फ़्यूज़ हुए बल्ब की मानिंद उसकी ख़ुशी काफ़ूर हो चुकी थी। फँसे गले से उसने जय हिन्द कहा।

पवन चौहान ने उत्सुकतावश पूछा, "क्या हुआ सर, क्या बोले कप्तान साहब?"

"साला कल का लौंडा हमको क़ानून सिखा रहा है। मोर्चा हम सँभालें... मुख्यालय में बैठकर फुटानी ये छाँटेंगे।" नाकाम ग़ुस्से की पीक घोंटते एसएचओ हरिनारायण मिश्रा बुरी तरह आहत थे, "ओबीसी है न, जानबूझकर ब्राह्मण का अपमान कर रहा है। देखिएगा, एक दिन भुगतेगा।"

पवन चौहान ने एसएचओ की बात पर ध्यान दिये बिना फिर पूछा, "हुआ क्या, बताइए तो सही?"

"अरे कहेगा क्या?" हरिनारायण मिश्रा की झुँझलाहट आक्रामक थी, "कहता है, इस मामले में हुई लापरवाही के लिए पूरे थाने को पनिश करेगा। बताओ तो, किसी की करतूत की सज़ा पूरा थाना भुगतेगा?"

"सर, अनुशासन और आदेश, इसी से बँधे हैं हम।"

पवन चौहान के इस आप्त वचन को सुनकर हरिनारायण मिश्रा कसमसाए। कड़वी सच्चाई थी, मजबूरी ही सही, निगल गए, "कह रहा था आरोपी को हर हाल में गिरफ़्तार करो। एक रेपिस्ट खुलेआम घूम रहा है और पुलिस हाथ पर हाथ धरे बैठी है। इट्स शेमफुल।"

पवन चौहान की आँखों में पूजा देवी की माँ आ खड़ी हुई। गिड़गिड़ाते पिता का स्याह चेहरा, निरीहता में जुड़ा हाथ उसे झकझोर गए। स्वयं को सँभालते हुए उसने उम्मीद जताई, "सर, पूजा के पिता कल आएँगे। उन्हें वस्तुस्थिति समझाकर केस वापस लेने को कहेंगे।"

"तुम क्या समझते हो, वह केस वापस ले लेगा?" एसएचओ की आँखें चमकीं।

"सर, उन्हें बताएँगे कि केस वापस नहीं लेने पर जाँच होगी। जाँच हुई तो पूजा देवी के रेप का मामला फिर उछलेगा। पूजा को कोर्ट में पेश होना पड़ेगा। प्रेस, सोशल मीडिया सब जगह ख़बर चलेगी, जिसे रोकना सम्भव नहीं होगा।"

पवन चौहान की वर्दी के नीचे की चमड़ी अपनी असली रंगत में आ चुकी थी। उसे आपदा में अवसर नज़र आ रहा था। अपने-आपको नायाब आईओ साबित करने का यह सही मौक़ा था उसके पास।

"पवन चौहान, तुम बहुत आगे जाओगे। तुमको इस ब्राह्मण का आशीर्वाद है।" अपने दोनों हाथ उठाकर एसएचओ हरिनारायण मिश्रा ने हर्ष वर्षा की।

पड़ताल का तीसरा दिन

थाने का गेट निहारते पवन चौहान की आँखें थक चुकी थीं।

पूजा देवी के पिता रघुवंश प्रसाद की राह देखते-देखते शाम के पाँच बज गए, लेकिन न कोई आगम, न कोई सुराग़। दिन जैसे-जैसे ढल रहा था, पवन चौहान की आस डूबती जा रही थी। उसकी निराशा, उसकी हताशा क्रोध में तब्दील हो गई थी। उसकी जाँच के आड़े आई यह नाफ़रमानी नागवार गुज़री। वह उसी ताव में उठा और मोटरसाइकिल लेकर अनोरा गाँव के लिए निकल पड़ा। इस बार वह चाय की दुकान पर रुकने के बजाय सीधे रघुवंश प्रसाद के घर पहुँचा। दरवाज़े पर ताला लटका देख, उसका मुँह एकदम लटक गया। व्यग्रता से इधर-उधर देखा और सामने वाले घर से बाहर निकलते एक बुज़ुर्ग से तेज़ स्वर में पूछा, "रघुवंश प्रसाद के घर में ताला लगा है, कहीं गए हैं क्या?"

बुज़ुर्ग ने अपनी आँखों पर दाहिनी हथेली रखकर उसे ग़ौर से देखा, फिर निरपेक्ष भाव से बोला, "वो दोनों प्राणी तो राते में ताला लगा के चला गया।"

"कहाँ गए, कुछ पता है?" पवन चौहान ने बड़ी उम्मीद से जिज्ञासा की।

"नहीं...यह तो नहीं पता। रघुवंश बाबू हड़बड़ी में थे। लग रहा था, जैसे जान छुड़ाकर भाग रहे हैं।" उस बुज़ुर्ग ने अफ़सोस जताया।

पवन चौहान पूछते-पाछते रफ़ीक अंसारी के घर जा पहुँचा। रफ़ीक अंसारी अपने बरामदे में बैठे मिल गए। दारोगा पवन चौहान को देखकर उठे और उसका स्वागत करते हुए कहा, "धन्यभाग जो हमारे दरवाज़े पधारे।"

पवन चौहान किसी भावुकता में, किसी नरमाहट में नहीं फँसना चाहता था। उसने सख़्त लहजे में पूछा, "मुखिया जी, रघुवंश प्रसाद थाना नहीं पहुँचे। उनके घर पर ताला लगा है। कहाँ गए वो?"

"साहेब, पता नहीं, वो रातोंरात किधर निकल गए? मुझे भी नहीं बताया। मैं

ख़ुद उनको लेकर परेशान हूँ।" रफ़ीक अंसारी के स्वर में चिन्ता व्याप्त थी।

"मुखिया जी, रघुवंश बाबू ने अच्छा नहीं किया। अब उनके ख़िलाफ़ सम्मन होगा। हाज़िर नहीं हुए तो फ़रार घोषित किया जाएगा। क़ानून के साथ मज़ाक़ भारी पड़ेगा।" पवन चौहान ने अपने भीतर भरा सारा पराजय, अपमान एक साथ उड़ेल दिया।

रफ़ीक अंसारी का धैर्य भी जवाब दे गया। उन्होंने भी उसी तैश में उलाहना दिया, "क़ानून का मज़ाक़ तो आप पुलिसवालों ने बना रखा है। एक मासूम के साथ बलात्कार हुआ और आप लोग हाथ पर हाथ धरकर बैठे रहे। उस लड़की पर क्या बीती, उसके परिवार पर क्या गुज़री, नहीं सोचा आप लोगों ने। अब जब लड़की अपनी ज़िन्दगी नये सिरे से जी रही है, आपका क़ानून उसे तबाह करने पर आमादा है। नहीं, उस बुरे सपने को रघुवंश बाबू फिर ज़िन्दा नहीं करना चाहते। वह क़ानून से नहीं, क़ानून की नंगई से पीछा छुड़ाकर भागे हैं।"

अब तक वहाँ कई ग्रामीण आ जुटे थे। रफ़ीक अंसारी की दलील में घिरे पवन चौहान ने चुप रहना ही उचित समझा। वह चुपचाप अनोरा से लौट पड़ा।

देर शाम पवन चौहान ने एसएचओ के कहने पर हिचकते हुए पुलिस कप्तान को सूचित किया कि पूजा देवी के पिता गाँव छोड़कर भाग गए हैं और कहाँ गए, कोई जानकारी नहीं मिल रही है, इसलिए श्रीमान से उचित मार्गदर्शन की अपेक्षा है। पुलिस कप्तान विनय कुमार ने उधर से खरी-खोटी सुनाते हुए माँ-बहन एक कर दी और उसी रौ में आदेश दे डाला, "कर्तव्य में लापरवाही के लिए तुम्हें सस्पेंड कर रहा हूँ।"

पवन चौहान के पैरों के नीचे ज़मीन खिसक गई। उसका दिल डूबता जान पड़ा। अवाक् वह किसी निर्वात में जड़ होकर रह गया था।

टेढ़ी पुलिया पर लाश ज़ब्ती के बाद

टेढ़ी पुलिया रेल लाइन से ज़ब्त की गई लड़की की लावारिस लाश की पोस्टमार्टम रिपोर्ट में लड़की की मृत्यु का कारण ट्रेन से गिरने या धक्का देकर गिराए जाने के बजाय उसकी गला घोंटकर हत्या किये जाने की आशंका व्यक्त की गई थी। लड़की की हत्या कहीं और करने के बाद लाश रेलवे लाइन के किनारे लाकर फेंकने के पीछे हत्या को दुर्घटना दर्शाने की कोशिश जान पड़ती है। लड़की की

देह पर जो ज़ख़्म थे, उनकी वजह स्वयं के बचाव में की गई उसकी जद्दोजहद हो सकती थी। कुत्तों के नोचने से भी देह पर कई ज़ख़्म बताए गए थे। लड़की के साथ हालिया रेप होने के कोई सबूत नहीं मिले थे। लेकिन सबसे बड़ी समस्या थी लड़की की शिनाख़्त। पुलिस कप्तान के निर्देश पर लड़की की (लाश) तसवीर अख़बारों में प्रकाशित कर उसकी पहचान के लिए लोगों से अपील की गई। नरही थाने के एसएचओ हरिनारायण मिश्रा ने लड़की की तसवीर की कंप्यूटर कॉपी निकलवाकर अनेक सार्वजनिक स्थानों पर भी चिपकवा दी थी, जिसका परिणाम यह हुआ कि जल्द ही लाश की शिनाख़्त हो गई।

उस लावारिस लाश की शिनाख़्त के लिए स्वयं अनोरा गाँव के मुखिया रफ़ीक अंसारी थाने तक चलकर आए। उनके साथ गाँव के कुछ और ग्रामीण भी थे। सभी ने एक स्वर से तसदीक़ की कि मृत लड़की रघुवंश प्रसाद की बेटी पूजा देवी थी। अपने माता-पिता के गाँव छोड़कर अचानक ग़ायब हो जाने की ख़बर पाकर वह बहुत परेशान थी। उन्हीं की खोज-ख़बर लेने गाँव आई थी। पुलिस की कार्रवाई और पिता को थाने से बुलावे की बात सुनकर, वह ख़ुद थाने में हाज़िर होकर जाँच में सहयोग देने की बात कर रही थी।

रफ़ीक अंसारी और अन्य ग्रामीणों की बात सुनकर एसएचओ हरिनारायण मिश्रा को लगा, वह कोई तिलिस्मी कहानी सुन रहे हों। यक़ीनी और नायक़ीनी के बीच ऊभ-चूभ होते पूछ बैठे, "फिर वह लड़की पूजा देवी टेढ़ी पुलिया पर मरी हुई कैसे पाई गई?"

"सर, यह हम कैसे बता सकते हैं? यह तो आपका काम है।" रफ़ीक अंसारी ने आर्द्र स्वर में कहा, "हम इतना बता सकते हैं कि पूजा अनोरा चट्टी से एक ऑटो पर बैठकर नरही थाने के लिए निकली थी, फिर क्या हुआ, हमें नहीं पता। हमें लगा, थाने में हाज़िरी लगाकर शायद वह उधर से ही अपनी ससुराल चली गई होगी। यह तो उसका फ़ोटो देखकर पता चला कि वह इस दुनिया में ही नहीं रही।"

रफ़ीक अंसारी अपनी बात ख़त्म करते-करते भावुक हो आए थे। देर से जमा दुख छलछला पड़ा था। पूजा उनके संघतिया रघुवंश प्रसाद की ही नहीं, उनकी भी बेटी समान थी।

एसएचओ हरिनारायण मिश्रा हारे हुए जुआरी की तरह ख़ाली हाथ रह जाने के कारण समझ नहीं पा रहे थे कि वह कहें तो क्या कहें?

पुलिस रिव्यू मीटिंग

क्राइम रिव्यू मीटिंग में सारा मामला तफ़सील से जानकर पुलिस कप्तान विनय कुमार ने एसएचओ हरिनारायण मिश्रा को तलब किया, "उस ऑटो का पता लगा जिस पर सवार होकर लड़की थाना आ रही थी?"

"सर, पता लगा रहे हैं। अभी कोई सुराग़ नहीं मिला है।" हरिनारायण मिश्रा का गला सूख आया था।

पुलिस कप्तान विनय कुमार ने क़हर ढाती आवाज़ में पूछा, "तुम्हें एक ऑटो का सुराग़ नहीं मिल रहा? क्या मज़ाक़ है? किसने तुम्हें एसएचओ बना दिया?"

एसएचओ हरिनारायण मिश्रा का ख़ून खौल गया...क्रोध की चिंगारियाँ रोम-रोम में फूटने लगीं। जी में आया, इस बदतमीज़ पुलिस कप्तान का मुँह तोड़ दें, लेकिन हाय रे नौकरी! बेबसी ऐसी कि ज़बान को लकवा मार गया। अनुशासन से बँधे वह कड़वा घूँट पीकर रह गए। उन्हें चुप देख पुलिस कप्तान ने एक और सवाल दाग दिया, "पूजा देवी के बलात्कारी नामज़द की गिरफ़्तारी का क्या हुआ?"

एसएचओ हरिनारायण मिश्रा को लगा, जैसे पुलिस कप्तान उसे हर हाल में नाकाम साबित करने में लगा हो। एक क्षण को तो उसके मन में यह धारणा करवट ले बैठी कि उसके ब्राह्मण होने के कारण वह उसे जानबूझकर अपमानित कर रहा है, लेकिन अगले ही क्षण पुलिस की तमाम कारगुज़ारियाँ याद आते ही लगा कि यहाँ तो हर कोई एक-दूसरे को अपमानित करने में लगा है। बस, मौक़े-मौक़े की बात है।

साहब के हर सवाल पर चुप रहना सम्भव नहीं था। साहस कर जवाब दिया, "सर, उसकी गिरफ़्तारी के लिए लगातार दबिश दे रहे हैं।"

पुलिस कप्तान की ब्रीफ़िंग

टेढ़ी पुलिया रेलवे लाइन से लावारिस लाश की बरामदगी और उसकी शिनाख़्त से लेकर उसकी हत्या के कारण की पूरी कहानी विस्तार से बताते हुए पुलिस कप्तान विनय कुमार ने रोज़ाना होने वाली प्रेस ब्रीफ़िंग में बड़े नाटकीय अन्दाज़ में घोषणा की, "मुझे बताते हुए ख़ुशी हो रही है कि पुलिस ने टेढ़ी पुलिया रेल लाइन किनारे मिली लाश, जिसकी शिनाख़्त पूजा देवी पुत्री रघुवंश प्रसाद, ग्राम अनोरा, थाना

नरही के रूप में हुई थी, उसकी हत्या की गुत्थी सुलझा ली है। पुलिस ने उसके हत्यारे को भी गिरफ़्तार करने में सफलता हासिल की है।"

पुलिस कप्तान की दी गई इस जानकारी से पत्रकारों के बीच सनसनी, फुसफुसाहट और उत्सुकता ने एक साथ सर उठाया और उन्होंने अपने सर उठाकर पुलिस कप्तान की ओर इस एकाग्रता से देखा, जैसे उसकी दी गई जानकारी किसी भी हाल में मिस नहीं कर सकते। दरअसल एक क्राइम रिपोर्टर के लिए इससे अच्छी ख़बर कोई हो भी नहीं सकती। लिहाज़ा उनका दत्तचित्त होना उनके प्रोफ़ेशन की माँग है। पुलिस कप्तान ने अपने दाहिनी ओर के दरवाज़े की ओर देखते हुए आवाज़ लगाई, "ले आइए सिपाही जी, गिरफ़्तार को प्रेस के सामने ले आइए।"

बाहर खड़ा सिपाही जैसे कप्तान साहब के आदेश की ही प्रतीक्षा कर रहा था। उसने सर से गर्दन तक काले नक़ाब में ढके एक शख़्स को धकेलते हुए सबके सामने लाकर खड़ा कर दिया। काले नक़ाब में खड़े उस आदमी की शक्लोसूरत कैसी है, उसकी उम्र कितनी है, अन्दाज़ा लगाना सम्भव नहीं था। क़ानून गिरफ़्तार अपराधी की पहचान उजागर करने से मना करता है, इसलिए उसके बाबत जो जानकारी सामने आएगी, वह पुलिस की बताई हुई होगी और रिपोर्टर्स को उसी लाइन पर अपनी रिपोर्ट बनानी होगी।

पुलिस कप्तान उस नक़ाबपोश की ओर इशारा करके बोला, "ये है पूजा देवी का हत्यारा। इसने अपना जुर्म क़बूल कर लिया है।"

"कौन है ये? कैसे हुई इसकी गिरफ़्तारी?" किसी बेसब्र पत्रकार ने सवाल किया।

"इसका नाम लटवा उर्फ़ बिरज, उम्र 32 साल, पुत्र सिंगार साधू, ग्राम मुरिया, थाना नरही है। यह ऑटो चलाता है। पूजा देवी इसी के ऑटो से अपने गाँव अनोरा चट्टी से नरही थाने के लिए चली थी। रास्ते में इसने सुनसान इलाक़ा देखकर पूजा देवी के साथ ज़बरदस्ती करने की कोशिश की। पूजा देवी के विरोध और धक्कामुक्की में इसके सर पर चोट लग गई। सर पर चोट लगने और अपने मक़सद में नाकाम होने से अपना आपा खो बैठा। ख़ुद के पहचान लिये जाने के डर से ही इसने पूजा देवी की गला दबाकर हत्या कर दी।"

पुलिस कप्तान के सामने सारी जानकारी लिखकर रखी हुई थी, बीच-बीच में उन जानकारियों पर नज़र डालता हुआ वह उन्हें अपनी तरह से विस्तारित कर रहा था।

एक अनुभवी पत्रकार ने सवाल किया, "कप्तान साहब, हत्या अगर अनोरा और नरही के बीच हुई तो पूजा देवी की लाश टेढ़ी पुलिया पर कैसे पहुँची?"

"यह ख़ुद बताएगा कि लाश टेढ़ी पुलिया कैसे पहुँची?" कप्तान साहब ने नक़ाबपोश की ओर मुँह उठाकर आदेश दिया, "बताओ जी, पूजा देवी की लाश टेढ़ी पुलिया कैसे पहुँची?"

नक़ाबपोश की आँखें दो सूराख़ों के पीछे से झाँक रही थीं। उसके मुँह के पास एक छोटा-सा कटनुमा सूराख़ था, उसी से उसकी सहमी-सी आवाज़ निकली, "उस लड़की की मौत से हम डर गए थे, सर। गाँव के रूट में लाश फेंकने से पकड़ाने का ख़तरा था, इसलिए लाश को रात होने तक छुपाए रहे। जब चारों ओर सन्नाटा पड़ गया तो लाश को ले जाकर रेल लाइन पर फेंक दिये। सोचे, लाश ट्रेन से कट जाएगी। किसी को कुछ पता नहीं चलेगा।"

"प्लानिंग तो परफ़ेक्ट थी इसकी, लेकिन कुत्ते लाश को रेल लाइन से घसीटकर टेढ़ी पुलिया पर ले आए, जिससे इसकी चाल सफल नहीं हो पाई। फिर पुलिस की तत्परता और जाँच की सही दिशा ने इसकी गिरफ़्तारी को मुमकिन बना दिया। कल कोर्ट में पेशी के बाद इसे रिमांड पर लेकर आगे की जाँच पूरी की जाएगी।" पुलिस कप्तान के चेहरे पर कामयाबी की चमक थी, गर्दन में हल्की-सी अकड़ साफ़ नज़र आई।

"एसपी साहब, इसका मतलब ये हुआ कि पूजा देवी की हत्या की वजह उसका रेप करने में हुई नाकामी थी?" एक अनुभवी पत्रकार ने सीधे घेर लिया।

"जी, जी, हत्या का उद्देश्य तो यही था।"

"कप्तान साहब, इसी पूजा देवी का दस साल पहले रेप हुआ था। उसके नामज़द अभियुक्त को पुलिस आज दस साल बाद भी गिरफ़्तार नहीं कर पाई है। आपको नहीं लगता कि अगर उस वक़्त पूजा देवी का बलात्कारी गिरफ़्तार कर लिया गया होता तो आज दुबारा किसी पूजा देवी का ये हश्र न होता?" एक दबंग पत्रकार ने सीधा आरोप लगाकर पुलिस कप्तान को कठिनाई में डाल दिया, "अपनी नाकामी छुपाने के लिए तो नहीं पुलिस यह लीपापोती कर रही?"

पुलिस कप्तान ने ख़ुद को संयत किया और ठसक से जवाब दिया, "आपको पता होगा, इस पेंडिंग केस को मैंने ही रीओपेन कराया था, तो इसमें लीपापोती का कोई औचित्य ही नहीं बनता।"

"फिर भी पूजा देवी को न्याय अब तक नहीं मिल पाया। उसका नामज़द बलात्कारी आज भी खुलेआम घूम रहा है?" वही सवाल नई धमक के साथ गूँजा।

बग़लें झाँकते पुलिस कप्तान ने बड़ी कठिनाई से जवाब दिया, "देखिए, जिस

तरह हमने पूजा देवी के हत्यारे को गिरफ़्तार करने में कामयाबी हासिल की है, उसी तरह हम उसके बलात्कारी को भी शीघ्र गिरफ़्तार कर लेंगे। पुलिस दबिश बनाए हुए है।"

इसके साथ ही पुलिस कप्तान ने ब्रीफ़िंग समाप्ति की घोषणा कर दी। अपने-अपने सवाल, जवाब, सन्देह और सत्य लेकर पत्रकार विसर्जित हो गए।

झपट्टा मारती चील

एएसआई भर्ती परीक्षा का रिज़ल्ट आने की उम्मीद में रोज़ अख़बार देख रहे अजीत ने एक-एक पन्ना पलट डाला, लेकिन न रिज़ल्ट, न रिज़ल्ट की सम्भावना से सम्बन्धित कोई ख़बर दिखी। उलटे इस परीक्षा में बड़े पैमाने पर हुए कदाचार की आशंका व्यक्त करती ख़बर अवश्य मुँह चिढ़ा रही थी। हताशा, निराशा, धैर्य और संयम को साधने के उपक्रम में अचानक उसकी नज़र टेढ़ी पुलिया पर बरामद लाश के बारे में छपी ख़बर पर पड़ गई। मोटे-मोटे अक्षरों में छपी हेडलाइन चीख़-पुकार कर रही थी : 'पुलिस की बड़ी कामयाबी, टेढ़ी पुलिया पर बरामद लाश की शिनाख़्त, हत्यारा गिरफ़्तार।' अजीत को टेढ़ी पुलिया का पूरा प्रकरण याद आ गया। कौन थी वह लड़की...क्या था उसकी मृत्यु का कारण जैसे तमाम सवालों ने उसकी जिज्ञासा बढ़ा दी। ख़बर पढ़ने की उत्सुकता दबा नहीं पाया। पूरी ख़बर पढ़ने के बाद वह अवाक् रह गया। उस लड़की की नियति उसे दुखी कर गई। उसने भारी मन से अख़बार संजय की ओर बढ़ा दिया।

संजय ने उस ख़बर के एक-एक शब्द, एक-एक वाक्य को साँस थामकर पढ़ा। जैसे-जैसे ख़बर पढ़ता जा रहा था, उसकी पेशानी पर सलवटें उभरती जा रही थीं। ख़बर ख़त्म होते न होते वह चरम हताशा में धँसता चला गया। भीतर उठती हूल को रोकने की कोशिश में अपना चेहरा अख़बार से ढक लिया, गोया इस स्याह-सच से आँखें मूँद लेना चाह रहा हो! लेकिन यह आसान नहीं था। मुँदी आँखों में एकबारगी टेढ़ी पुलिया पर पड़ी लड़की की क्षत-विक्षत नग्न लाश उभर आई, लाश को घसीटते कुत्ते नज़र आए, उन कुत्तों की नूरा कुश्ती में उनके पैने दाँत दिखे।

ऐन तभी आसमान से झपट्टा मारती चील पूरे दृश्य पर छा गई।

लहरिया कट

वह तेज़ रफ़्तार मोटरसाइकिल, जब तक उनके पास पहुँचती, उन्हें इतना समय मिल गया कि किसी ख़रगोश की फुर्ती-से, सड़क से आधा फुट ऊपर उठी उस फुटपाथ पर चढ़ गए, जो फुटपाथी दुकानदारों की अनुपस्थिति के कारण अभी ख़ाली पड़ी पूर्ण प्रशस्त थी। फ़िलहाल, फुटपाथ पर चढ़कर वह ख़ुद को महफ़ूज़ महसूस कर रहे थे। फिर भी वह उस मोटरसाइकिल को मुड़-मुड़कर देख रहे थे, और मन-ही-मन कुछ बुदबुदा रहे थे। इस बुदबुदाने में उनका डर था। डर को व्यक्त करने की चुनी हुई शब्दावलियाँ थीं और इन्हीं की ओट में उस डर पर क़ाबू पाने की कोशिश भी थी। वो मोटरसाइकिल जो अब तक उनसे काफ़ी दूर जा चुकी थी, उसकी आवाज़ की सनसनाहट उनके कानों में अभी भी बनी हुई थी।

वह जब घर से बाहर होते हैं और पैदल चल रहे होते हैं, उनकी कोशिश होती है कि फुटपाथ पकड़कर चलें, गोकि आम तौर पर यह सम्भव नहीं होता है, क्योंकि ज़्यादातर फुटपाथों को दुकानदारों ने घेर रखा होता है। इन स्थितियों में वह भरसक सड़क के सबसे किनारे लगकर चलते हैं। फिर भी, डर की धुकधुकी बनी रहती है, इस वजह से वह हमेशा चौकन्ने भी रहते हैं।

यह सुबह-सुबह का वक़्त था। वह मॉर्निंग वॉक से लौट रहे थे। दुकानें अभी खुली नहीं थीं, लिहाज़ा, फुटपाथ से लेकर सड़क तक मामूली आवाजाहियाँ थीं, इस वजह से यह इलाक़ा अभी जन-संकुल नहीं हुआ था। ऐसे में उनके डर और मोटरसाइकिलों की रफ़्तार में होड़म-होड़ थी। अभी उन्हें उस मोटरसाइकिल की सनसनाती आवाज़ से निजात भी नहीं मिली थी कि एक साथ दो अन्य मोटरसाइकिलों की कानफाड़ू आवाज़ ने एक बार फिर उनके होश उड़ा दिये। चीतों की मानिंद हमलावर दिखती इन मोटरसाइकिलों पर दो जमा दो, चार लड़के सवार थे। उन चारों की उम्र लगभग बराबर होगी। कितनी, यह बता पाना तो मुश्किल था, लेकिन उनका

अन्दाज़ा था कि वे लड़के सोलह-सत्रह के तो ज़रूर होंगे। उम्र की रवानी में वे लड़के जोश से भरे थे और मोटरसाइकिल चलाते हुए हवा से बातें कर रहे थे। आगेवाली मोटरसाइकिल जो लड़का चला रहा था, उसने अपनी आँखों पर स्टाइलिश चश्मा चढ़ा रखा था और एक्सीलेटर ऐंठता हुआ, कमर लचकाता, अपनी मोटरसाइकिल को लहराए जा रहा था—दाएँ से बाएँ, बाएँ से दाएँ। बिलकुल लहरिया कट। उसके पीछे बैठा लड़का, जिसने अपने सिर पर दो इंच चौड़ी रंगीन पट्टी बाँध रखी थी, मुँह से 'हो...हो...हो...हो' की आवाज़ें निकाल रहा था, मानो उसे दौरा-सा पड़ा हो! दूसरी मोटरसाइकिल जो थोड़ी पीछे रह गई थी, उसे जो लड़का चला रहा था, उसकी तराशी हुई दाढ़ी थी और उसकी कलाई पर एक रंगीन बैंड बँधा हुआ था। यह फ्रेंडशिप बैंड था और उनका अनुमान था कि इन चारों ने अपनी दोस्ती को इसी बैंड से कसकर बाँधा होगा। इस मोटरसाइकिल पर पीछे बैठे लड़के ने आगे वाले की कमर में हाथ डालकर उसे कसकर पकड़ रखा था। वह डरा हुआ था या यह उसका स्टाइल था, कुछ कह पाना सम्भव नहीं था।

ऐन इसी वक़्त उनके भीतर घर किये बैठा डर बड़ी तेज़ी से सर उठाने लगा था। उनके इस डर में सरजू भाई थे...उनकी मोटरसाइकिल थी...और वह थे। उस दिन वह मोटरसाइकिल पर बैठे सरजू भाई की कमर को कसकर पकड़े हुए थे। सरजू भाई उनके चचेरे भाई थे और सभी उन्हें सरजू भाई ही कहा करते थे। वह सरजू भाई के प्रिय छोटे भाई थे और वह भी सरजू भाई से ख़ूब घुले-मिले थे। इसी प्रियता के वशीभूत वह सरजू भाई के साथ मोटरसाइकिल के मज़े लेने निकल पड़े थे। सरजू भाई जैसे-जैसे मोटरसाइकिल की रफ़्तार बढ़ाते जा रहे थे, वह उनकी कमर को अपने हाथों से बाँधे अपने डर को बाँधने की कोशिश कर रहे थे। सरजू भाई को तो तेज़ रफ़्तारी में मज़ा आ रहा था। लेकिन उन्हें लग रहा था कि वह इस रफ़्तार से किसी भी क्षण हवा में उड़ जाएँगे। इस आशंका के बलवती होते ही वह एकबारगी ज़ोर-ज़ोर से चीख़ने-चिल्लाने लगे थे। लेकिन सरजू भाई ने मोटरसाइकिल की रफ़्तार कम करने के बजाय और तेज़ कर दी थी मानो वह उनके डरने का भी मज़ा ले रहे हों और उन्हें जानबूझकर डराए जा रहे हों। अचानक सरजू भाई ने मुख्य रास्ता छोड़कर बग़ीचों की ओर जाने वाली छवर पकड़ ली थी। मोटरसाइकिल की बढ़ती रफ़्तार और उनके अप्रत्याशित रास्ता बदल देने से वह और ज़्यादा दहशत में आ गए थे। उनकी चीख़ बेसाख़्ता क्रंदन में बदल गई थी।

आख़िरकार सरजू भाई ने मोटरसाइकिल रोक ली। वह पलक झपकते ही

मोटरसाइकिल से कूदकर ज़मीन पर आ खड़े हुए थे। उनका रोना मुतवातिर जारी था। उनके गालों पर ढुलकते आँसुओं को पोंछते हुए सरजू भाई ने पूछा था, "क्या हुआ बाबू, डर गए क्या?"

"हम गिर जाते तब?" रोते-रोते उन्होंने शिकायत की थी।

"हम गिरने देते तब न...तुमको हम कितना मानते हैं, तुम नहीं जानते क्या?" सरजू भाई ने मोटरसाइकिल स्टार्ट करते हुए कहा था, "चलो, बैठो!"

लेकिन वह हिले तक नहीं थे। सरजू भाई ने पूछा था, "क्या हुआ...चलना नहीं क्या?"

"नहीं...हम मोटरसाइकिल पर नहीं बैठेंगे।"

"तो वापस कैसे जाओगे? पता है, गाँव से कितनी दूर आ गए हैं हम?"

उन्हें कोई अनुमान नहीं था कि वे कितनी दूर आ गए हैं और किस दिशा में हैं। बस, पता था तो यह कि सरजू भाई को सब पता है और वह उनके भरोसे मोटरसाइकिल पर बैठकर घूमने की ख़ुशी में बेफ़िकर थे। लेकिन अब, जबकि वह मोटरसाइकिल पर बैठना नहीं चाहते थे और गाँव कितनी दूर है और किधर है, यह भी नहीं पता था, तो उनका रुआँसा चेहरा बेबसी में घुलकर कातर हो आया था।

सरजू भाई ने उनकी हालत पर तरस खाते हुए कहा था, "एक काम करो, इस बार तुम आगे बैठो। मैं तुम्हें बाँहों से घेरे रहूँगा।"

"तेज़ नहीं चलाइएगा न?" डर उन्हें तेज़ रफ़्तार से था, इसलिए आश्वासन चाहा था।

"नहीं, बिलकुल नहीं। तुम बैठो तो सही।" सरजू भाई ने भी विश्वास दिलाया था।

हिचकते-किचकते वह मोटरसाइकिल पर सरजू भाई के आगे बैठ गए थे। उनके आगे पेट्रोल-टंकी थी और पीछे सरजू भाई थे। वह जैसे सरजू भाई की गोद में ही बैठे हुए थे। सुरक्षा के लिहाज़ से उन्हें इस तरह बैठना ठीक लगा था। सरजू भाई ने थोड़ी देर मोटरसाइकिल की चाल धीरे रखी, लेकिन जैसे ही वह बग़ीचे से बाहर निकलकर खड़ंजे पर पहुँचे, अचानक मोटरसाइकिल की रफ़्तार तेज़ कर दी थी। 'घों...घों...घूँ...घूँ' करती मोटरसाइकिल खूँटे से छूटे किसी मरखन्ने बैल की तरह मकराने लगी थी। सरजू भाई ने मोटरसाइकिल की इस अप्रत्याशित हरकत पर गाली उछाली थी, 'हत्त तेरी माँ की...।' पता नहीं, मोटरसाइकिल को गाली नागवार गुज़री थी या सरजू भाई का ग़ुस्सा बेक़ाबू हो गया था, उन्होंने एक्सीलेटर इतनी ज़ोर से ऐंठा था कि मोटरसाइकिल एक अद्धे पर चढ़कर बेतरह उछली थी और वह

सरजू भाई की बाँहों के घेरे को तोड़ते हुए ताज़ा बिछे खड़ंजे के बीचोबीच छितरा गए थे। सरजू भाई उनके इस तरह गिरने से घबरा गए थे। डगमगाती मोटरसाइकिल को सँभालने की हड़बड़ी में, वह सामने से आ रहे एक राहगीर को अपनी चपेट में लिये-दिये खड़ंजे के बाईं ओर उस गड्ढे में जा गिरे थे, जिसे मुखिया जी ने मनरेगा के अन्तर्गत खुदवाया था।

उन्हें जब होश आया था, वह सरकारी अस्पताल में पड़े थे। माँ सिरहाने बैठी थी। माँ को देखकर उनकी रुलाई फूट पड़ी थी। सुबकते हुए उनके मुँह से बस इतना ही बोल फूटा था, "सरजू भइया...।"

माँ कुछ नहीं बोली थी। उनकी आँखें भी भर आई थीं। उन्हें लगा था, माँ उन्हें रोता देखकर रो रही है। उन्होंने जबरन आँसू रोकने की कोशिश की थी। बाद में बाबू ने बताया था, "सरजू भाई का माथा फट गया था। इतना ख़ून बहा कि उनकी जान नहीं बची। अच्छा भाग था, जो तुम बच गए।"

पूरी देह में डर की लहर दौड़ गई थी। लगा था कि कोई उनके प्राण खींचे जा रहा है। बाबू की ओर देखने की हिम्मत न हुई थी। वह भाग्य से बच गए, यह सोच-सोच कर उनके भीतर मौत का ख़ौफ़ गहराता गया था। अस्पताल में भी वह गुमसुम रहने लगे थे।

जब वह अस्पताल से छूटकर घर आए थे तो माँ ने बताया था, "सरजू भाई जिस राहगीर से टकराए थे, वो बेचारा भी मर गया। बुझाता है, उसकी मौत ही उसे मोटरसाइकिल के आगे खींचकर ले आई थी।"

परत-दर-परत ये सारी बातें उनके मन के तहखानों में जमा होती रही थीं। वह एक ऐसी फड़फड़ाहट में फँसे हुए थे जिससे चाहकर भी मुक्त नहीं हो पा रहे थे। उन्हें सदमे में देखकर माँ ने धिराया था, "ख़बरदार जो फिर कभी मोटरसाइकिल पर बैठे!"

वह उस आदमी के बारे में लगातार सोचते रहे थे, जो अचानक मोटरसाइकिल के आगे आ गया था और बेवजह मारा गया था। वह आदमी कौन था? उसके घरवाले कौन रहे होंगे? क्या वे उसके घर लौटने की प्रतीक्षा कर रहे होंगे? उस आदमी को किसने मारा था? सरजू भाई ने? मोटरसाइकिल ने? बेक़ाबू रफ़्तार ने? समय की भट्ठी पर औंटता उनका डर उनके वजूद पर हावी होता चला गया था। वह मोटरसाइकिल से डरने लगे थे। मोटरसाइकिल की रफ़्तार से ख़ौफ़ खाने लगे थे। किसी भी ओर से आती मोटरसाइकिल की आवाज़ सुनते ही उनके भीतर दुबका

डर पंजे पिजाता और वह स्वतःस्फूर्त छिटककर एक कोने में जा खड़े होते। अपनी इस आदत की वजह से वह लोगों की हँसी के पात्र भी बने हैं। शुरू-शुरू में उन्हें बुरा लगता था। तब माँ समझाती थी, "किस-किस से लड़ते फिरोगे? अपनी जान से बड़ा है क्या, लोगों का मज़ाक़?"

माँ की नसीहत ने उन्हें अपनी इस कमतरी से उबरने में मदद की थी। उन्होंने किसी के मज़ाक़ उड़ाने, फ़ब्ती कसने या छेड़ने को गम्भीरता से लेना छोड़ दिया था। लेकिन उनके डर ने उन्हें नहीं छोड़ा था। मोटरसाइकिल देखते ही वह बुरी तरह परेशान हो जाते और डर सीने से उछलकर उनके हलक़ में आ जाता।

वे दोनों मोटरसाइकिलें हवा से होड़ लेती हुई ओझल हो चुकी थीं। लेकिन उनकी आँखों में उन मोटरसाइकिलों पर बैठे लड़कों की शक्लें स्थिर थीं। सोलह-सत्रह साल के इन लड़कों को अपनी जान की परवाह क्यों नहीं है? ये किनके बच्चे हैं, इनके माँ-बाप कौन हैं? इसी उम्र में इन्हें इतनी महँगी मोटरसाइकिलें देनेवाले कौन हैं?

इस आशय का प्रश्न उन्होंने कभी बड़ा बाबू से किया था। बड़ा बाबू ने मुँह में दबी खैनी डस्टबिन में थूकने के बाद बेहद संजीदा स्वर में उत्तर दिया था, "वे जो भी हों, इन बच्चों के माँ-बाप नहीं हो सकते।"

वह हतप्रभ रह गए थे। उनकी दशा देखकर बड़ा बाबू ने चश्मे की धुंध साफ़ करते हुए समझाया था, "वे इनकी जान के दुश्मन हैं।"

उन्होंने आँखें फाड़कर हैरत जताई थी, "कोई माँ-बाप अपने बच्चों की जान का दुश्मन कैसे हो सकता है? अपने कमउम्र बच्चों को इतनी ख़तरनाक मोटरसाइकिलें देते हुए उन्हें डर नहीं लगता? उनकी जान को लेकर वे इतने लापरवाह कैसे हो सकते हैं?"

उनके इतने सारे सवालों से बड़ा बाबू गड़बड़ा गए थे। सीधा जवाब देने के बजाय उलटा सवाल कर दिया था, "ऐसे आवारा लड़कों के लिए आप इतने चिन्तित क्यों हैं? इस टाइप के लड़के एकदम बेकहल होते हैं। अपने माँ-बाप के कंट्रोल से बाहर। उन्हें ख़ुद अपनी जान की परवाह नहीं होती। आप ही बताइए, ऐसे लड़कों की दवाई क्या है?"

उन्हें भी लगा था कि ऐसे आत्मघाती, आवारा लड़कों के लिए उन्हें चिन्तित नहीं होना चाहिए। लेकिन क्या इसलिए चिन्तित नहीं होना चाहिए कि वे आवारा हैं? नहीं, यह दलील उनके गले नहीं उतरी थी। अपनी आवारागर्दी के कारण उन्हें

किसी की ज़ान लेने का हक़ तो क़तई नहीं है। उनकी आवारागर्दी की सोचकर तो उनका डर और ज़्यादा गहरा गया था। किसी बेक़सूर राहगीर की मौत का डर। उसके घरवालों की नाख़त्म होने वाली प्रतीक्षा का डर। वे हमेशा इस आशंका से ग्रस्त रहते कि हो न हो, ये पगलाई रफ़्तार किसी न किसी की जान लेकर मानेगी। 'किसी न किसी' में वह ख़ुद को भी पाते और किसी भी वक़्त किसी मोटरसाइकिल की चपेट में आ जाने की आशंका से ग्रस्त रहते। इस वक़्त भी वह इसी डर की गिरफ़्त में थे, कि दो मोटरसाइकिलों पर सवार, फ्रेंडशिप बैंड से बँधे वे लड़के, जो अभी-अभी उनके सामने से लहराते हुए गुज़रे हैं, क्या अपनी इस बेलगाम रफ़्तार से किसी राहगीर की जान ले लेंगे? वह राहगीर जो अपने घर से दिहाड़ी कमाने निकला होगा...अपने बीमार बाप की दवा लाने जा रहा होगा...या अपने बच्चे के लिए दूध लाने जा रहा होगा?

वह जिस डर के साथ बड़े हुए थे, उसमें यह ख़ौफ़ साथ लगा रहा कि उनके सामने से आती या फिर पीछे से आनेवाली तेज़ रफ़्तार मोटरसाइकिल, उन्हें धक्का मारते हुए निकल जाएगी और वह भी उस राहगीर की तरह बेमौत मारे जाएँगे, जो सरजू भइया की मोटरसाइकिल से टकरा गया था। वह इस डर से मुक्त भी होना चाहते तो माँ की बात याद आ जाती, "अपनी जान से ज़्यादा बड़ा है क्या लोगों का मज़ाक़?" उनकी इस मनःस्थिति के बारे में एक बार किसी डॉक्टर ने बताया था कि उन्हें मोटरसाइकिल फोबिया है...कोई न कोई फोबिया हर किसी को होता है। किसी को पानी से डर लगता है, किसी को आग से। किसी को ऊँचाई से, तो किसी को गहराई से। किसी को अपनी हार से, तो किसी को अवाम की नाराज़गी से। हर किसी के अन्दर कोई न कोई डर होता है...हर कोई उस डर से डरा हुआ होता है।

बड़ा बाबू अनुभवी हैं। उनके साथ बात करो तो कितनी ही गूढ़ बातों के अर्थ खुलते हैं। उन्हीं दिनों उन्होंने बड़ी दिलचस्प बात बताई थी, "प्रभात बाबू, इस दुनिया में दो ही तरह के लोग होते हैं—एक वह, जो डरता है और दूसरा वह, जो डराता है।"

तो वह डरते हैं? वे जो मोटरसाइकिलों पर चल रहे होते हैं, वे डराते हैं? लेकिन यह डर उन्हें ही क्यों लगता है? दूसरे लोग तो उनकी तरह नहीं डर रहे होते? क्या पता, दूसरे भी डर रहे हों, लेकिन अपना डर ज़ाहिर न कर रहे हों? आख़िर मोटरसाइकिल चलाने वालों का क्या भरोसा कि वे कब, किसे ठोंक दें? अक्सर

उन्होंने ऐसे वाक़ये देखे हैं, जब किसी मोटरसाइकिल वाले ने आड़ी-तिरछी काटते हुए एकबारगी किसी पैदल चलने वाले को धक्का मारा है और जब तक कोई कुछ समझता है, वह एक्सीलेटर ऐंठता हुआ कहीं ज़्यादा तेज़ रफ़्तार भागता है और भीड़ में खो जाता है। धक्का खाया शख़्स, जिसे कई राहगीरों ने घेर रखा होता है, और जो सबकी सहानुभूति का पात्र होता है, मोटरसाइकिल वाले को गालियाँ देता हुआ अपने डर पर क़ाबू पा रहा होता है। हर बार हुआ ऐसा वाक़या उन्हें और ज़्यादा डराता है और उन्हें लगता है कि उस शख़्स की जगह वह भी तो हो सकते थे। वह किसी मोटरसाइकिल वाले की चपेट में नहीं आए तो यह महज़ संयोग है।

यह डर उनके स्वभाव का हिस्सा हो गया था। अपने ऑफ़िस में भी वह भरसक किसी से उलझने से बचते हैं। उन्हें लगता है, कभी भी...कोई भी उनकी गर्दन दबोच लेगा और वह उसका कुछ नहीं बिगाड़ पाएँगे। कोई फ़ाइल निबटाने में देरी हो जाती है या उस फ़ाइल में दी गई जानकारी ग़लत होती है, तो मीठा बनते बड़ा बाबू भी उन्हें हड़काने से नहीं चूकते हैं, "शुक्र मनाइए कि आपकी ग़लती मेरे ही लेबल पर चेक हो गई। फ़ाइल अगर बॉस तक पहुँच गई होती तो आपकी ख़ैर न होती।"

शुरू-शुरू में बड़ा बाबू उनके ख़ैरख़्वाह लगते थे, लेकिन धीरे-धीरे उनकी समझ में आने लगा था कि उनकी कमज़ोरी बताकर बड़ा बाबू भी उन पर रोब-ग़ालिब करने की कोशिश करते हैं। बड़ा बाबू ही नहीं, ऑफ़िस में हर कोई एक-दूसरे पर रोब-ग़ालिब करने की ताक में रहता है। दिलचस्प कि हर कोई एक-दूसरे से डरा भी रहता है। फिर भी हर कोई एक-दूसरे का ख़ैरख़्वाह बने रहने का ढोंग करता है। बड़ा बाबू की ख़ैरख़्वाही की कलई तो उनके सामने उस दिन उतर गई थी, जिस दिन बॉस उन पर सचमुच चढ़ दौड़ा था। कुछ आवश्यक क्वेरीज़ के चलते टेंडर वाली एक फ़ाइल उनके पास पेंडिंग पड़ी थी, जिसकी जानकारी मिलते ही बॉस ने उन्हें फ़ौरन बुलवा भेजा था। बॉस के चैम्बर में वह जैसे ही दाख़िल हुए थे, बॉस भीतर ही भीतर सुलग रही लकड़ी की तरह उन पर भड़क उठा था, "टेंडर वाली फ़ाइल अभी, इसी वक़्त पुटअप करो!"

न सवाल, न जवाब, न तलब, न कैफ़ियत। वह रुआँसे लौटे थे और बड़ा बाबू को खोजते फिरे थे, लेकिन बड़ा बाबू नहीं मिले थे—न अपनी सीट पर, न विभाग में कहीं और। बड़ा बाबू के सहारे की ओट न मिलने से वह अपने जिस्मोजान में पैवस्त डर साथ लिये बॉस के चैम्बर में लौटे थे। बॉस ने इस बार तो उनकी ओर

आँख उठाकर भी नहीं देखा था। टेंडर वाली फ़ाइल बॉस के टेबल पर रखकर वह बलि के बकरे की मानिंद हाथ बाँधे खड़े हो गए थे। बॉस ने फ़ाइल उठाकर इस तरह उलटा-पुलटा था मानो उस चैम्बर में उनका अस्तित्व ही न हो! वह चैम्बर से बाहर निकलना चाहते थे, लेकिन पाँव जम-से गए थे। इसी बीच बॉस ने टेबल पर वह फ़ाइल इतनी ज़ोर से पटकी थी कि उनका पूरा जिस्म सिहर गया था। तने चेहरे और सख़्त लहजे में वह फट पड़ा था, "इतनी बड़ी कम्पनी...इतना रसूखदार कॉन्ट्रैक्टर...इसकी क्वेरी करने की हिम्मत कैसे हुई तुमको? इस लापरवाही के लिए तो तुमको सस्पेंड कर देना चाहिए। अभी शो कॉज जा रहा है, उसका जवाब दो, फिर देखते हैं, क्या करना है तुम्हारा।"

वह बॉस के चैम्बर से लुटे-पिटे लौटे थे। उनकी हालत ऑफ़िस के सभी लोगों ने भाँपी थी। पर वे उनसे आँखें चुराते रहे थे, मानो उनका डर सभी में समाया हो। शाम को ऑफ़िस से छूटते ही वह सीधे बड़ा बाबू के घर जा पहुँचे थे। बड़ा बाबू उन्हें देखकर और शायद उनके चेहरे पर छपे डर को भाँपकर ख़ुद भी संजीदा हो आए थे। उनके कुछ अर्ज़ करने से पहले ही बोल पड़े थे, "तो आज आप बॉस के चपेटे में आ ही गए? क्या कहा उसने?"

"शो कॉज दिया है। कल तक जवाब देना है।" उन्होंने शो कॉज लेटर जेब से निकालकर बड़ा बाबू की तरफ़ बढ़ा दिया था।

बड़ा बाबू ने बरामदे में खड़े-खड़े ही लेटर पढ़ना शुरू कर दिया। वह उन्हें अन्दर कमरे में बैठाना भूल गए थे या जानबूझकर ऐसा कर रहे थे? जो भी हो, बड़ा बाबू का यह अप्रत्याशित व्यवहार उनमें और ज़्यादा डर पैदा कर रहा था। बड़ा बाबू 'शो कॉज' लेटर पढ़ चुकने के बाद काग़ज़ उनकी ओर बढ़ाते हुए बोले, "एक बढ़िया-सा जवाब लिखकर कल ले आइए। कुछ जोड़ना-घटाना होगा तो मैं बता दूँगा।"

बड़ा बाबू के इस व्यवहार से वह बहुत ज़्यादा आश्वस्त नहीं हुए थे। सूख रहे गले में थूक घोंटकर बोले थे, "बहुत डर लग रहा है, सर!"

"आपको पता है, बॉस भी डरा हुआ है?" बड़ा बाबू ने जैसे रहस्योद्घाटन-सा किया था, "मंत्री जी ने उन्हें कसकर फटकार लगाई है। वह ठेकेदार मंत्री जी का रिश्तेदार है।"

'बॉस भी डरा हुआ है,' यह जानकर उन्हें थोड़ी राहत मिली थी। वह तनाव, जो अब तक उन पर तारी था, उसका बोझ आधा हो गया था। कलेजा मज़बूत कर

पूछा था, "सर, इस शो कॉज के जवाब में क्या लिखें? क्वेरीज़ वाला प्वाइंट तो आपने ही रेज किया था।"

"मैंने क्वेरी रेज की थी, तो आपने अब तक क्वेरी की क्यों नहीं? इतना डिले क्यों किया?" बड़ा बाबू उनके इस इल्जाम पर बुरी तरह तिलमिला गए थे, "कहीं आप पार्टी से अनुचित लाभ तो नहीं लेना चाहते थे?"

बड़ा बाबू के इन सवालों से ज़्यादा उनकी बेरुख़ी ने उनके भीतर कँपकँपी पैदा कर दी थी। उनके प्रति बड़ा बाबू कितने सदाशय हैं, इसकी कलई उतरने से वह परेशान हो उठे थे। अब तो उन्हें अन्दर बुलाकर बैठाने की कोई सम्भावना नहीं बची थी। वह घिघिया पड़े थे, "सर, आप जानते हैं, मैं ऐसा नहीं हूँ। मैं ऐसा कर ही नहीं सकता।"

"किसी की नीयत का क्या भरोसा, कब बदल जाए? क्या पता, बड़ी पार्टी देखकर आपकी नीयत भी बिगड़ गई हो!"

बड़ा बाबू उनकी सफ़ाई पर यक़ीन करने के बजाय उनकी नीयत पर सवाल उठाकर उन्हें ही कठघरे में खड़ा कर चुके थे। बड़ा बाबू के पास वह मदद की उम्मीद लेकर आए थे। लेकिन बड़ा बाबू के इस व्यवहार ने तो उनके भीतर बैठे डर का क़द और बढ़ा दिया था। बड़ा बाबू ने खड़े-खड़े उन्हें बेहद रूखे अन्दाज़ से विदा कर दिया था, "चलिए, कल मिलते हैं।"

बड़ा बाबू का रवैया इतना सख़्त कभी नहीं रहा था। उस रात बड़ा बाबू के घर से लौटते हुए वह सारी राह बड़ा बाबू के इस सख़्त रवैये पर सोचते रहे थे। क्वेरीज़ की अपनी ही बात का आरोप बड़ा बाबू मुझ पर क्यों मढ़ रहे? मैंने डिले किया? कितना, दो दिन? और ख़ुद तो फ़ाइल महीने भर दबाकर रखी, उसका क्या? क्या बड़ा बाबू, इतना दो रंगी चरित्र? कहीं आप भी तो डरे हुए नहीं हैं? अपनी गर्दन बचाने के लिए सभी मेरी गर्दन मरोड़ने के चक्कर में तो नहीं? घर देर से लौटने पर पत्नी ने पूछा था, "इतनी देर कैसे हो गई?"

वह सीधे किये गए सवाल और पत्नी की चिन्ता की परवाह किये बग़ैर उसी पर भड़क गए थे, "अब तुमको भी सफ़ाई दूँ कि क्यों देर हो गई...कैसे देर हो गई...कहाँ देर हो गई?"

पत्नी को तो जैसे साँप सूँघ गया था। उसका उतरा हुआ चेहरा, जिस पर अभी-अभी ग़ज़ब की लुनाई थी, राख हो गया था। वह होंठ सिलकर रसोई में जा घुसी थी। उन्हें दुख हुआ था कि पत्नी उनसे डर गई है, जबकि वह उसे डराना

नहीं चाहते थे। कभी चाहा भी नहीं। लेकिन आज ऐसा क्या हुआ कि पत्नी उनसे इस क़दर डर गई? वह चुपचाप उनके लिए खाना परोसने में लग गई थी। पत्नी का चेहरा देखकर उनके भीतर गहरी हूक उठी थी और वह लपककर उससे जा लिपटे थे। पत्नी जब तक कुछ समझती, एक घुमड़ता बादल फटा था और आँसुओं का सैलाब बेक़ाबू हो आया था। उन्हें रोता देखकर पत्नी और ज़्यादा सहम गई थी।

कुछ दिनों से उनके अन्दर अजीब-सा बदलाव आने लगा था। वह डर जो उन्हें ख़ुद को लेकर होता था और वह हर वक़्त इस बात को लेकर सतर्क रहते थे कि कहीं कोई तेज़ रफ़्तार मोटरसाइकिल उन्हें ठोंककर न निकल जाए, अब वह डर एक नये रूप में उभर आया था। उन्हें फ़िक्र उन नौजवान लड़कों की होने लगी थी, जो तेज़ रफ़्तार मोटरसाइकिल चलाते हुए सड़क पर कलाबाज़ियाँ करते थे। उन लड़कों की लापरवाही, हुड़दंगई और बेतहाशा रफ़्तार देखकर उनका कलेजा कंठ को आ लगता। उन्हें लगता, ये लड़के कहीं न कहीं किसी से ज़रूर टकराएँगे—किसी डिवाइडर से...किसी तेज़ रफ़्तार कार से या किसी फ्लाई ओवर की रेलिंग से। जब से उन्हें यह आशंका होने लगी थी, तब से वह हर रोज़ सुबह के अख़बार में ऐसी दुर्घटनाओं की ख़बरें खोजने लगे थे। लेकिन अब तक ऐसी कोई ख़बर उनकी नज़र से नहीं गुज़री थी, जिससे पुष्टि होती कि तेज़ रफ़्तार मोटरसाइकिल चलाते लड़के दुर्घटनाग्रस्त हुए हों। कलाबाज़ियाँ करते, बेलगाम रफ़्तार वाली मोटरसाइकिलें चलाते लड़कों के मरने-मारने की कोई ख़बर न मिलने से उन्हें ख़ुद पर क्रोध आने लगा था कि आख़िर वह उनके अशुभ की कामना से क्यों भरे हुए हैं? इस प्रश्न के साथ ही उनकी हताशा गहराने लगी थी और उन्होंने ऐसी ख़बरों की तलाश छोड़ दी थी।

इस बीच, एक दूसरी ख़बर ने उन्हें ज़रूर चौंकाया था। हालाँकि इस ख़बर का उनकी आशंका से कोई सीधा सम्बन्ध नहीं था, पर तार जुड़ते ज़रूर थे। इस ख़बर में मोटरसाइकिल चलाने वाले लड़कों के संगठित गिरोहों का ज़िक्र था। पूरा का पूरा गैंग। इन गैंग्स के एक से एक धमाकेदार नाम थे—रिवॉल्वर गैंग...फ़ायर गैंग... बुलेट गैंग...किलर गैंग...बिग बॉस गैंग। अख़बार के रिपोर्टर ने गहरी छानबीन और मेहनत से यह स्टोरी ब्रेक की थी और बताया था कि स्टंट करते-करते इन लड़कों ने बाक़ायदे बाइकर्स गैंग बनाकर लोगों को डराना-धमकाना शुरू कर दिया है। इन गैंग्स में आपसी प्रतिद्वंद्विता भी बढ़ी है और वर्चस्व की लड़ाई में ये एक-दूसरे की

जान के दुश्मन भी बन गए हैं। रिपोर्टर ने इन मोटरसाइकिल गैंग्स की आपसी भिड़ंत के कुछ उदाहरण भी दिये थे और खुलासा किया था कि इन पर लगाम न कसी गई तो ये शहर के लिए बड़ा सिरदर्द बन सकते हैं। रिपोर्टर ने साफ़-साफ़ बताया था कि सब कुछ जानते हुए भी पुलिस इन बाइकर्स गैंग पर कोई कार्रवाई करने से इसलिए हिचकती है कि इन गैंग्स के ज़्यादातर लड़के बड़े बापों की औलादें हैं। रिपोर्टर ने इस बाबत शहर के पुलिस कप्तान से भी सवाल किया था कि पुलिस क्या कर रही है? पुलिस कप्तान ने सफ़ाई देने के अन्दाज़ में जवाब दिया था कि ऐसे गैंग्स पर पुलिस की नज़र है। हम जल्द ही इन पर कार्रवाई करेंगे।

'जल्द ही कार्रवाई करेंगे! लेकिन कब?' उनके मन में सवाल उठा था और जवाब भी उनके मन ने ही दिया था, 'बड़े बापों के बेटों से ये पुलिसवाले भी डरते हैं।' मतलब सारा खेल डर का है। इस बात की चर्चा उन्होंने पत्नी से किया था तो उसने अख़बार समेटकर किनारे रखते हुए कहा था, "दुनिया ऐसे ही चलती है। आप दूसरों की फ़िक्र करना छोड़िए!"

"प्रिया, ऐसा नहीं हो सकता कि कोई किसी को डराए ही न?" उन्होंने बड़ी आशा से पत्नी की ओर देखा था।

"तो इससे क्या होगा?" पत्नी के मासूम चेहरे पर उसका यह मासूम सवाल भी टँक गया था।

"इससे दुनिया फ़िअरलेस होगी। समाज फ़िअरलेस होगा। हम फ़िअरलेस होंगे।" उनकी आँखों में चमक थी। वह डर, जो उनके कोटरों से झाँकता था, एकदम तिरोहित हो गया था।

उनकी बात शायद पत्नी के पल्ले नहीं पड़ी थी। उसके माथे पर गहरी लकीरें उभर आई थीं। वह उठकर किचन में चली गई थी।

यह छुट्टी का दिन था। उन्हें आज कहीं आना-जाना नहीं था। कहीं आना-जाना नहीं था, मतलब एक सुकून—एक भयहीन...एक भारहीन दिन। बिस्तर पर बैठे-बैठे सुबह की चाय के साथ सुबह का अख़बार पढ़ने से ज़्यादा सुखद और क्या हो सकता था? अख़बार पर नज़र पड़ते ही चिहुँक गए। बॉटम न्यूज़ की हेडिंग थी : 'बाइकर्स गैंग ने दी एक-दूसरे को देख लेने की धमकी।' किलर गैंग ने बिग बॉस गैंग को खुली चुनौती दी : 'औक़ात में रहो, नहीं तो ठोंक देंगे!'

जवाब में बिग बॉस ने भी ललकारा : 'दम हो तो छूकर दिखाओ!'

रिपोर्टर ने आगे लिखा था : 'बाइकर्स गैंग्स में बढ़ती वर्चस्व की लड़ाई से इलाक़े के लोगों में दहशत है। अब देखना है कि पुलिस क्या कार्रवाई करती है।'

ख़बर पढ़ने के चक्कर में चाय बिना पिये पानी हो गई थी। उन्होंने पत्नी को आवाज़ दी, "प्रिया, चाय ठंडी हो गई, ज़रा गर्म कर दो, प्लीज़!"

पत्नी कप लेने आई तो उन्होंने उसे रोककर इस ख़बर के बारे में बताया। कप उठाते हुए उसने मासूमियत से कहा, "क्या कर सकते हैं हम लोग?"

आगे कुछ कहे-सुने बग़ैर पत्नी रसोई में लौट चुकी थी। वह सोचने लगे थे : 'सच कहती है प्रिया। कर ही क्या सकते हैं हम—न पिद्दी, न पिद्दी के शोरबा!' मन भारी हो आया था। भारी मन से ही वह नित्य क्रिया से निबटे। नहाया...खाना खाया। दोपहर का भोजन करने के बाद एक निश्चिन्त नींद की कामना के साथ बिस्तर पर जा पसरे। लेकिन नींद नहीं आई। लाख मशक़्क़त के बावजूद नींद नहीं आई तो, उन्हें आशंका हुई कि वह कहीं अनिद्रा के शिकार तो नहीं हो रहे? इस ख़याल के साथ ही उनके अन्दर कोई भय सुरसुराने लगा। पत्नी ने ग़ौर किया। पूछा, "क्या हुआ?"

"प्रिया, मुझे नींद नहीं आ रही...कहीं कुछ हो तो नहीं गया?" वह आतंकित थे।

"आप सोते कब हैं? मैंने तो कभी आपको सोते नहीं देखा!" पत्नी ने नया रहस्योद्घाटन किया, "आप तो नींद में भी छटपट करते रहते हैं। डर के मारे घिघियाते रहते हैं, जैसे कोई आपके पीछे पड़ा हो।"

वह पत्नी को इस तरह देख रहे थे, जैसे वह कोई अपरिचिता हो। अविश्वास के साथ पूछा, "पहले क्यों नहीं बताया?"

"डर लगता था, कहीं आप बुरा न मान जाएँ!"

सच बोलने से भी डर? यह डर प्रिया के अन्दर आया कैसे? और आज यह साहस कैसे आया उसके अन्दर? यह उसके फ़िअरलेस होने की शुरुआत है क्या? किससे...उनसे...उनसे ही? वह भीतर तक हिलक गए।

रात में पत्नी बिस्तर पर जाते ही नींद के हवाले हो गई। उन्होंने उसे प्यार से निहारा और ख़ुद भी सोने का उपक्रम करने लगे। लेकिन काफ़ी रात तक नींद नहीं आई। थक-हारकर रिमोट उठाया और टीवी ऑन कर दिया। तमाम चिन्ताओं-दुश्चिन्ताओं से परे, एक ऐसी दुनिया के प्रवेश-द्वार की चाबी उनके हाथ में थी, जहाँ मौज...मज़ा...मस्ती है...वो भी अनलिमिटेड। वह एक फ़िल्म देखने लगे थे, जिसमें हीरो विलेन की कुटाई कर रहा था। देर रात तक फ़िल्म देखते हुए जब

पलकें भारी होने लगी थीं...चेतना के सारे कपाट बन्द होते गए थे। गहरे जल में चक्कर खाती कंकरी की तरह गड़ाप हो गए थे वह।

सुबह देर तक सोते देखकर पत्नी ने आवाज़ दी, "उठिए, मॉर्निंग वॉक पर नहीं जाना क्या?"

पत्नी की बात पर ध्यान दिये बिना उन्होंने उससे जानना चाहा, "प्रिया, आज रात मुझे नींद आई थी या नहीं? सच बताओ, क्या आज भी मैं घिघिया रहा था?"

पत्नी मुस्कराकर रह गई। उन्हें उत्सुकता हुई—कहीं कुछ छुपा तो नहीं रही? लेकिन क्या? जब तक उससे कुछ पूछते, वह अख़बार थमाकर किचन में चली गई। अचकचाए-से वह उसे जाते देखते रहे। चाय की प्रतीक्षा करते हुए वह बाइकर्स गैंग की ख़बर पढ़ने की जिज्ञासा से भरे थे। उनकी रुचि ऐसी ख़बरों में बढ़ गई थी। अख़बार के पहले पृष्ठ पर बड़ा-सा विज्ञापन था। उन्होंने जल्दी से पन्ना पलट दिया। इस पन्ने पर ख़ूब बड़ी-सी हेडिंग के साथ, ख़ूब बड़ी-सी ख़बर चीख़ रही थी : 'रूस का यूक्रेन पर हमला!' अमेरिका ने दी रूस को क़ीमत चुकाने की चेतावनी।

वह पूरी ख़बर एक ही साँस में पढ़ गए। ख़बर पढ़ते-पढ़ते उनकी साँसें तेज़ चलने लगी थीं। दहशत का साया अपनी गिरफ़्त कसता जा रहा था। सहसा उन्हें लगा कि बाइकर्स गैंग्स एक-दूसरे को धमका रहे हैं। बड़े बापों के बिगड़े बेटों के ख़िलाफ़ पुलिस कोई कार्रवाई करेगी या नहीं, यह सोचकर अचानक वह बुरी तरह हाँफने लगे। उन्होंने प्रिया को पास बुलाकर तसदीक़ करनी चाही कि वह घिघिया तो नहीं रहे? लेकिन उनकी आवाज़ तो कंठ में ही अटककर रह गई थी।

ग्रेवयार्ड

रहमत मियाँ एक-एक क़ब्र को पहचानते हैं। नाम, पहचान, मृत्यु की तारीख़ और यह भी कि किसने, किस क़ब्र पर स्मृतिलेख में क्या लिखवाया है। मसलन : 'इन द लविंग मेमोरी ऑफ़...' किसी पति ने अपनी पत्नी की याद में कोई प्यार भरा उद्‌गार अंकित कराया हुआ है या किसी माता-पिता ने असमय मरे अपने पुत्र की स्मृति में कोई शोकांतिका दर्ज कराई है। सब बता सकते हैं रहमत मियाँ। उनको सब कुछ याद है। हो भी क्यों न...आख़िर इस क़ब्रिस्तान में, इन क़ब्रों के बीच रहते हुए उन्हें पैंतालीस-अड़तालीस साल से कम तो क्या हुए होंगे! उनकी स्मृति का जवाब नहीं। उनसे जब भी पूछो, 'मियाँ, कितने साल से यहाँ मुकीम हैं?' तो फ़ौरन जवाब देंगे, हुज़ूर, वो साल पचहत्तर था, जब पटना में जबर बाढ़ आई थी। उस समय हम राजेन्दर नगर में रहते थे। जिस दिन बाढ़ का पानी पटना में घुस रहा था, उस दिन दिनकर गोलम्बर के पास मैगज़ीन कॉर्नर पर रेणु जी मिल गए थे। रेणु जी...आंय, आप नहीं जानते हैं रेणु जी को? ए महाराज, कौना बात के पढ़ल-लिखल हैं जी, जो रेणु जी को नहीं जानते हैं? बड़का लेखक थे। कहानी... कविता...उपन्यास सब लिखते थे। उस दिन मैगज़ीन कॉर्नर के सामने खड़े होकर वो हमको आवाज़ दिये, 'ए भाई जी, चलना है?'

"हम सिर हिलाकर हामी भरे तो वह पीछे मुड़कर किसी को बुलाए और आकर रिक्शा पर बैठ गए। उनके पीछे से धोती, कुरता और चप्पल पहने एक जने और आए और रेणु जी के बग़ल में बैठ गए। उनके बैठते ही रेणु जी बोले, 'चलिए भाई जी, कॉफ़ी हाउस चलते हैं।'

"रिक्शा जैसे ही भट्टाचार्जी रोड में मुड़ा कि दूसरी ओर से आ रहा लोग चिल्लाया, 'बाढ़ का पानी शहर में घुस आया है।' हम रिक्शा बढ़ाते रहे और जब कॉफ़ी हाउस पहुँचे तो वहाँ ताला पड़ चुका था। रेणु जी अपने मित्र से बोले, 'क्या

कहते हैं, आचार्य जी, वापस चलें या कहीं और चलने का इरादा है?' आचार्य जी वापस घर लौट जाना चाहते थे। लेकिन रेणु जी हमसे पूछे, 'क्या ज्वान, आप क्या कहते हैं? गांधी मैदान की ओर चलें कि वापस?'

"हम बड़ी देर से उन लोगों की बात सुन रहे थे। ग़ज़ब हँसी-मज़ाक़ कर रहा था ऊ लोग। मज़ाक़े-मज़ाक़े में सरकार, प्रशासन से लेकर आम आदमी सबको लपेट लिया। ऊ लोग की बात सुनकर हमको बड़ा मज़ा आ रहा था। तभी रेणु जी जब हमसे सवाल किये तो हम बोले, 'ए सर, हम तो कोसी क्षेत्र के रहेवाला हैं। साले-साल बाढ़ देखा है। जहाँ चलना है...हुकुम कीजिए!'

"उस दिन मुहल्ले-मुहल्ले बाढ़ का पानी देखते हुए रेणु जी कभी सरकार पर नाराज़ होते तो कभी लोगों की भीड़ देखकर उत्साह से भर जाते। लौटते हुए शहर की लाइटें जल गई थीं। सड़क पर नाचती पानी की लहर और उस पर रंगीन बल्बों की झिलमिल के बीच रिक्शा खींचते हुए हम अपने मौज में गा उठे थे, 'दुनिया बनाने वाले, क्या तेरे मन में समाई...तूने काहे को दुनिया बनाई...।' सड़क पर चलते लोग हमारी ओर चिहा के देखते और अपनी राह लग लेते। लेकिन पीछे सन्नाटा था...जैसे दोनों सवारियाँ साँसें रोके बैठी हों। मुड़कर देखा तो, रेणु जी की आँखों में ग़ज़ब की चमक थी। बोले, 'पूरा याद है तो सुनाओ।' हमारी यही ख़ासियत है सर, एक बार याद कर लिये तो कभी भुलाते नहीं हैं। वह गाना गाते-गाते हम जब राजेन्दर नगर पहुँचे तो रेणु जी रिक्शा से उतरकर बोले, 'कोसी का आदमी जितना हिम्मती होता है, उतना ही मिठकंठी भी। आँय...मिठकंठी नहीं समझे आप? अरे मधुर गानेवाला...!' रेणु जी जेब से पैसा निकालते हुए बोले, 'कितना हुआ ज्वान?' हम एकदम से हाथ जोड़ लिये। रेणु जी अचकचाए, 'का हुआ जी...कुछ दिक़्क़त है क्या?'

"'हम बड़भागी हैं, जो आपकी सेवा का मौका मिला...भाड़ा रहे दें, हुज़ूर।'

"'तुम हमको जानते हो, कौन हैं हम?' रेणु जी की आँखें चश्मे से बाहर होती जान पड़ीं।

"'जी, आप रेणु जी हैं। आपका कई ठो कहानी पढ़े हैं। जयपरकाश बाबू के आन्दोलन में बढ़-चढ़ के भाग लिया है आप। अखबार में आपका फोटो देखे हैं।'" हम उत्तेजना में बोल गए थे। हमारी साँस फूलने लगी थी।

"'क्या नाम है तुम्हारा?' रेणु जी की आँखें स्निग्ध हो आई थीं।

"'रहमत!'

"'पढ़े-लिखे बुझाते हैं, फिर रिक्शा काहे चलाते हैं?'

"हम अब सँभल चुके थे, हँसकर बोले, 'रिक्शा न चलाते तो आपसे भेंट कैसे होती, सर?'

"रेणु जी मुस्कराते हुए बोले, 'बहुत दिलचस्प आदमी हैं आप, रहमत मियाँ। कभी कोई ज़रूरत हो तो बोलिएगा। यही घर है मेरा...बेहिचक आ जाइएगा।'"

बाढ़ का पानी जब राजेन्दर नगर में घुस आया और लगा कि आगे यहाँ गुज़ारा नहीं होगा तो रहमत मियाँ अपने एक ग्रामीण कथरू के पास चौहट्टा चले आए। अल्ला-अल्ला करके बाढ़ का पानी उतरा। लोग घर से निकलने लगे थे। रहमत मियाँ भी कब तक बैठते? रिक्शा लेकर निकल गए। अभी सब्ज़ीबाग़ के आगे हमदर्दवाली गली के पास पहुँचे ही थे कि गली से आते रेणु जी पर नज़र पड़ गई। रिक्शा रोककर उनका इन्तज़ार करने लगे।

रेणु जी के साथ इस बार कोई दूसरे जन थे। फुलपैंट और फुल बुश्शर्ट पहनें... रेणु जी की तरह ही उनके भी लम्बे बाल थे। वह सिगरेट का कश खींचते हुए रहमत मियाँ से मुख़ातिब हुए, "राजेन्दर नगर जाइएगा?"

रेणु जी हँस पड़े, "पुष्प जी, ये रहमत मियाँ हैं। हमको ही देखकर रुके हैं।"

"अच्छा! तो ये भी आपके मुरीद हैं?" पुष्प जी ने लम्बा कश लेकर पूछा, "कहाँ रहते हैं, रहमत मियाँ?"

"कहाँ हुज़ूर, सैलाब में कहीं...कोई ठिकाना नहीं रहा।"

"पुष्प जी, रहमत मियाँ के लिए कुछ हो सके तो सोचिएगा।"

रहमत मियाँ से लेना एक न देना दो, लेकिन नहीं...ये लेखक-कवि लोग का बनावटे अलग होता है माने सारे जहाँ का दर्द मेरे जिगर में है। रहमत मियाँ एक दिन क़ब्रिस्तानिया के गेट के पास बैठकर चाय पी रहे थे, तभी देखा, पुष्प जी मामा की चाय की दुकान के सामने वाली चश्मे की दुकान में आकर बैठ गए। यह रेहान भाई की दुकान थी। रेहान भाई ने अदब के साथ पुष्प जी को सलाम किया। पुष्प जी सिर को एक जुम्बिश देकर एक स्टूल पर बैठ गए। सिगरेट का कश खींचते हुए वह अपने आप में खोए हुए थे मानो किसी ध्यान में लीन हों! रहमत मियाँ चाय पीकर उठे। बेबात पुष्प जी को टोकना ठीक नहीं लगा। फिर ये सोचकर कि उनका ध्यान कहीं और है, वह सिर झुकाकर चुपचाप उनके सामने से निकल गए। बमुश्किल एक क़दम आगे बढ़े थे कि पुष्प जी की आवाज़ पीछा करते रहमत मियाँ से टकराई, "रहमत मियाँ...ए रहमत मियाँ!"

रहमत मियाँ के पाँव रुक गए। झेंपकर मुड़े, तो पुष्प जी मुस्करा रहे थे, "क्या मालिक, ऐसे करिएगा...?"

रहमत मियाँ ने दोनों हाथों से अपने कान पकड़ते हुए ग़लती की माफ़ी माँगी। पुष्प जी कह रहे थे, "हम आप ही को याद कर रहे थे। रेणु जी को भी संवाद दिये थे। अच्छा हुआ जो आप मिल गए। कल जाके जिला अल्पसंख्यक कल्याण पदाधिकारी से मिल लीजिए तो।"

रहमत मियाँ तब भी चकराए थे कि ये लेखक-कवि लोग कौन मिट्टी का बना है? कहाँ रहमत मियाँ...कहाँ रेणु जी...और अब ई पुष्प जी? जो हो, ऊपर वाले की क़ुदरत का कौन जवाब है?

अगले दिन रहमत मियाँ ज़िला अल्पसंख्यक कल्याण पदाधिकारी के दफ़्तर पहुँच गए। 'पुष्प जी भेजे हैं', बताने पर साहेब तुरन्त बुला लिये। दस मिनट की पूछताछ के बाद उन्होंने रहमत मियाँ को इस ग्रेवयार्ड का केयर टेकर बना दिया था। तनख़्वाह डेढ़ सौ रुपया महीना...जी सन पचहत्तर में जो दरमाहा मिलता था, आज भी वही है। ग़नीमत मनाइए कि रहने का एक ठिकाना मिल गया। बाक़ी तो उनका रिक्शा ज़िन्दाबाद। रिक्शा न खींचते तो गुज़ारा कैसे होता? परिवार भी तो हो गया था।

रहमत मियाँ के पास क़िस्सों का भंडार है। वह जब शुरू होते हैं तो क़िस्से से क़िस्सा निकलता चला जाता है और सुनने वाला तय नहीं कर पाता कि इन क़िस्सों में कितना सच है और कितना झूठ। लेकिन आप इस बात से इनकार नहीं कर सकते कि इन क़िस्सों की बुनियाद कहीं न कहीं ज़रूर है। अब उस अमेरिकन औरत वाला वाक़या ही ले लीजिए। नैन्सी एडवर्ड अमेरिका से आई थी इस ग्रेवयार्ड में अपने पूर्वज की क़ब्र देखने। यहाँ उसके परदादा दफ़न हैं। रहमत मियाँ बताते हैं, "हुज़ूर, उस औरत के जजबात देखकर हमारा मन भर आया था। सोचने लगे थे कि ऐसा क्या है कि हजारों किमी दूर से चलकर यह औरत एक क़ब्र देखने आई है? वह अपने परदादा की क़ब्र के सामने बड़ी देर तक गुमसुम खड़ी रही। उसकी आँखों से आँसू बह रहे थे जैसे उसके हृदय के उद्गार फूट रहे हों। जानते हैं, हुज़ूर, जहाँ कोई भाव जाहिर करने में लफज साथ नहीं देते, तब ये आँसू ही सब कुछ बयान कर देते हैं। नैन्सी ने अपने सीने पर क्रॉस बनाया था और झुककर अपने परदादा की क़ब्र को चूम लिया था। हम उसे गेट तक छोड़ने आए तो उसने हाथ मिलाते हुए कहा, 'थैंक्यू मिस्टर रहमत। आपकी वजह से मैं अपने ग्रैंड फ़ादर से मिल पाई। आईएम रियली ग्रेटीट्यूड टू यू।' चलते-चलते वह हमको बख्शीश देने

लगी तो हम हाथ जोड़कर माफी माँग लिये। तब उसने पूछा था, 'मिस्टर रहमत, व्हाट कैन आई डू फॉर यू?' हम नैन्सी से एक ही बात बोले, 'आप अपने लोगों को बताइएगा, उनके पुरखों की क़ब्रें यहाँ सुरक्षित हैं। वे आएँ और उन पर फातिहा पढ़ जाएँ। मैं खिदमत के लिए हाजिर हूँ।'"

जिस दिन नैन्सी गई, उस शाम जब शहर के लेखक, कवि लोगों का मजमा जमा तो सभी नैन्सी के बारे में खोद-खोदकर पूछने लगे। उसी में एक बड़का शायर फखर जमाँ थे, मज़ा लेते हुए बोले, "जाने हो, ऊ अँगरेजन तो अपने रहमत मियाँ को साथ चले का नेवता भी दी थी। लेकिन इनकी बेगम पीछे ही खड़ी थी, उसी का सोचकर मन मार लिये।"

स्टेनली की क़ब्र पर ठहाका गूँज गया था। रहमत मियाँ कोई प्रतिवाद करते, तब तक रेहान भाई ने चार ठो चाय लाने का हुक्म फ़रमा दिया। रहमत मियाँ रेहान भाई को लानत भेजते हुए चल दिये चाय लाने। अच्छी-भली चशमे की दुकान अल्ला भरोसे छोड़कर रेहान भाई ऐसी महफ़िलों में आकर बेतकल्लुफ़ बैठ जाते हैं। उनकी सबसे जमती भी ख़ूब है। रेहान भाई ख़ुद भी रेडियो स्टेशन में कैजुअल ड्रामा आर्टिस्ट हैं। माशाअल्ला, उनकी आवाज़ भी क्या कमाल है? रेडियो पर गूँजती है तो हवाओं में भी जादुई तासीर पैदा कर देती है। सब लोग उनकी इज़्ज़त करते हैं। यहाँ आनेवाले सबकी खोज-ख़बर रहती है रेहान भाई को। कब कौन आएगा, कौन आज नहीं आएगा, किसकी तबीयत नासाज है, कौन शहर से बाहर है? कहिए कि रेहान भाई की दुकान इन्फ़ॉर्मेशन सेंटर है। मामा की दुकान से जब तक रहमत मियाँ चाय लेकर लौटे, फखर जमाँ, कृष्णा जी, हेमन्त जी और रेहान भाई में इमरजेंसी पर बहस छिड़ी हुई थी। हेमन्त जी कह रहे थे, "हालत दिन पर दिन ख़राब होती जा रही है। सुना है कि रेणु जी अंडरग्राउंड हो गए हैं।"

रहमत मियाँ चाय के गिलास पकड़ाते हुए बेसब्री से बोले, "क्या कहे आप, रेणु जी अंडरग्राउंड हो गए? काहे भाई?"

"जो इमरजेंसी का विरोध कर रहा है, पुलिस उसको पकड़कर जेल में डाल दे रही है।" कृष्णा जी का स्वर सावधान था।

"मतलब लिखे-पढ़ेवाला से किसी को क्या खतरा है, भाई?" रहमत मियाँ की मासूमियत उनकी आँखों में झाँक रही थी।

रहमत मियाँ उदास-से वहीं सामने डैनियल डिसूजा की क़ब्र पर बैठ गए। डैनियल की क़ब्र किताबनुमा है। जैसे दो पन्ने आमने-सामने खुले हुए हों।

फखर जमाँ पूछ रहे थे, "बाबा की कविता सुने कि नहीं?"

"बाबा? कौन बाबा कविताई करता है, भाई जी?" रहमत मियाँ चिहाए।

"बाबा नागार्जुन...बड़का कवि हैं, उनको सुनिए तो लगता है, दुनिया भर के ग़रीब-गुरबा का दर्द उनकी कविता में उतर आया हो...बेलाग अपनी बात कहे वाला जनकवि।" हेमन्त जी ने जिस आदर-भाव से बाबा के बारे में बताया तो रहमत मियाँ को अपनी नासमझी पर अफ़सोस हुआ।

"डाकबँगला चौराहा पर बाबा आज ख़ूब जमाए। इंदिरा गांधी का नाम लेके क्या कविता सुनाए हैं भाई—

क्या हुआ आपको? क्या हुआ आपको?
सत्ता की मस्ती में...भूल गईं बाप को?
इंदु जी, इंदु जी, क्या हुआ आपको?...
बेटे को तार दिया, बोर दिया बाप को?"

फखर जमाँ पूरे मूड में आ गए थे। कविता सुनाते हुए उनकी आँखें मुँदी हुई थीं, जैसे बाबा की लय में अपनी लय मिला रहे हों। कविता ख़त्म होने पर सबको अपनी ओर तन्मय देख बोले, "इसी बात पर एक ग़ज़ल का मतला सुनिए, आज ही बना है।"

हेमन्त जी और कृष्णा जी की तवज्जो फखर जमाँ की ओर थी। रहमत मियाँ उठने को हुए कि फखर जमाँ ने टोक दिया, "रहमत मियाँ, सुन लो, ज़िन्दगी बन जाएगी।"

रहमत मियाँ लजाए से यथावत् बैठ गए। फखर जमाँ ने अर्ज किया—

लब सिल गए तो क्या, लफ़्ज़ तो आज़ाद हैं
कल भी ज़िन्दाबाद थे, अब भी ज़िन्दाबाद हैं।

रेहान भाई ने बेसाख़्ता ताली बजाई। हेमन्त जी बोले, "ग़ज़ल पूरी कीजिए, फिर एक शाम यहीं इसका पाठ होगा।"

"थाना बग़ल में है, पता चलेगा तो उठा ले जाएगा सब।" फखर जमाँ हँसे।

"किसका मजाल है सर, जो आँख उठाकर इधर देखे!" रहमत मियाँ चुनौती देते हुए उठे और ख़ाली गिलासें उठाकर गेट से बाहर अँधेरे में जा गुमे। लौटे तो देखा, रेहान भाई, हेमन्त जी और कृष्णा जी निकलने की तैयारी में थे। उनके जाने

के बाद रहमत मियाँ ने अपनी कोठरी की ओर रुख़ किया। बादलों की चादर से झाँकते चाँद के सदके मारिया की क़ब्र पर नूर बरस रहा था। मारिया की क़ब्र मरकाना संगमरमर के पत्थरों से बनी थी। चाँदनी रातों में उसकी आभा से आँखें चुँधियाती हैं। रहमत मियाँ की आँखें इस वक़्त भी चौंधियाई हुई थीं।

हाँ, मारिया का सौन्दर्य था ही ऐसा। आँखें चौंधियाती थीं। पटना कॉलेज में उसकी ख़ूबसूरती के ख़ूब चर्चे थे। लेकिन क्या मजाल जो कोई उसकी तरफ़ आँख उठाकर देखता? अंग्रेज़ अफ़सर की बेटी जो ठहरी।

आलोक बाबू ने मारिया की कहानी ख़ूब डूबकर सुनाई थी। वह दस बरस बाद पटना आए थे। सूखकर काँटा हो गए थे। रहमत मियाँ उन्हें देखकर अचकचाए थे, तो आलोक बाबू हँसे थे, "रहमत मियाँ, हम आलोक हैं—आलोक रंजन... पहचाने नहीं क्या?"

"आँय, सर, कितना झटक गए हैं आप...?" रहमत मियाँ की आँखों में अब भी आश्चर्य बरकरार था।

"तबीयत ठीक न रहती है, रहमत मियाँ।" आलोक बाबू मारिया की क़ब्र पर बैठ गए थे। वह शुरू से इसी क़ब्र पर बैठते रहे हैं। पालथी मारकर बैठे वह मद्धिम स्वर में बोल रहे थे, "आज डॉक्टर को दिखाने पटना आए थे, क़ब्रिस्तानिया में कुछ लोग से भेंट हो जाएगी, यही सोचकर चले आए।"

"अच्छा किये सर, एक जमाना में तो आपका डेरे-डंडा था यहाँ। कितना लिखत-पढ़त तो इसी क़ब्र पर बैठकर किये आप।"

"रहमत मियाँ, इस क़ब्र का हम पर बहुत एहसान है। जेपी आन्दोलन की रिपोर्ट से लेकर कितनी ही कविता, कहानी, फ़िल्मों की स्क्रिप्ट सब यहीं लिखे। हमको तो लगता है, मारिया ही हमसे सब लिखवाती थी।"

यह पहली बार नहीं था, जो आलोक बाबू कह रहे थे। पहले भी वह ऐसी ही बात करते तो पुष्प जी मज़ाक़ उड़ाते, "जनम-जनम का प्यार है...हमारा...तुम्हारा... मारिया पिछले जनम की प्रेमिका है।"

आलोक बाबू झेंप जाते। उनकी आँखों में स्निग्ध चमक कौंध जाती। आज भी आलोक बाबू की आँखों में वैसी ही चमक थी। वह कह रहे थे, "आप हड़बड़ी में तो नहीं हैं न?"

"नहीं सर, हमको क्या हड़बड़ी है? ऑफ़िस...घर सब यहीं है।" रहमत मियाँ सामनेवाली मिसेज़ डोरथी की क़ब्र पर बैठकर बीड़ी सुलगाने लगे।

"रहमत मियाँ, आपको पता है, मारिया कौन थी...कैसे मरी...क्या हुआ था उसे?"

अवाक् रहमत मियाँ ने अनभिज्ञता में सिर हिलाया। आलोक बाबू की आँखें आसमान की ओर जा लगी थीं। वह शून्य में इस तरह निहार रहे थे, जैसे ऊपर कहीं कोई हो, जिससे वह अपना तार जोड़ रहे हों। रहमत मियाँ साँसें रोके आलोक बाबू को निहार रहे थे। आलोक बाबू का स्वर निहायत रूहानी था मानो कोई प्रार्थना ज़मीन पर उतर रही हो, "मारिया अंग्रेज़ मजिस्ट्रेट जॉन थॉमस की बेटी थी। पटना कॉलेज में पढ़ती थी। कॉलेज में उसके जैसी अपरूप सुन्दरी कोई दूसरी नहीं थी। किसी की मजाल नहीं थी कि अंग्रेज़ लड़की की ओर आँख उठाकर देख सके। लड़के बस, उसको दूर से देखते थे और आह भरते थे। लेकिन ऊपर वाले का करिश्मा कौन जान पाया है? मारिया ख़ुद-ब-ख़ुद ब्रजेश को दिल दे बैठी। ब्रजेश उसी क्लास में थे, जिसमें मारिया थी। धीरे-धीरे दोनों का प्यार परवान चढ़ने लगा था। अंग्रेज़ प्रिंसिपल ने मारिया को चेताया था और ब्रजेश को धमकाया था, मारिया से दूर रहो वरना अंजाम बुरा होगा। लेकिन न चेतावनी काम आई, न धमकी। बात मारिया के बाप तक पहुँची, तो उसे घर में क़ैद कर दिया गया।"

आलोक बाबू थमे मानो थक गए हों। लम्बी साँस भरते हुए उन्होंने मारिया की क़ब्र को छुआ। फिर स्वगत बुदबुदाए, "भारत छोड़ो आन्दोलन के दौरान पटना कॉलेज में लड़कों ने प्रशासनिक भवन पर तिरंगा फहराने का कार्यक्रम बनाया। प्रिंसिपल को इसकी भनक लग गई। उसने कॉलेज परिसर में पुलिस बुला ली। उस दिन मारिया के पिता भी कॉलेज परिसर में आ पहुँचे थे। पुलिस की मौजूदगी और चौकसी देख हर ओर सन्नाटा छा गया था। दिनभर ख़ामोशी छाई रही, जैसे कॉलेज नहीं, बियाबान हो! अचानक सूरज डूबने और साँझ होने के बीचोबीच पछाड़ खाती नदी के हहराने-सा शोर उठा और प्रशासनिक भवन के शीर्ष पर तिरंगा लिये ब्रजेश नज़र आए। 'भारत माता की जय' के गूँजते समवेत घोष में मजिस्ट्रेट जॉन थॉमस ने गोली चलाने का आदेश दे दिया। सनसनाती हुई गोली ब्रजेश की ओर बढ़ी। इस बीच ब्रजेश ने फुर्ती से प्रशासनिक भवन पर तिरंगा लहरा दिया। जैसे ही उन्होंने हवा में हाथ उठाकर 'वन्दे मातरम्' बोला, ठीक तभी गोली उनके सीने में आकर धँस गई। उधर ब्रजेश की लाश गिरी, इधर कॉलेज परिसर में भगदड़ मच गई। जान बचाकर भागते छात्र-छात्राओं को देखकर मजिस्ट्रेट जॉन थॉमस मुस्कराया, "ब्लडी इंडियन!"

आलोक बाबू का कंठ भर आया था। रहमत मियाँ ने आश्चर्य से देखा, आलोक बाबू के चेहरे पर गहरी उदासी पुती हुई थी। आग्रहपूर्वक पूछा, "आलोक बाबू, चाय पीजिएगा?"

"नहीं रहमत मियाँ, चाय कब का छोड़ चुके हैं, बीमारी जो न कराए।" रहमत मियाँ के चेहरे पर अपनी आँखें टिकाए हुए आलोक बाबू ने पूछा, "जानते हैं, फिर क्या हुआ?" रहमत मियाँ की प्रतिक्रिया जाने बग़ैर उन्होंने बात जारी रखी, "ब्रजेश की मौत की ख़बर जब मारिया को मिली तो जैसे उसकी देह से जान ही निचुड़ गई। वह खड़े-खड़े किसी कटे पेड़ की तरह भहराकर गिर पड़ी थी। उसे होश में लाने की जब सारी कोशिश नाकाम हो गई, तब उसे पटना मेडिकल कॉलेज में भर्ती कराया गया। कई दिनों तक वह बेहोश पड़ी रही। आख़िरकार उसी नीम बेहोशी में एक दिन मारिया ने दम तोड़ दिया। जॉन थॉमस अपनी बेटी को ज़िन्दा देखने को तरस गया। बेटी की मुहब्बत के आगे उसकी अंग्रेज़ियत शर्मसार थी। उसका दर्प चूर-चूर हो गया था। वह मारिया को इसी क़ब्रिस्तान में दफ़नाने के बाद लुटा-पिटा अपने देश लौट गया। मारिया और ब्रजेश का प्रेम इसी धरती पर क़ुर्बान हो गया। यह मामूली क़ब्र नहीं है, रहमत मियाँ, एक शहीद की प्रेमिका की तुरबत है। इसकी ख़ास हिफ़ाज़त कीजिएगा।"

"जी सर, ज़रूर सर!" रहमत मियाँ चमत्कृत-सा बोल गए, "ई तो गजब कहानी है, आलोक बाबू। आपको कैसे पता चला इस कहानी का?"

आलोक बाबू मन्द-मन्द मुस्करा रहे थे, "शोध, रहमत मियाँ, शोध। बहुत ख़ून जलाना पड़ता है।"

आलोक बाबू उस दिन बहुत देर तक बैठे। अचानक बम्बई काहे चले गए, यह क़िस्सा भी वह खुलकर बताए, "रहमत मियाँ, घर का आटा कितना दिन गीला करते? बाबूजी रिटायर हो गए थे। सरकारी नौकरी न मिलनी थी और न मिज़ाज से मेल खाती थी। इसलिए जब भोजपुरी फ़िल्म वाला सब-स्क्रिप्ट लिखने का ऑफ़र दिया, तो निकल लिये कि आज़माकर देखते हैं। फ़िल्म तो कई लिखी। कुछ बनी, कुछ डब्बे में रह गई। बहुत पापड़ बेलना पड़ा। जब काम मिलने लगा, तब बीमारी पीछे लग गई। थक-हारकर गाँव लौट आए। अब हम हैं, बीमारी है और बीच में दवा है।"

अपनी बात पूरी कर आलोक बाबू ठठाकर हँस पड़े। लगा, जैसे ख़ुद पर हँस रहे हों! रहमत मियाँ जब तक आलोक बाबू की कहानी की पकड़ से छूटते,

आलोक बाबू बोल पड़े, “रहमत मियाँ, डॉक्टर को दिखाने का टाइम हो गया है। अब चलते हैं।”

रहमत मियाँ ने उन्हें विदा करते हुए कहा, “आलोक बाबू, पटना आइए तो आते रहिएगा।”

आलोक बाबू फिर कभी नहीं आए। लेकिन रहमत मियाँ ने जब मारिया की कहानी लोगों को सुनाई थी, तो संजय नटकिया हँस पड़े थे, “आलोक दा ने आपको अपनी फ़िल्म की कहानी सुनाई है। मारिया-ब्रजेश की ऐसी कोई कहानी किसी रिकॉर्ड में नहीं है।”

संजय नटकिया के बग़ल में बैठे चाय की चुस्की के साथ सिगरेट का कश खींच रहे शायर शम्स अजीमाबादी ने तपाक से हस्तक्षेप किया, “भाई जान, मुहब्बत की कहानियाँ रिकॉर्ड में नहीं, दिलों में दर्ज होती हैं।”

संजय नटकिया ने शम्स का मज़ाक़ उड़ाया था, “तुम स्साले सावन के अन्धे को हमेशा हरियाली ही सूझती है।”

उन दोनों में मारिया और ब्रजेश की प्रेम-कहानी को लेकर बड़ी देर तक बहस होती रही। इस बहस में मजूमदार दा, फखर जमाँ और कौमी तंजीम अख़बार के रिपोर्टर शाहिद जमाल भी शामिल हो गए थे। मुहब्बत की सुनी-अनसुनी कहानियों से होते हुए बहस शम्स अजीमाबादी की मुहब्बत पर आ टिकी थी। मजूमदार दा ने गम्भीर होकर पूछा, “शम्स, बात कहाँ तक पहुँची है? मतलब, देखा-देखी ही चल रही है या गाड़ी आगे भी बढ़ी है?”

“दादा, हम तो गाड़ी बढ़ाने में लगे हुए हैं, लेकिन उधरे से सिगनल नहीं मिल रहा है।”

“स्साला, बोका का बोका रहा तुम!” मजूमदार दा ने झिड़का, “सिगनल नहीं मिलेगा तो गाड़ी आगे नहीं बढ़ेगी क्या? सिगनल तोड़ दो!”

“शम्स भाई, हिम्मते मरदां, मददे ख़ुदा।” शाहिद जमाल ने उकसाया।

अब तक शम्स अजीमाबादी उस जलते-बुझते बल्ब की तरह हो गए थे, जिसका कंडेंसर ख़राब हो गया हो। जिस वक़्त यह बैठकी बर्ख़ास्त हुई, शम्स अजीमाबादी अपने इश्क में मुब्तिला कुछ कर गुज़रने के इरादे से भरे हुए थे। यह बात एक दिन रहमत मियाँ को ख़ुद शम्स अजीमाबादी ने बताई थी, “रहमत भाई, खतो-किताबत शुरू हो गई है।”

उस दिन शम्स अजीमाबादी ने रहमत मियाँ को बिस्कुट के साथ चाय पिलाई थी। रहमत मियाँ ने बड़ी संजीदगी से पूछा था, "आँय, शम्स भाई, आपकी माशूका हिन्दू कि मुसलमान?"

"ऐसा काहे पूछे आप?"

"यही सोच के कि कौनो लफड़ा वाला मामला तो नहीं है न?"

शम्स अजीमाबादी की आँखों में इश्क़ का गाढ़ा रंग छलक रहा था। मुस्कराकर बोले, "मुसलमान!"

रहमत मियाँ ने राहत की साँस ली, गोया कोई बोझ उतर गया हो! शम्स अजीमाबादी के जाने के बाद क़ब्रिस्तानी हवा में कोई ग़ज़ल गश्त लगाती रही थी। रहमत मियाँ को ऐसे कई हैरतनाक वाक़यों से साबका पड़ता रहा है। कभी किसी औरत के सिसकने की आवाज़ आती है, मानो वह बेबसी की मारी हो! कभी कोई प्रीस्ट टहलता नज़र आता है, जैसे सरमन के लिए जा रहा हो। हर बार लगता है, मन का भरम है। रहमत मियाँ कभी किसी से इन बातों का ज़िक्र करते, तो वे लोग डराते। लेकिन नहीं, रहमत मियाँ कभी नहीं डरे। इस क़ब्रिस्तान में आने वाला कभी कोई नहीं डरा। पूरी इमरजेंसी निकल गई...एक से एक बागी शायर...लेखक... नाटककार यहाँ आते रहे, लेकिन कोई नहीं डरा। पुलिस किसी को छू नहीं पाई। इस रहस्य से पर्दा उठाते हुए रहमत मियाँ ज़ोर से हँसे थे, "पीरबहोर थाने का लोग पहले ही सावधान कर देता था।"

पीरबहोर थाने की नाक के नीचे ही था क़ब्रिस्तानिया। थाने का कोई सिपाही, दारोगा परेशान हाल होता तो वह यहीं आकर बैठ जाता। अब सच्चाई क्या थी, यह तो ऊपर वाला जाने, लेकिन उनको राहत मिलती और उनका क़ब्रिस्तानिया की रूहानियत पर विश्वास बढ़ जाता। रहमत मियाँ कहते, "सर, इसी यकीन से किसी का भला होता है, तो हमको क्या फरक पड़ता है? हम उनके यकीन को चोट पहुँचाने वाले कौन होते हैं?"

सोहबत और अनुभव ने रहमत मियाँ के सोचने के तौर-तरीक़े पर काफ़ी असर डाला था। उनकी स्मृतियों में इतने अफ़साने थे कि वह इसके लिए क़ब्रिस्तानिया का शुक्रगुज़ार होते हैं। शहर से समाज तक, देश से दुनिया तक के बदलावों को देखते-समझते वह कभी ख़ुश होते हैं, तो कभी दुखी। बाबरी मस्जिद जब गिरी थी, वह तब उतने दुखी नहीं हुए थे, जितना शहर में कर्फ़्यू लगने पर। सब्ज़ीबाग़ में मुर्दनी छा गई थी। पूरा शहर क़ब्रिस्तानिया में तब्दील हो गया था। जितने दिन कर्फ़्यू

रहा, रहमत मियाँ का दिल बेजार रहा। वह दिन भर इन क़ब्रों के बीच भटकते और किसी क़ब्र पर बैठकर ख़ुद से बतियाते, "ये अंग्रेज़ बहादुर लोग जो देश पर राज किया, वो भी तो मरा ही। बाबर भी मरा। साला, एक दिन मरना तो सभी को है, फिर झगड़ा किस बात का?"

रहमत मियाँ के पास सवाल ही सवाल थे, जवाब नहीं। जब कर्फ़्यू टूटा था, क़ब्रिस्तान में कोई नहीं आया था। उनका दिल धड़का था, क्या डर गए लोग? लेकिन किससे? मुसलमान हिन्दू से या हिन्दू मुसलमान से? या ख़ुदा, रहम कर! रहमत मियाँ की इबादत में यह दुआ शिद्दत से शामिल हो गई थी। वह क़ब्रिस्तानिया के गेट पर बैठे हुए आनेवालों की राह तकते। मामा की चाय की दुकान खुलने के दूसरे दिन रेहान भाई ने चश्मे की दुकान खोली थी। रहमत मियाँ हुलसकर रेहान भाई के निकट आए थे।

"क्या रहमत मियाँ, बच रहे हैं न?" रेहान भाई ने ठेठ पटनहिया अन्दाज़ में हाल पूछा था।

"भाईजान, आपका दोस्त लोग काहे न आ रहा है?"

"अभी लोग डरा हुआ है। धीरे-धीरे डर निकलेगा।"

"हिन्दू मुसलमान से डरा है कि मुसलमान हिन्दू से?" रहमत मियाँ की आँखें चौड़ी हो आई थीं।

"हिन्दू न मुसलमान से डरा है, न मुसलमान हिन्दू से। दोनों डरा है तो सियासत से डरा है।" रेहान भाई की आवाज़ में तल्खी थी। वह चश्मे पर जम आई धूल को नरम कपड़े से पोंछने लगे थे।

रहमत मियाँ आश्वस्त थे कि वक़्त के चेहरे पर जम आई धूल को मुहब्बतों की हवा झाड़-पोंछ देगी। हुआ भी वही। महीना बीतते न बीतते क़ब्रिस्तानिया की रौनक लौट आई थी। जुटान होने लगी थी। नशिस्तें जमने लगी थीं। राम जन्मभूमि-बाबरी मस्जिद पर गरमागरम बहस होती। बढ़ती कट्टरता पर चर्चा होती। रहमत मियाँ इन बहसों को सुनते और अफ़सोस करते। एक रात तो वह सेसिल फॉल्दर की क़ब्र से उलझ गए थे, "कमिश्नर साहब, यह सब आप अंग्रेज लोग की ही करतूत का खमियाजा भुगत रहे हैं हम। आप लोग हमें बाँटकर राज करते रहे। अब हमारे हुक्मरान वही कर रहे हैं।"

रहमत मियाँ की आँख और आवाज़ दोनों गीली हो आई थीं। उस रात हवाएँ हहराकर चली थीं। देर रात बादल टूटकर बरसे थे। यह आँधी-पानी वाली ऐसी रात

थी कि क़यामत बरपा हो। सुबह-सुबह उनकी नज़र क़ब्रिस्तान की चहारदीवारी पर पड़ी थी। रिहाइशी मकानों की ओर पूरी दीवार छितराई हुई थी। भागे-भागे वह कैथोलिक चर्च के बिशप के पास गए थे। बिशप सारा हाल जानकर मुस्कराए थे। "अंग्रेज चला गया, कब्रिस्तान छोड़ गया! अब उसकी हिफाजत हम करें! देखते हैं, क्या हो सकता है?"

दोपहर चढ़ने के बाद बिशप तो नहीं, उनका एक आदमी आया। सारा मुआइना करने के बाद बोला, "देखते हैं, क्या हो सकता है!"

"सब एक ही भाषा बोलता है, देखते हैं, क्या हो सकता है? गजब अंग्रेज का गजब बोली।" रहमत मियाँ आजिज़ी में बेसुरे हो गए थे।

चहारदीवारी क्या टूटी, आसपास के लोगों की मौज हो गई। पहले तो लोग ईंटें ढोकर ले जाने लगे। फिर मौक़ा देखकर कुछ लोग एक-एक कर झोंपड़ियाँ डालने लगे थे। आवारा कुत्तों और खुल्ले जानवरों की चरागाह होकर रह गया था क़ब्रिस्तानिया। किस-किस से लड़ते रहमत मियाँ? ज़िला अल्पसंख्यक कल्याण पदाधिकारी कार्यालय को कह-कहकर हार गए, जवाब एक ही मिलता : देखते हैं क्या हो सकता है? कुछ होता न देखकर क़ब्रिस्तानिया में आनेवाले पत्रकारों ने एक के बाद एक रिपोर्ट लिखनी शुरू की। सरकार से प्रशासन तक सवाल पूछकर नाको दम कर दिया।

"दो सौ साल पुराने अंग्रेज़ों के इस ऐतिहासिक ग्रेवयार्ड की हिफ़ाज़त क्यों नहीं कर रही सरकार?"

आख़िरकार सरकार जागी। अचानक एक सुबह बालू से लदा ट्रैक्टर धड़धड़ाते हुए क़ब्रिस्तानिया में घुसा और कई क़ब्रों को रौंदता हुआ रहमत मियाँ की कोठरी के आगे खड़ा हो गया। रहमत मियाँ की देह में आग लगी हुई थी। वह पिनपिनाते हुए ड्राइवर से उलझ पड़े, "अन्धे हो क्या जी, कितनी क़ब्र तोड़ दिये?"

"ए भाई जी, जो बात करनी हो, ठेकेदार साहेब से पूछिएगा।" ड्राइवर ने उपेक्षा भाव से जवाब दिया।

"कौन ठेकेदार जी? क्या नाम है उसका?"

"आसिफ भइया...आसिफ भइया का नाम सुने हैं।" ड्राइवर पूरे अकड़ में था।

आसिफ भइया मने आसिफ खान। सब्ज़ीबाग़ का बॉस! स्मैक, गाँजा, दारू से लेकर नक़ली सोने की गुल्लियों से ठगी के कारोबार का बॉस। रहमत मियाँ कसमसाकर रह गए। दाँत भींचकर बोले, "ये हमारी कोठरी है। बालू उधर गिराइए!"

रहमत मियाँ ने एक ख़ाली जगह की ओर इशारा किया। इस कोशिश में उनकी देह-भाषा में गहरी हताशा थी।

उस दिन वह ट्रैक्टर पाँच बार आया और हर चक्कर में कुछ क़ब्रों को रौंदता चला गया। रहमत मियाँ यह तबाही देखकर कलप-कलपकर रह गए। शाम को जब फखर जमाँ, कृष्णा जी, हेमन्त जी, मजूमदार दा, शाहिद जमाल वग़ैरह जुटे, तो क़ब्रिस्तानिया का हाल देखकर भौचक रह गए। रहमत मियाँ ने सारा हाल सुनाया और इस अनेत को रोकने की गुहार लगाई। मजूमदार दा ने शाहिद जमाल को सुझाया, "भाई, इस तबाही को उजागर करना होगा। सभी अख़बारों में एक साथ ख़बर छपनी चाहिए।"

ख़बर छपी। दो दिनों बाद छपी ख़बर का असर यह हुआ कि ज़िला अल्पसंख्यक कल्याण विभाग के कारकुन आए और क़ब्रिस्तानिया के लोहे के गेट पर बड़ा-सा ताला जड़कर बोर्ड टाँग दिया—क्लोज्ड। क़ब्रिस्तान में बैठना, कूड़ा फेंकना मना है।

रहमत मियाँ की आँखें भर आईं। ऐसा तो कभी नहीं हुआ था। इमरजेंसी में भी क़ब्रिस्तानिया में ताला नहीं पड़ा था। किसी के उठने-बैठने पर रोक नहीं लगी थी। अब ऐसा क्या हो गया? रेहान भाई से पूछा तो वह हत्थे से उखड़ गए, "रहमत मियाँ, यहाँ लोग बैठेंगे तो ठेकेदार की मनमानी कैसे चलेगी? उसका दो नम्बरिया धंधा कैसे चलेगा?"

रहमत मियाँ किसी लुटे मुसाफ़िर की तरह हकबकाए हुए थे। कभी रेहान भाई को देखते, कभी ताला जड़े गेट को। कुछ समझ नहीं आया तो वहीं मामा की चाय की दुकान की बेंच पर बैठ गए। मन भारी था। क़ब्रिस्तानिया का यह हश्र उनकी कल्पना से परे था। कभी सोचा न था कि वक़्त के साथ ये दिन भी देखना पड़ेगा। उनकी तन्द्रा टूटी, हेमन्त जी और कृष्णा जी की आवाज़ से। उन्होंने बड़ी आस से दोनों जवानों की ओर देखा। शायद उनके पास हो इस मुश्किल का समाधान। हेमन्त जी बता रहे थे, "शम्स का हाल बहुत ख़राब है। डिप्रेशन में हैं। आज हम लोग उनके घर गए थे, तो उनका हाल देखकर शॉक्ड रह गए। बहुत खोदने पर पता चला कि लॉकडाउन में उनकी प्रेमिका का किसी से निकाह हो गया। जब से यह पता चला है, शम्स भाई को गहरा सदमा पहुँचा है। वह इस सच्चाई को स्वीकार करने को तैयार ही नहीं हैं।"

"आँय सर, शम्स भाई और उनकी प्रेमिका दोनों मुसलमान थे, फिर क्या

दिक़्क़त हुई?" रहमत मियाँ किसी अबूझ पहेली में उलझकर रह गए थे। वह हर शख़्स की ओर बड़ी उम्मीद से देख रहे थे।

कृष्णा जी ने समझाया, "रहमत मियाँ, मुहब्बत भले मज़हब का दुश्मन न हो, मज़हब मुहब्बत का दुश्मन ज़रूर बन जाता है। शम्स भाई सुन्नी ठहरे और शहनाज बानो शिया थीं। बस, हो गया खेल।"

रहमत मियाँ की आँखों में अब भी अविश्वास का साया डोल रहा था। इस क़ब्रिस्तान में रहते हुए एक से एक विद्वान, क्रान्तिकारी, लेखक, पत्रकार से बहुत कुछ सीखने का मौक़ा मिला। लेकिन शिया-सुन्नी के नाम पर मुहब्बत का यह हश्र...कलेजा कटकर रह गया। शम्स अजीमाबादी के बारे में सोच-सोचकर दिल डूबने लगा। शाम की साँसें थमकी हुई थीं। आसमान में न चाँद था, न सितारे थे। क़ब्रिस्तानिया में गूँजने वाले ठहाके...क़िस्से...खुलूस और भाईचारे के जज़्बे को ताला लग गया था।

रहमत मियाँ ने उदास स्वर में पूछा, "ए सर, अब शम्स भाई का क्या होगा?"

कोई कुछ नहीं बोला। सबके जज़्बात पर ताला लग गया था जैसे।

मुन्ना मोटिवेशनल

मुन्ना का नाम मुन्ना नहीं था। लेकिन वह अपने काग़ज़ी नाम प्रसन्न कुमार से कम मुन्ना के नाम से ज़्यादा जाने जाते हैं। मुन्ना के माँ-बाप ने उन्हें पुकारू नाम मुन्ना दिया था, जो घर-परिवार, हित-नात, दोस्त-महिम में चल पड़ा। धीरे-धीरे टोला-मुहल्ला भी उन्हें मुन्ना नाम से पुकारने लगा। उम्र के साथ-साथ वह पहले मुन्ना, फिर मुन्ना बाबू और आगे चलकर मुन्ना मोटिवेशनल हुए। इस प्रकार वह चाहे जो भी बने, मुन्ना वह हर हाल में रहे।

मुन्ना बचपन से ही कुशाग्र बुद्धि थे। अपनी उत्कट जिज्ञासाओं को लेकर वह तरह-तरह के प्रश्न करते और जब तक सन्तुष्ट नहीं हो जाते, चुप नहीं बैठते। उनकी जिज्ञासाओं से उनके अध्यापक जब आजिज़ आ जाते तो झिड़क देते, “मुन्ना, तुम हर वक़्त अपना दिमाग़ क्यों चलाते रहते हो?”

“दिमाग़ में प्रश्न आता है तो पूछते हैं सर।” मुन्ना मासूमियत से जवाब देते।

“ऐसा करो, दिमाग़ घर पर रखकर आया करो।” गुरुजी झुँझलाकर डपट देते।

ऐसी प्रताड़ना के बाद मुन्ना ठसुआकर रह जाते। एक दिन जब वह अपना रुआँसा चेहरा लिये घर पहुँचे तो उनके पिता उन्हें देखते ही समझ गए कि आज मुन्ना को स्कूल में कुछ ज़्यादा ही डाँट पड़ी है। उन्हें अपने पास बिठाकर बड़े प्यार से पूछा, “क्या हुआ, मुँह काहे फुलाए हो?”

भीतर से बेतरह भरे मुन्ना फट पड़े, “सर से कुछ पूछते हैं तो डाँट देते हैं।”

“हो सकता है, उस समय उनका ध्यान किसी और काम में लगा हो?” पिता ने उनका मन बहलाने की कोशिश की।

“तो डाँटे क्यों...कह देते, बाद में पूछना।” मुन्ना उलटे झन्ना पड़े।

पिता ने उनका मूड भाँपकर समझाया, “डाँटना तो गुरु का अधिकार है। हमारे टाइम तो मार भी पड़ती थी।”

"जिसको कुछ नहीं आता, वो ही डाँटता है।" मुन्ना ने तुनककर प्रतिवाद किया।

पिता को अपने बेटे की संवेदनशीलता का एहसास था। उन्होंने मुन्ना की नाराज़गी को लक्ष्य कर आश्वस्त किया, "सुनो, जब किसी से कोई उत्तर न मिले तब मुझसे पूछना। मैं तुम्हें बताऊँगा सब कुछ।"

मुन्ना का मन थिराया। वह मुस्कराते और अपने दिमाग़ को शान्त करने के लिए अम्मा के पास जा पहुँचे। अम्मा ने एक भरा गिलास दूध का देते हुए पुचकारा, "बेटा, दूध पीने से दिमाग़ मज़बूत होता है।"

मुन्ना ने दूध पीते हुए आदतन पूछा, "अम्मा, दूध गाय देती है तो उसका दिमाग़ क्यों नहीं मज़बूत होता?"

अम्मा ने माथा पीट लिया, "कौन बोला कि उसका दिमाग़ मज़बूत नहीं होता?"

"गाय...कौन-सा काम दिमाग़ से करती है?" मुन्ना अम्मा से प्रश्न करते।

"हमसे क्या पूछते हो, जाके गाय से पूछो, वही बताएगी अपनी बात।" अम्मा ने जान छुड़ाने की ग़रज़ से मुन्ना को फँसा दिया।

मुन्ना दौड़कर घर से बाहर निकलने लगे तो अम्मा ने आवाज़ लगाई, "अरे... दूध छोड़कर कहाँ भागे जा रहे हो?"

"बथान में गाय से पूछने!" मुन्ना ने बिना पीछे मुड़े-रुके जवाब दिया।

मुन्ना ऐसे ही थे। वह जिस चीज़ के पीछे पड़ते, उसके मूल तक पहुँचने की हर कोशिश करते। ऐसे ही एक रात जबकि सुबह होने में एक घड़ी बाक़ी थी, वह हड़बड़ाकर उठ बैठे। उनके मुँह से घुटी-घुटी-सी निकली आवाज़ सुनकर उनके पिता भी उठ गए। रात के बावजूद अँधेरा काफ़ी मुलायम हो चुका था, भोर की आहट से आसमान में उजास की रेख झाँकने लगी थी। पिताजी ने मुन्ना के डर को लक्ष्य किया, "मुन्ना, क्या हुआ? काहे डरे हुए हो?"

पिता की आवाज़ सुनकर मुन्ना अपनी चारपाई से उतरे और पिता के पास आकर उनसे लिपट गए। मुन्ना सुबक रहे थे। पिता ने उनकी पीठ थपथपाते हुए पूछा, "क्या बात है? काहे रो रहे हो? कोई सपना देखा क्या?"

मुन्ना ने पिता की ओर देखा—भय और आँसू, दोनों उनके चेहरे पर पसरे थे। पिता ने उनका साहस बढ़ाने की ग़रज़ से हौसलाअफ़ज़ाई की, "मुन्ना, तुम तो बहादुर लड़का हो...तुम डर कैसे सकते हो?"

"पिताजी, इतना सारा भेड़िया हमको घेर लिया था कि हम डर गए।" मुन्ना के भीतर डर उन्हें जकड़े हुए था, पर सुबकना थम गया था।

पिता ने मुन्ना के आँसू से नम हो चुके गाल को अपने गमछे से पोंछा, फिर उनका चेहरा अपनी ओर उठाकर छेड़ा, "बाहर जाकर देखिए तो भुरुकवा नज़र आ रहा कि नहीं?"

मुन्ना का चेहरा एकदम फक्क पड़ गया। वह डर के मारे पिता से लिपटकर उनकी गर्दन में झूल गए। पिता उन्हें गर्दन में लटकाए हुए बाहर आए। सामने अहाते में ठिठका चाँद फीका पड़ गया था...रात अपना बिस्तर समेट रही थी। वह मुन्ना की पीठ थपथपाकर बोले, "देखो तो कहाँ भेड़िये हैं? यहाँ तो गाय-भैंस खड़ी पगुरा रही हैं।"

मुन्ना ने पिता की हौसलाअफ़ज़ाई से धीरे-धीरे आँखें खोलीं। देखा, सामने बथान में बँधी गाय...भैंस उनकी ओर मुँह उठाए जुगाली कर रही थीं। उन्हें यक़ीन हो गया कि वह सुरक्षित हैं और पिता के साथ रहते उन्हें डरने की कोई ज़रूरत नहीं है। फिर भी उन्होंने पिता के सामने जिज्ञासा रख दी, "सपना में हमको भेड़िया सब क्यों घेर लिया था? लाल-लाल आँख लिये सब इतना ज़ोर-ज़ोर से काहे गुर्रा रहा था?"

पिता ने मुन्ना को कन्धे से उतारा और उन्हें सीधे खड़ा करते हुए, उनकी आँखों में झाँकते हुए समझाया, "मन में ग़लत-सलत जो विचार आते हैं, जो तरह-तरह के विकार होते हैं, वो ही सपने में अलग-अलग रूप धरकर डराते हैं...।"

मुन्ना फिर परेशान दिखे...उनके चेहरे पर भय की परछाईं उभर आई थी। पिता ने लक्ष्य किया...उनका साहस बढ़ाने के लिए उपाय सुझाया, "ऐसे सपनों से छुटकारा पाने के लिए अपने भीतर के डर को ख़त्म करना होता है। डर सब समस्या का जड़ है...जिस दिन डरना छोड़ दोगे...उसी दिन से ये सपने पीछा छोड़ देंगे।"

पिता की इस नसीहत को गाँठ बाँधते हुए मुन्ना ने मन-ही-मन संकल्प लिया कि वह अब डरेंगे नहीं...कुछ भी हो जाए, वह अपने डर पर विजय पाकर रहेंगे। यह संकल्प फलीभूत हुआ...वह अपनी इच्छाशक्ति, मेधा और मेहनत से अपने स्कूल में ही नहीं, अपने ज़िले में भी अव्वल आए। हाईस्कूल की बोर्ड परीक्षा में वह प्रदेश के टॉप टेन में चौथे नम्बर पर थे। इंटर साइंस में एडमिशन के लिए पिता उन्हें इलाहाबाद भेजना चाहते थे, लेकिन मुन्ना अपने ज़िले के इंटर कॉलेज में ही पढ़ना चाहते थे। उनका तर्क यह था कि "कोई कॉलेज कमाल नहीं करता, कमाल स्टूडेंट करता है...पढ़ना स्टूडेंट को पड़ता है, कॉलेज को नहीं।"

मुन्ना की बातों में दम था। पिता को अपने पुत्र की क़ाबिलीयत पर विश्वास था, तो अम्मा को इस बात का सन्तोष था कि उनके मुन्ना अपने गाँव-घर के

नज़दीक रहेंगे और उनका आना-जाना लगा रहेगा। ज़िला इंटर कॉलेज में मुन्ना का एडमिशन होते ही, अचानक उस कॉलेज का मान बढ़ गया। स्थानीय संवाददाताओं ने उनके फ़ोटो के साथ ख़बर छापी, "जिस तरह फूल कहीं भी खिले, उसकी ख़ुशबू नहीं छुपती है, उसी तरह मेधावी छात्र कहीं भी रहे, अपनी प्रतिभा से वह सबको प्रभावित करता है। इसका ताज़ा उदाहरण हैं प्रसन्न कुमार उर्फ़ मुन्ना बाबू। मुन्ना बाबू ने बड़े शहरों के किसी नामी कॉलेज में एडमिशन लेने के बजाय अपने छोटे से ज़िले के गवर्नमेंट इंटर कॉलेज में पढ़ने को प्राथमिकता दी है। मुन्ना बाबू के एडमिशन लेने के कारण इस इंटर कॉलेज का भाव बढ़ गया है। कॉलेज के प्रिंसिपल सुदामा पांडेय गर्व से कहते हैं कि हमारे कॉलेज में अच्छी पढ़ाई होने के चलते मुन्ना बाबू जैसे टॉपर छात्र ने भी यहाँ एडमिशन लिया है। ऐसे मेधावी छात्र ही कॉलेज का नाम रोशन करते हैं।"

महीने भर तक सब ठीक चला, लेकिन मुन्ना जैसे ही रक्षाबन्धन की छुट्टियों में गाँव लौटे, अम्मा उन्हें देखकर छछन गई, "क्या हाल बना रखा है? लगता है, वहाँ खाना ठीक से नहीं खाते? देखो तो, महीना भर में ही सूखकर काँटा हो गए हो!"

पिता भी मुन्ना की सेहत को लेकर अम्मा की चिन्ता से सहमत हुए। इस समस्या के समाधान के लिए पिता ने आनन-फ़ानन शहर में किराए का घर ले लिया। मुन्ना के खान-पान, देखभाल के लिए अम्मा साथ आ गईं। तय हुआ कि पिताजी गाँव-शहर, दोनों जगह आते-जाते रहेंगे। इस तरह का इन्तज़ाम उनके गाँव के कई लोगों ने पहले से ही कर रखा था। इस व्यवस्था का परिणाम यह हुआ कि इंटर फ़ाइनल के साथ ही मुन्ना ने पहले ही अटेम्प्ट में आईआईटी क्रेक कर लिया। एक बार फिर उनकी मेधा का डंका पूरे शहर में बज गया। अख़बार वालों ने उनसे उनकी सफलता का राज़ पूछा तो उन्होंने पूरे आत्मविश्वास से उत्तर दिया, "सफलता का कोई राज़ नहीं होता...बस, लक्ष्य पाने की लगन होनी चाहिए।"

मुन्ना के इस आप्त वचन को उनकी उम्र के लड़कों ने हृदयंगम कर लिया, तो उनके अभिभावकों ने इसकी अनेक व्याख्याएँ कीं। उनकी सफलता का श्रेय उनके कॉलेज ने भी लिया। मुन्ना के सम्मान में एक भव्य आयोजन किया गया। प्रिंसिपल सुदामा पांडेय ने अपने भाषण में मुन्ना की सफलता को कॉलेज की सफलता बताया, तो कई शिक्षकों ने मुन्ना के लिए भविष्य में अनेक सफलताओं की कामना करते हुए इच्छा व्यक्त की कि वह ऐसे ही अपने कॉलेज का नाम रोशन करते रहेंगे। मुन्ना ने फूल-माला और सम्मान-पत्र के साथ सबके प्रति आभार

व्यक्त करते हुए कहा, "कोई सफलता किसी एक अकेले की नहीं होती...इसमें गुरुजन, दोस्त-साथी और माता-पिता सबका योगदान होता है। मेरी यह सफलता आप सबकी भी सफलता है।"

मुन्ना ने अपनी विनम्रता और वाक्पटुता से सारी महफ़िल लूट ली थी। देर तक तालियाँ बजती रहीं...मानो हर कोई अपनी सफलता को सेलिब्रेट कर रहा हो! मुन्ना सबसे विदा लेकर घर पहुँचे तो पिता ने बताया कि यह मकान वह जल्द ही ख़रीद लेंगे। मकान मालिक बेचने को तैयार हो गया है।

मुन्ना ने आश्चर्य जताते हुए पूछा, "अब तो हम दिल्ली चले जाएँगे, फिर मकान ख़रीदने की क्या ज़रूरत पड़ गई?"

"ये मकान बहुत लछमिनिया है...सह गया है हम लोग को।" पिता के बजाय अम्मा ने तपाक से मकान ख़रीदने का कारण बताया।

मुन्ना को माँ की बात पर विश्वास नहीं हुआ। उन्होंने पिता की ओर सवालिया निगाह से देखा, तो पिता हँस पड़े, "मकान मालिक का बेटा बेंगलुरु में फ़्लैट ख़रीद लिया है...उसे पैसों की ज़रूरत है तो उपधिया जी आनन-फ़ानन बेच रहे हैं। हम बात किये तो वह बेचने को तैयार हो गए हैं। सोचा, शहर में एक घर भी हो जाएगा और उपधिया जी की मदद भी हो जाएगी।"

"पिताजी, इसे आपदा में अवसर निकालना कहते हैं।" मुन्ना ने पिता की बात हँसकर हवा में उड़ा दी।

मुन्ना जब आईआईटी फ़ाइनल में थे तभी उनका कैम्पस सेलेक्शन हो गया। उनकी मेधा का एक बार फिर डंका बजा। उनके ज़िले के अख़बारों ने छापा : 'ज़िले के लाल को मिला बाईस लाख का पैकेज। अमेरिकी कम्पनी ने दिया शानदार ऑफ़र।'

मुन्ना अब तक मुन्ना बाबू हो चुके थे। उनके आईआईटी में दाख़िले के साथ ही उनका सम्मान बढ़ गया था। अब अम्मा, पिताजी भी उन्हें मुन्ना बाबू ही बुलाते थे। मुन्ना बाबू लगन के पक्के...काम के धुनी थे। इसी लगन और धुन की वजह से वह सालोंसाल अमेरिकी कम्पनी में सफलता के कई झंडे गाड़ते चले गए। उनकी कम्पनी ने उन्हें प्रोमोट कर डिप्टी चीफ़ एक्सक्यूटिव बना दिया था। सब कुछ ठीक-ठाक चल रहा था। अच्छा पैकेज, अच्छा कॅरियर और अच्छा जीवन...गाड़ी, फ़्लैट, क्लब मेम्बरशिप सब था उनके पास। और क्या चाहिए था?

लेकिन एक सुबह जब मुन्ना बाबू सोकर उठे तो उन्होंने अपने-आपसे पूछ लिया : 'मुन्ना बाबू, तुम यहाँ कर क्या रहे हो? क्या यही लक्ष्य था तुम्हारा? तुमने

जो समाज से लिया, क्या उसे वापस किया? देना तो दूर, तुम समाज से कट चुके हो, कभी सोचा? ये कॉर्पोरेट की दुनिया क्या तुम्हारी अपनी दुनिया है? मुन्ना बाबू, होड़...दौड़ और टारगेट के पीछे भागते हुए तुम कहाँ छोड़ आए अपने लोगों को?'

मुन्ना बाबू ब्रश करते हुए, शेव करते हुए, नाश्ता करते हुए, ऑफ़िस जाते हुए लगातार इन सवालों से जूझते रहे। वह जितना सोचते स्वयं को उतना धिक्कारते। इस कशमकश से निकलने में उन्हें कई दिन लगे। उन्हें महसूस हुआ कि अपनी दुनिया से कनेक्ट के लिए, इस दुनिया से ब्रेक लेना ज़रूरी है। आख़िरकार एक दिन उन्होंने अपनी नौकरी से इस्तीफ़ा दे दिया। अपने इस्तीफ़े की ख़बर देर शाम जब पिता को दी, तो दूसरी ओर फ़ोन पर बड़ी देर तक ख़ामोशी छाई रही। मुन्ना बाबू को आशंका हुई कि पिता कहीं सदमे में तो नहीं चले गए! इस ख़याल के आते ही उन्होंने ज़ोर से आवाज़ लगाई, "हेलो...हेलो...पिताजी, क्या हुआ...बोल क्यों नहीं रहे?"

"मुन्ना बाबू, आप समझदार हैं। अपना अच्छा-बुरा आप बेहतर समझ सकते हैं। आपने इस्तीफ़ा दिया है, तो आगे का भी कुछ सोचा ही होगा।" पिता ने हमेशा की तरह मुन्ना बाबू के निर्णय को स्वीकार कर लिया था।

आख़िर सारे तामझाम छोड़कर मुन्ना बाबू एक दिन अपने शहर लौट आए। शहर को अपने मेधावी मुन्ना बाबू का यह फ़ैसला उनकी मूर्खता लगी। लोगों ने मान लिया कि मुन्ना बाबू 'स्पॉयल्ड जीनियस' हैं। लेकिन मुन्ना बाबू की मेधा को कोई पकड़ ले तो फिर वो मुन्ना बाबू कहाँ? एक संक्षिप्त अन्तराल के बाद मुन्ना बाबू ने तय किया कि वह अपने आसपास के युवाओं को सफलता के गुर सिखाएँगे। जो लड़के अपनी असफलता को अपना भाग्य मान निराश हो चुके हैं, उन्हें मोटिवेट करेंगे। वह अपने जैसे अनेक युवा तैयार करेंगे। वह कुछ ऐसा करना चाहते थे, जिससे समाज में बदलाव आए...जिसे करके उन्हें सन्तोष मिले। इस विचार ने तब आकार लिया, जब मुहल्ले के कई लड़के उनसे मिलने आने लगे थे। ये लड़के उनसे कई तरह के प्रश्न करते, जिज्ञासाएँ करते, समाधान पूछते। ऐसे ही में उन्हें लगा कि वह अगर समाज को कुछ लौटाना चाहते हैं, तो इन युवाओं का मार्गदर्शन ज़रूरी है...इनके भीतर की प्रतिभा को उभारना ज़रूरी है...इन्हें अपना लक्ष्य पाने के लिए प्रेरित करना ज़रूरी है। जब कोई लड़का पूछता कि 'मुन्ना बाबू, पढ़ता तो बहुत हूँ...लेकिन सफलता नहीं मिलती!' तो मुन्ना बाबू अपने चश्मे को कुरते से पोंछते हुए समझाते, "देखिए, ख़ूब पढ़ने से सफलता का कोई सम्बन्ध नहीं है।

क्योंकि पढ़ना तो सभी जानते हैं। लेकिन क्या पढ़ना है, यह बहुत कम लोग जानते हैं। जो यह बात समझ जाता है, वो सफल हो जाता है।"

लड़का चकित हो जाता, गोया सफलता की चाबी हाथ लग गई हो। मुन्ना बाबू आईआईटी क्रेक करने के गुर बताते तो कई लड़के उन्हें घेरकर बैठ जाते। वह उन लड़कों को तरह-तरह के उदाहरणों से प्रोत्साहित करते। कभी वह बताते, "देखो, केरल में एक लड़का कुलीगीरी करते हुए भी स्टेट पब्लिक सर्विस कमीशन का इग्ज़ाम क्रेक कर गया। जानते हो, कैसे?" लड़के उनकी ओर मुँह उठाए उत्सुकता से देख रहे होते, ठीक तभी वह राज़ खोलते, "पैशन। पैशन बहुत ज़रूरी है। सफल होना सभी चाहते हैं...इसके लिए तरह-तरह के उपाय आज़माते हैं, पर सफल नहीं होते...क्यों?" अपने प्रश्न का जवाब वह स्वयं देते, "क्योंकि सफलता की इच्छा तो है, लेकिन इच्छाशक्ति नहीं है। तो सफलता पाने के लिए ख़ुद के अन्दर पैशन पैदा करना ज़रूरी होता है।"

ऐसी बातों, ऐसे विचारों और मुन्ना बाबू के चमत्कारिक व्यक्तित्व का असर यह हुआ कि दिनोंदिन उनकी लोकप्रियता बढ़ती गई। धीरे-धीरे वह मुन्ना मोटिवेशनल के नाम से जाने जाने लगे। मुन्ना के लिए इस विशेषण का ईज़ाद किसने किया, ठीक-ठीक बताना सम्भव नहीं है। लेकिन यह इस क़दर चल पड़ा कि स्वयं मुन्ना बाबू ने भी इसे बिना किसी किन्तु-परन्तु के स्वीकार कर लिया। सोने पर सुहागा यह कि इस साल आधा दर्जन लड़कों ने आईआईटी तो नहीं, एनआईटी इग्ज़ाम को क्रेक कर लिया। इसके अलावा पाँच बच्चे राज्य के इंजीनियरिंग कॉलेज में प्रवेश पाने में कामयाब हो गए। इधर रिज़ल्ट आया और उधर उनके नाम की शोहरत मुहल्ले से निकलकर पूरे शहर में पहुँच गई। देखते-देखते उनके पास लड़के-लड़कियों की भीड़ उमड़ पड़ी। इस भीड़ को देखकर, इनकी आँखों में उम्मीद की मासूमियत देखकर मुन्ना बाबू एक पल को सिहर गए। उन्हें लगा, ये बच्चे उन्हें कोई मसीहा समझने लगे हैं, जो उनके भरोसे हर इम्तिहान पास कर जाना चाहते हैं। इस धर्मसंकट से मुन्ना बाबू को उनके पिता ने उबारा, "हर बच्चे में प्रतिभा होती है, लेकिन मार्गदर्शन के अभाव में वे अपने लक्ष्य पर फ़ोकस नहीं कर पाते हैं। आपको बस यही करना है।"

मुन्ना बाबू को एकबारगी याद आया कि कभी यही बात पिता ने उनसे भी कही थी : 'अपने लक्ष्य पर फ़ोकस करिए!' मुन्ना बाबू मन-ही-मन मुस्कराए और मन-ही-मन तय किया कि उनके पास आ रहे बच्चों को वह इस तरह मोटिवेट करेंगे

कि वे अपने लक्ष्य पर फ़ोकस करने में स्वयं सक्षम हो सकें। मुन्ना बाबू अपने मिशन में जुट गए। उन्हें इस काम में मज़ा आने लगा था। स्वयं अपनी सार्थकता महसूस होने लगी थी। इसी दौरान उन्होंने अपने मोटिवेशनल लेक्चर्स यूट्यूब पर डालने शुरू कर दिये। इसका इतना ज़बरदस्त असर हुआ कि कुछ ही महीनों में उनके यूट्यूब चैनल के सब्सक्राइबर्स की संख्या लाखों में पहुँच गई। उन्हें ख़ुशी हुई कि उनकी पहल का युवाओं ने दिल खोलकर स्वागत किया है।

एक दिन अचानक वार्ड कमिश्नर का चुनाव लड़ रहे रमन मिश्रा पिताजी के पास आए और उनसे अपना सपोर्ट माँगा। दो चुनावों में असफल रह चुके रमन मिश्रा से पिता ने मुन्ना बाबू को मिलवाया। चाय-वाय के बीच ही मुन्ना बाबू ने रमन मिश्रा से पूछा, "चाचा, आपने कभी इस बात पर ग़ौर किया है कि आप हर बार अपना चुनाव क्यों हार जाते हैं?"

"ब्राह्मण, राजपूत का वोट तो हमको पूरा मिल जाता है, लेकिन ओबीसी, एससी और मुसलमान का वोट बँट जाता है। अब तक इसी कारण हार होती रही, पर इस बार सबको साधने में लगा हूँ।" रमन मिश्रा ने एक मिनट में अपने चुनाव का पूरा चित्र खींच दिया।

मुन्ना बाबू के होंठों पर मुस्कराहट उभर आई।

पिताजी ने उन्हें टोका, "हँस क्यों हो रहे हो?"

"चाचाजी, जात-वात के पुराने फ़ॉर्मूले पर कब तक चुनाव लड़िएगा?" पिताजी को जवाब देने के बजाय मुन्ना बाबू रमन मिश्रा से मुख़ातिब हो गए, "चुनाव जीतने के लिए नया तौर-तरीक़ा अपनाना होगा। जो सब कर रहे हैं, वही आप भी कर रहे हैं तो इसमें नया क्या है?"

"नया? चुनाव में नया क्या हो सकता है? सभी इसी तरह चुनाव लड़ते हैं।" रमन मिश्रा हैरान नज़र आए।

रमन बाबू की हैरानी को झटका देते हुए मुन्ना बाबू ने सलाह दी, "चाचा, महिलाओं और युवाओं को अपने से जोड़िए...उनकी ज़रूरत के हिसाब से अपने काम की योजना बनाइए और उन तक यह बात प्रभावी ढंग से पहुँचाइए। महिला को कोई पूछता नहीं, उन्हें आप भाव दीजिए। युवक बदलाव के आकांक्षी होते हैं, उन्हें अपनी रणनीति से जोड़िए।"

रमन बाबू तो हतप्रभ-सा मुन्ना बाबू को देखते रहे। उन्हें लगा, सामने बैठे मुन्ना

बाबू साक्षात् उनकी जीत की गारंटी हैं। सफलता की मास्टर चाबी। उन्होंने स्वयं को सँभालते हुए मुन्ना बाबू के पिताजी से अनुरोध किया, "भइया, गोद में बच्चा, शहर में ढिंढोरा? मुन्ना बाबू से कहिए कि इस बार ये हमरो नइया पार लगवा दें।"

"रमन बाबू, हम मुन्ना बाबू पर कभी अपनी मर्ज़ी नहीं थोपे। जो निर्णय लेना होगा, यही लेंगे।" पिताजी ने दो टूक तटस्थता अख़्तियार कर ली।

रमन मिश्रा ने मुन्ना की ओर बड़ी आस से देखा...उनके चेहरे पर याचना, निरीहता और करुणा के मिले-जुले भाव इतने सघन थे कि मुन्ना बाबू भीतर से दहल गए। उन्होंने विनम्रता से अपनी स्थिति स्पष्ट की, "चाचा, मैं आइडिया दे सकता हूँ, इम्प्लीमेंटेशन तो आपको ही करना होगा।"

"मुन्ना बाबू, अपने चाचा की मदद नहीं कर सकते आप? मेरी इज़्ज़त बस आपके हाथ में है। थोड़ा मेरे लिए भी समय निकाल लीजिए...यह उपकार जीवन भर नहीं भूलूँगा।" अपनी बात पूरी करते-करते रमन बाबू ने प्रार्थना की मुद्रा में अपने हाथ जोड़ लिये थे।

मुन्ना बाबू ने पिताजी को देखा, वह तो जैसे स्थितप्रज्ञ थे। रमन मिश्रा की आँखें एकटक मुन्ना बाबू पर टँकी थीं। मुन्ना बाबू ने निर्णायक स्वर में अपनी सहमति देते हुए कहा, "यह चुनाव आपकी प्रतिष्ठा का प्रश्न है तो मेरी प्लानिंग की परीक्षा है। देखते हैं, रिज़ल्ट क्या रंग लाता है!"

मुन्ना बाबू के इस निर्णय से पिताजी सहमत नहीं दिखे, लेकिन हमेशा की तरह उन्होंने मुन्ना पर अपनी इच्छा नहीं थोपी। रमन मिश्रा के प्रस्थान के बाद उन्होंने अपने मन का खटका अवश्य व्यक्त किया, "राजनीति में बहुत गन्दगी है।"

"पिताजी, इसी सोच ने राजनीति का ये हाल कर रखा है। हाथ पर हाथ रखे रहने से कभी कोई बदलाव नहीं आता।" मुन्ना बाबू ने पिता के आरोप को निरस्त किया।

"जेपी मूवमेंट हुआ तो था...अन्ना हजारे का भी आन्दोलन हुआ था...क्या हुआ उसका हश्र?" पिता ने ताना मारा।

"इसलिए बदलाव की उम्मीद छोड़ देनी चाहिए? कोई कोशिश नहीं करनी चाहिए?" मुन्ना बाबू के प्रश्न ने पिता को निरुत्तर कर दिया।

मुन्ना बाबू की योजना, रणनीति और सघन प्रचार ने रंग दिखाया। उनसे जुड़े युवक-युवतियों ने भी उनकी योजना को घर-घर तक पहुँचाने में मदद की, जिसका परिणाम हुआ कि रमन मिश्रा चुनाव जीत गए। उन्होंने मुन्ना बाबू के प्रति कृतज्ञता

व्यक्त करते हुआ कहा, "मुन्ना बाबू, आपका एहसान हम ज़िन्दगी भर नहीं भूलेंगे। जब मेरी सेवा की ज़रूरत हो, बेहिचक कहिएगा।"

"चाचा, हम आपसे एक ही अनुरोध करेंगे, मुझे कभी शर्मिंदा मत होने दीजिएगा।" मुन्ना बाबू ने दो टूक निवेदन किया।

रमन बाबू ने दोनों हाथों से अपने कानों को हाथ लगाया, फिर मुन्ना बाबू के दोनों हाथों को थामकर आश्वस्त किया, "मुन्ना बाबू, मेरी ओर से आप बेफ़िक्र रहिए।"

मुन्ना बाबू की चुनावी रणनीति के रमन बाबू तो मुरीद हुए ही, उनके विरोधियों ने भी लोहा माना। रमन बाबू जिस पार्टी से जुड़े थे, उसके मुख्यालय में उनका उठना-बैठना था। अपनी जीत के बाद जब वह मुख्यालय पहुँचे तो पार्टी अध्यक्ष से मुन्ना बाबू का ज़िक्र करना नहीं भूले। मुन्ना बाबू की रणनीति, योजना, डाटा एनालिसिस और उनकी मोटिवेशनल एप्रोच की उन्होंने दिल खोलकर तारीफ़ की। तत्काल तो अध्यक्ष जी ने कोई प्रतिक्रिया नहीं दी, लेकिन जैसे ही रमन बाबू ने विदा माँगी, अध्यक्ष जी ने पूछा, "यह वही लड़का तो नहीं, जो अमेरिकन कम्पनी की नौकरी को लात मारकर चला आया?"

"जी...जी वही है...वही।" रमन बाबू ने दाँत निपोर दिये।

"क्या नाम बताया उसका?"

"जी, मुन्ना। मुन्ना बाबू नाम है उसका। बहुत टैलेंटेड नौजवान है।" रमन बाबू के भीतर का हुलास उमड़ आया था।

"देखिए, हम तो टैलेंट की क़द्र करने वाले लोग हैं...किसी दिन मिलवाइए मुन्ना बाबू से।"

अध्यक्ष जी की इच्छा जानकर रमन मिश्रा दोहरे हो आए, "ज़रूर सर, ज़रूर।"

रमन मिश्रा से अध्यक्ष जी का सन्देश पाकर मुन्ना बाबू भड़क गए, "चाचा, राजनीति मेरा प्रोफ़ेशन नहीं है, हमको काहे घसीट रहे हैं इसमें?"

पास बैठे पिता ने टोका, "हाथ पर हाथ रखे रहने से कभी कोई बदलाव आता है क्या? राजनीति में बदलाव चाहते हैं तो राजनीति को समझना तो पड़ेगा?"

मुन्ना बाबू पिताजी के तंज़ को समझ गए। इसे उन्होंने चुनौती की तरह लिया और एक दिन रमन मिश्रा के साथ अध्यक्ष जी से मिलने पार्टी ऑफ़िस पहुँच गए। बातों-बातों में मुन्ना बाबू के विचारों और राजनीति के बारे में जानकर अध्यक्ष जी बहुत प्रभावित हुए। उन्होंने तुरन्त इच्छा ज़ाहिर की :

"क्यों नहीं आप हमारी पार्टी जॉइन कर लेते हैं?"

"नहीं...अभी मैं ख़ुद को आज़माना चाहता हूँ...अपनी क्षमता को पहचानना चाहता हूँ। मुझे पार्टी के दायरे में मत बाँधिए।" मुन्ना बाबू ने बग़ैर हिचक इनकार कर दिया।

"मुन्ना बाबू, आप कॉर्पोरेट वाले लोग हैं न...हर काम प्लानिंग करके करने की आदत होती है, समझ सकता हूँ।" अध्यक्ष जी ने दाना डाला, "लेकिन पार्टी तो आपकी सेवा लेगी ही...आपके टैलेंट का लाभ तो हमें मिलना चाहिए।"

यह बीच का रास्ता था, मुन्ना बाबू को जमा। उन्होंने पार्टी कार्यालय आना-जाना शुरू कर दिया। अध्यक्ष जी जब उन्हें महत्त्व देते थे तो बाक़ी किसकी हिम्मत थी कि कोई उन्हें भाव न देता? अध्यक्ष जी और मुन्ना बाबू की सहमति से पार्टी कार्यालय में उनके लिए एक कमरा एलॉट कर दिया गया। वहाँ कंप्यूटर, प्रिंटर आदि की व्यवस्था कर दी गई। मुन्ना बाबू ने पार्टी की अन्दरूनी, बाहरी संरचना, नेतृत्व का प्रकार और अनुपात, पार्टी का राज्य में प्रभाव, भविष्य की सम्भावना आदि पर अध्ययन शुरू कर दिया। जैसे-जैसे वह स्थितियों को समझते जा रहे थे, विभिन्न स्तरों पर काम का दायरा बढ़ता जा रहा था। इस ज़रूरत को देखते हुए अध्यक्ष जी ने मुन्ना बाबू को अपनी टीम बनाने के लिए हरी झंडी दे दी।

इधर मुन्ना बाबू ने टीम बनाकर काम शुरू किया और उधर राज्य में विधानसभा चुनावों की चर्चा शुरू हो गई। आसन्न चुनावों के मद्देनज़र पार्टी कार्यालय में बैठकों का दौर शुरू हो गया। ऐसी ही एक बैठक में मुन्ना बाबू ने रिपोर्ट दी कि कई क्षेत्रों में पार्टी को लेकर असन्तोष है...कई ज़िलों में पार्टी संगठन मज़बूत नहीं है...और एंटी इनकंबेंसी भी एक बड़ा फ़ैक्टर है...।"

अध्यक्ष जी ने बीच में टोका, "लेकिन सरकार ने तो विकास के काफ़ी काम किये हैं!"

"जी, लेकिन एंटी इनकंबेंसी एक स्वाभाविक फ़ैक्टर है, जो सत्तारूढ़ पार्टी पर असर डालती है। लोगों की अपेक्षाएँ अनेक आयामी होती हैं, जो सब-की-सब पूरी नहीं होतीं, वह भी असन्तोष का कारण बनती हैं।" मुन्ना बाबू ने अपनी बात पर ज़ोर देते हुए कहा, "इसे नज़रअन्दाज़ नहीं किया जा सकता।"

अध्यक्ष जी के माथे पर बल पड़े। उन्होंने पहलू बदलते हुए सवाल किया, "माने विकास का जनता पर कोई प्रभाव नहीं पड़ता? वह इसे किसी खाते में नहीं डालती?"

अध्यक्ष जी की चिन्ता को गम्भीरता से लिया मुन्ना बाबू ने, "चुनाव किसी एक वजह से न जीता जाता है, न हारा जाता है। चुनाव अब पुराने तरीक़े से नहीं लड़ा जा सकता। अपने विरोधियों को नये नैरेटिव में फँसाइए...अपने पिच पर उन्हें खेलने को मजबूर करिए। जनता को अपने काम भी गिनाइए और नये मतदाताओं को अपने पाले में लाइए। पहली बार वोट देने वाले युवाओं और महिलाओं पर फ़ोकस कीजिए। मेरा यक़ीन है कि पार्टी को जीतने से कोई नहीं रोक सकता।"

मुन्ना बाबू ने चुनाव को लेकर जो चित्र खींचा और जो प्रारूप सामने रखा, उससे अध्यक्ष जी चमत्कृत दिखे। उन्होंने अगले ही दिन चुनाव समिति की बैठक बुलाई। बैठक में मुन्ना बाबू के सुझावों पर सहमति जताते हुए चुनाव रणनीति और प्रचार की पूरी ज़िम्मेदारी मुन्ना बाबू को सौंप दी गई। इसी बैठक में मुन्ना बाबू की फ़ीस और उनकी पूरी टीम के लिए बजट को मंज़ूरी दे दी गई। यह बहुत बड़ी ज़िम्मेदारी थी, जिसके लिए मुन्ना बाबू ने दिन-रात एक कर दी। अपनी टीम में उन्होंने आईटी एक्सपर्ट लड़के-लड़कियों को जोड़ा...प्रचार-प्रसार के लिए एक टीम बनाई...डाटा एनालिसिस के लिए कुछ एक्सपर्ट दिल्ली से हायर किये। पार्टी कार्यालय में चुनाव की सनसनी के साथ, नये लड़के-लड़कियों की उपस्थिति ने एक ऐसा रोमांच रच दिया था कि राजनीति के पुराने दिग्गज हक्का-बक्का रह गए। इस पूरी क़वायद में मुख्यमंत्री की दिलचस्पी ने मुन्ना बाबू के क़द को और बढ़ा दिया था।

मुन्ना बाबू ने मुख्यमंत्री से कुछ नये नैरेटिव पर चर्चा की। थोड़ा गम्भीर मंथन के बाद मुख्यमंत्री ने फ़िलहाल दो नैरेटिव को मंज़ूरी दे दी, जिस पर चुनाव समिति ने भी मुहर लगा दी। इस चुनाव के लिए पहला नैरेटिव था—युवाओं को टेक्निकल शिक्षा में सरकार सब्सिडी देगी। दूसरा था—प्रदेश की महिलाओं को सोशल सिक्योरिटी की गारंटी।

कुछ-कुछ दिनों बाद ऐसे कई नैरेटिव मुन्ना बाबू ने पार्टी के सामने रखे। पहले दोनों नैरेटिव की कामयाबी से उत्साहित पार्टी के शीर्ष नेतृत्व ने सभी नये नैरेटिव को मंज़ूरी दे दी। प्रचार-प्रसार के नये तरीक़ों और आक्रामक शैली ने पार्टी के पक्ष में माहौल बना दिया। और अन्ततः यह चुनाव एक बार फिर पार्टी ने जीत लिया। मुख्यमंत्री पुनः पद पर आसीन हुए। मुन्ना बाबू को जीत का बड़ा कारण माना गया। तमाम पार्टियों की चर्चा के केन्द्र में आ गए थे मुन्ना बाबू। कुछ ही महीने बाद दक्षिण भारत के एक राज्य में चुनाव की घोषणा होते ही वहाँ की सत्तारूढ़ पार्टी

ने मुन्ना बाबू से सम्पर्क किया। मुन्ना बाबू की शर्तें मानकर उन्हें हायर कर लिया गया। मुन्ना बाबू की पुरानी टीम उनके साथ उस राज्य में पहुँची और युद्ध स्तर पर काम शुरू कर दिया। वहाँ भी कई नैरेटिव गढ़े गए। दक्षिण-उत्तर की राजनीतिक लड़ाई से इतर उन्होंने राज्य के विकास में युवाओं की भागीदारी बढ़ाने, एक लाख नई नौकरियाँ देने का वादा, हर महिला के लिए मुफ़्त हुनर प्रशिक्षण योजना और इन हुनरमन्द महिलाओं को अपना रोज़गार शुरू करने के लिए बैंक लोन देने की गारंटी की घोषणा ने राज्य में चुनाव का माहौल बदल दिया। आख़िरकार वही हुआ...उस राज्य की सत्तारूढ़ पार्टी फिर चुनाव जीत गई। इस चमत्कार ने मुन्ना बाबू को पूरे देश में लोकप्रियता के चरम पर पहुँचा दिया। सभी उन्हें जीत की गारंटी मानने लगे। इसका परिणाम यह हुआ कि उत्तर-पूर्व के एक बड़े राज्य में चुनाव की घोषणा होते ही सभी पार्टियों में मुन्ना बाबू को हायर करने की होड़ मच गई। इस बार मुन्ना बाबू वहाँ की विपक्षी पार्टी के साथ जुड़े। उनकी स्ट्रेटजी, उनका प्रचार और नये-नये नैरेटिव के सामने सत्तारूढ़ पार्टी नहीं टिकी। यहाँ मुन्ना बाबू ने नये नैरेटिव सेट किये। उत्तर-पूर्व और शेष भारत के बीच सेतु बनाने के लिए उन्होंने केन्द्रीय योजनाओं में स्पेशल पैकेज पर ज़ोर और ईको फ्रेंडली उद्योगों को लगाने का वादा किया। राज्य के युवाओं को तकनीकी शिक्षा के लिए बेंगलुरु, अहमदाबाद, पूना आदि शहरों में भेजने के लिए स्कॉलरशिप, स्थानीय उत्पादों को बाज़ार मुहैया कराने के लिए सरकार की ओर से सहायता देने की घोषणा की गई। मुन्ना बाबू की टीम ने ग्रासरूट स्तर पर सघन अभियान चलाया। एक-एक सीट की एनालिसिस...कमज़ोरियों की पहचान और उनके बरअक्स नये समीकरण के साथ घेरेबन्दी ने इस राज्य में भी उनकी रणनीति की रणभेरी बजा दी।

एक के बाद एक विजय अभियान के मद्देनज़र मुन्ना बाबू की प्रतिभा, क्षमता और विश्वसनीयता ने उन्हें एक निर्विवाद रणनीतिकार के रूप में स्थापित कर दिया था। वह देश की सभी राजनीतिक पार्टियों के लिए ज़रूरत बन गए थे। राजधानी स्थित उनके आवास पर राजनीतिक दलों के नेताओं की आमद बढ़ गई थी। वे अपने दल की ओर से उनकी सेवा लेने का ऑफ़र देते। मुन्ना बाबू सबकी बात सुनते और सोचकर जवाब देने का आश्वासन देते। अक्सर उनके मोबाइल पर पार्टियों के अध्यक्ष और आलाकमानों के कॉल आते, “कॉन्ट्रैक्ट फ़ाइनल कीजिए, मुन्ना बाबू...पैकेज की चिन्ता मत कीजिए।”

ऐसे गहमा-गहमी भरे दिनों में एक सुबह मुन्ना बाबू के पिताजी राजधानी में

उनसे मिलने आ पहुँचे। पिताजी को बग़ैर पूर्व सूचना आया देख वह चौंके। मन में आशंका-सी उठी, "सब ठीक तो है? अम्मा कैसी हैं?"

"तुम्हारी अम्मा ही भेजी हैं, हालचाल ले आने के लिए।"

पिताजी का स्वर सामान्य था, लेकिन मुन्ना बाबू उसमें छिपे उलाहने को समझ गए, "वो क्या है कि...एक के बाद एक कई राज्यों में चुनाव के कारण बहुत यात्रा करनी पड़ी...।"

पिताजी सहज दिख रहे थे लेकिन उनके अन्दर जो घुमड़न थी, उसे मुन्ना बाबू ने लक्ष्य किया।

"मैं स्वयं घर आने का प्लान कर रहा था।"

"घर आने के लिए भी प्लान करना पड़ता है?" पिताजी की आँखें उनके चेहरे पर आ टिकी थीं।

मुन्ना बाबू की आँखें झुक गईं।

"आप लोग ख़ुश नहीं हैं तो छोड़ देता हूँ यह सब।" मुन्ना बाबू ने निरपेक्ष भाव से प्रस्ताव रखा।

"आप जानते हैं, हमने अपना निर्णय कभी आप पर नहीं थोपा। लेकिन आप जो निर्णय लेते हैं, उसका मूल्यांकन भी तो आप ही को करना होगा। तमाम राजनीतिक पार्टियों को चुनाव जिताते हुए आपने सोचा, कभी आपकी रणनीति फेल हो गई तो आपका हश्र क्या होगा? ये ही पार्टियाँ जो सर पर उठाए फिर रही हैं, आपको दूध में पड़ी मक्खी की तरह निकल फेंकेंगी।" पिताजी की बातों में बेटे के हित की चिन्ता थी।

मुन्ना बाबू कोई जवाब नहीं दे पाए।

पिताजी उसी शाम लौट गए। उन्हें विदा करते हुए मुन्ना बाबू ने जल्द ही घर आने का वादा किया। उस रात वह बड़ी देर तक बेचैन रहे...पिताजी की बातें कचोटती रहीं...उनकी आँखें बेधती रहीं...अम्मा का तरल चेहरा...आशीर्वाद में उठे हाथ...मन भीगता रहा। वह रात ख़ुद से जूझते गुज़री। अगली सुबह उन्होंने अपने सहयोगी शशांक सिन्हा से पूछा, "अगर हम ये काम छोड़ दें तो कैसा रहेगा?"

यह अप्रत्याशित प्रश्न था...सुबह-सुबह क्या हुआ मुन्ना बाबू को? शशांक को भौचक देख मुन्ना बाबू ने टोका, "शशांक, क्या हुआ? तुम इस तरह क्यों देख रहे? भाई, मैं सीरियस हूँ।"

"रियली?" शशांक अभी भी निश्चित नहीं हुआ था।

"यस...आ'यम सीरियस।" मुन्ना बाबू ने दृढ़ स्वर में अपना निर्णय दुहराया।

शशांक एक पल को सन्नाटे में चला गया...मुन्ना बाबू उसकी ओर देखे जा रहे थे मानो उसके उत्तर की प्रतीक्षा कर रहे हों। शशांक ने उत्तर के बजाय प्रश्न किया, "रातों-रात यह ख़याल कैसे आया?"

"शशांक, मैंने मल्टी नेशनल कम्पनी की जॉब छोड़ी, क्योंकि मुझे लगा, यह मेरा लक्ष्य नहीं है। मुझे सन्तोष नहीं मिल रहा था। नौकरी छोड़ दी। मैं अपने शहर के युवाओं को अपने ज्ञान...अपने अनुभव से मोटिवेट कर रहा था। उनकी कामयाबी देख मुझे सन्तोष होता कि मैं अपने समाज में कुछ कंट्रीब्यूट कर रहा हूँ। लेकिन एक इत्तेफ़ाक़ ने मुझे राजनीति को जानने-समझने का अवसर दिया। इस दौरान मैंने बहुत कुछ सीखा...लेकिन प्रश्न है कि इस राजनीति का हासिल क्या रहा?"

मुन्ना बाबू की आवाज़ में लम्बे सफ़र की थकान थी। एक ख़ालीपन का एहसास तारी था। इस एहसास से उबारने की ग़रज़ से शशांक ने कहा, "मुन्ना बाबू, आपने इस दौरान जो किया, राजनीति में पहले कभी नहीं हुआ। इन पार्टियों की कथित विचारधाराओं में जकड़े रहने की हदबन्दी टूटी है। ये अपने पुराने नारों से मुक्त हुई हैं...इन पार्टियों में प्रोफ़ेशनल तौर-तरीक़ों के प्रति रुझान बढ़ा है।"

मुन्ना बाबू ने शशांक को बीच में रोका, "शशांक, तुमने ग़ौर किया कि जो तुमने कहा, उसका क्या निहितार्थ है?" शशांक को जवाब देने का मौक़ा दिये बग़ैर उन्होंने अपनी बात जारी रखी, "मतलब साफ़ है कि विचार की प्रतिबद्धता इन पार्टियों के लिए कोई मायने नहीं रखती। सत्ता पाना एकमात्र उद्देश्य है। गांधीवाद, समाजवाद, साम्यवाद, अम्बेडकरवाद, वाम-दक्षिण—सब इनकी सहूलियतों के कवच हैं। हमारी एंट्री ने इनकी असलियत को उजागर कर दिया...क्या नहीं?"

इस बार फिर शशांक के हैरान हो जाने की बारी थी, "ताज्जुब...इस तरह तो कभी सोचा नहीं।"

"नहीं सोचा तो अब सोचो...इसीलिए तो मैंने तुम्हें बुलाया है।" मुन्ना बाबू ने शशांक को बुलाने का मक़सद बताया।

"तो काम बन्द कर देने से क्या हासिल होगा?" शशांक के स्वर में उलझन थी।

"काम बन्द करने का मतलब हाथ पर हाथ रखकर बैठना नहीं, बल्कि यह कि क्या कुछ नया नहीं किया जा सकता?" मुन्ना बाबू ने इरादा ज़ाहिर किया।

"मतलब?" शशांक की उलझन और गहरा गई थी, "नया...क्या नया?"

"शशांक, हमारी स्ट्रेटजी...प्लानिंग...मोटिवेशन से ये पॉलिटिकल पार्टियाँ

सरकार बना रही हैं। लेकिन कहीं कोई बदलाव नहीं आया। फिर हमारी मेहनत का क्या मतलब?"

मुन्ना बाबू के स्वर में अफ़सोस के साथ क्षोभ भी था। शशांक ने महसूस किया कि मुन्ना बाबू किसी गहरी उथल-पुथल से दो-चार हो रहे हैं। कोई राह... कोई दिशा...कोई विकल्प तलाश रहे हों। उनकी इस विचार मुद्रा में कहीं न पहुँच पाने का मलाल स्पष्ट था। उसने उन्हें टोकना उचित न समझा। दोनों के बीच चुप्पी छाई रही। यह सायास थी...एक के पास उत्तर नहीं था, एक उत्तर तलाश रहा था।

"अगर हम एक राजनीतिक पार्टी बनाएँ और चुनाव लड़ें, तो क्या हर्ज़ है?" मुन्ना बाबू की आवाज़ किसी दूर-दराज़ से आती जान पड़ी गोया वह झिझक से भरी हो!

"मुन्ना बाबू, स्ट्रेटजी प्लानिंग करने और पॉलिटिकल पार्टी चलाने में फ़र्क़ होता है। यह हमारा काम नहीं है। वी आर नॉट पॉलिटिशियन।" शशांक ने वस्तुस्थिति समझाई।

"शशांक, हमें चुनाव लड़ाने का...पार्टियों को जिताने का भी हमारे पास कोई अनुभव नहीं था, लेकिन हमने ख़ुद को आज़माया। हम एक नये मिज़ाज और नये अन्दाज़ वाली पार्टी बनाकर ख़ुद को आज़मा सकते हैं...बड़े बदलाव की छोटी शुरुआत कर सकते हैं...नहीं?" उत्साह से भरे मुन्ना बाबू ने जैसे शशांक की हिमायत चाही।

शशांक को मुन्ना बाबू का इरादा समझ में आ गया था...उनकी बेचैनी का एहसास हो रहा था। उनके प्रश्न का उत्तर देने के बजाय उसने सुझाव दिया, "क्यों न पूरी टीम से राय ली जाए? वे इस बाबत क्या सोचते हैं, जाना जाए?"

मुन्ना बाबू को शशांक का सुझाव जँचा। उन्होंने सहमति जताते हुए उसी दिन दोपहर बाद अपनी पूरी टीम की मीटिंग बुलाई। टीम के सामने शशांक ने मुन्ना बाबू के प्रस्ताव को रखा। मुन्ना बाबू ने पॉलिटिकल पार्टी बनाने की ज़रूरत, उसका उद्देश्य और स्वरूप पर विस्तार से चर्चा की। सब कुछ स्पष्ट करने के बाद उन्होंने अपनी बात का समापन किया, "यह पार्टी सिर्फ़ देश की राजनीति ही नहीं बदलेगी, देश को भी बदलेगी। युवा, महिला, किसान इस पार्टी की चिन्ता के केन्द्र में रहेंगे। सबको समान अवसर और सबको समान साझेदारी पार्टी का उद्देश्य होगा।"

कुछ आशंकाओं, कुछ जिज्ञासाओं और कुछ किन्तु-परन्तु के बाद पूरी टीम ने राजनीतिक पार्टी के गठन पर सहमति दे दी। उसी दिन पार्टी का नाम भी फ़ाइनल हो गया—जन हिताय। मुन्ना बाबू के सीने पर पड़ा बोझ जैसे उतर गया हो...उनकी

आँखों में कोई सपना मचल उठा था—एक ऐसा सपना, जिसमें मनुष्य की गरिमा प्रतिष्ठित थी। तय हुआ कि 'जन हिताय जन सम्पर्क अभियान' शुरू किया जाए—जनता की बुनियादी समस्याओं का अध्ययन किया जाए, लोगों को जन हिताय के उद्देश्य से परिचित कराया जाए। समय आने पर जन हिताय की राजनीतिक पार्टी के रूप में घोषणा की जाएगी। मुन्ना बाबू की टीम व्यवस्थित थी...मुन्ना बाबू के साथ काम करने वाले युवा नये प्रयोग, नये रोमांच और नये स्वप्न देखने के उत्साह से भरे थे। जन हिताय ने जन-सम्पर्क, अध्ययन, अनुसंधान और डाटा कलेक्शन का काम शुरू कर दिया। सघन अभियान और गहन विचार-विमर्श के बाद अन्ततः एक दिन जन हिताय को राजनीतिक पार्टी के तौर पर लॉन्च कर दिया गया। इस अवसर पर देश के अनेक क्षेत्रों से लोग उमड़े चले आए। वे जो मुन्ना बाबू के करिश्माती व्यक्तित्व से प्रभावित थे, वे जो जन हिताय के जन-सम्पर्क अभियान के दौरान उसके उद्देश्य से सहमत थे और वे जो जन हिताय में अपने हित की सम्भावना देख रहे थे—सब मिलाकर ये एक ऐसी जन-जुटान थी, जिसने मुन्ना बाबू की टीम को अत्यन्त उत्साह और आत्मविश्वास से भर दिया था।

जन हिताय पार्टी के अस्तित्व में आते ही तमाम राजनीतिक पार्टियों के होश उड़ गए। वो राजनीतिक पार्टियाँ जो मुन्ना बाबू की काबलियत की मुरीद थीं, जो उनकी रणनीति और योजनाओं की क़ायल थीं, उनमें एक साथ बौखलाहट और नाराज़गी ने उबाल मारना शुरू कर दिया। उनके अन्दर इस नई पार्टी को लेकर रणनीतिक तैयारी आरम्भ हो गई। अन्ततः ये राजनीतिक पार्टियाँ इस नतीजे पर पहुँचीं कि मुन्ना बाबू की पार्टी का मुक़ाबला आसान नहीं होगा। ये भय इस क़दर बढ़ा कि तमाम राजनीतिक पार्टियों ने जन हिताय पार्टी और मुन्ना बाबू के ख़िलाफ़ आक्रामक रवैया अपनाना शुरू कर दिया। वह पार्टी, जिससे रमन मिश्रा जुड़े थे और जिसे एंटी इनकंबेंसी के बावजूद जिताने में मुन्ना बाबू का बड़ा हाथ था, उसने सबसे पहले हमला बोला, "बड़े-बड़े बह गए, गधा पूछे कितना पानी। इस पार्टी की असलियत जल्द ही सामने आ जाएगी। तेल देखिए और तेल की धार देखिए।"

एक विपक्षी पार्टी ने आरोप लगाया, "यह सत्तारूढ़ पार्टी की बी टीम है। इसे कॉर्पोरेट कम्पनियों की फंडिंग और कुछ चुने हुए बिज़नेसमैन का संरक्षण प्राप्त है। यह पार्टी ग़रीबों का नहीं, उद्योगपतियों का भला करेगी।"

एक वामपंथी पार्टी ने तंज़ कसा, "बिना किसी विचारधारा की यह एक दिशाहीन

पार्टी है। इसके पीछे वो बुर्जुआ ताक़तें हैं, जो ग़रीबों, किसानों, मज़दूरों की विरोधी हैं। यह अराजकता को बढ़ावा देने वालों का संगठित गिरोह है।"

दक्षिण भारत के एक वरिष्ठ राष्ट्रीय नेता ने आरोप लगाया, "यह पार्टी उत्तर भारतीयों का एक और तमाशा है। हम इसे दक्षिण भारत में घुसने नहीं देंगे।"

मुन्ना बाबू सारे आरोप, सारे व्यंग्य, सारे उलाहने सुनते रहे और मन-ही-मन मुस्कराते रहे। वह जानते थे कि उनके विरोध की एकमात्र वजह है, उनका ख़ौफ़। इन पार्टियों को पता है कि मुन्ना बाबू उनकी कमज़ोरियों से वाक़िफ़ हैं और वे अपनी चुनावी रणनीति में उनकी इन्हीं कमज़ोरियों का फ़ायदा उठाएँगे। उनकी पार्टी लगातार जनता के बीच काम कर रही थी और लोगों में यह विश्वास पैदा करने में कामयाब हो रही थी कि 'जन हिताय पार्टी' जनता के हित में, जनता के साथ मिलकर जनता के आदेश से काम करनेवाली पार्टी है।

इस जन-उत्साह को देखकर एक दिन शशांक ने मुन्ना बाबू का ध्यान आकृष्ट किया, "मुन्ना बाबू, जन हिताय पार्टी से लोगों की उम्मीदें बहुत बढ़ गई हैं।"

"शशांक, यह उम्मीद ही है, जो हर बदलाव की बुनियाद होती है। इसका मतलब है कि लोग बाक़ी दलों से निराश हो चुके हैं। लोगों को जन हिताय पार्टी में उम्मीद दिख रही है। हमें इस उम्मीद को जगाए रहना है।"

"लेकिन उन आरोपों का क्या जो तमाम पार्टियाँ जन हिताय पर लगा रही हैं?" शशांक ने सवाल किया।

"इसका अर्थ यह है कि हमारा निशाना सही जगह पर लगा है। वे हमारी उपस्थिति से बौखला रहे हैं। उन्हें हमारी शक्ति का एहसास है। हम उनके आरोपों का जवाब देने में अपनी शक्ति नष्ट नहीं करेंगे।" मुन्ना बाबू ने दो टूक निर्णय सुनाया।

यह भी एक रणनीति थी। मुन्ना बाबू ने अपनी टीम को स्पष्ट कर दिया था, "हमें उनकी चाल में नहीं फँसना है, बल्कि हमें उनको अपनी पिच पर खेलने को मजबूर करना है।"

यही हुआ...चुनावों की घोषणा होते ही मुन्ना बाबू ने अपनी पहली पिच तैयार की, "ये थकी देह, थके दिमाग़ों वाली पार्टियाँ युवा देश की अपेक्षाएँ पूरी करने के क़ाबिल नहीं हैं। देश को नई सोच, नई राजनीति वाली ऐसी पार्टी चाहिए जो देश के करोड़ों युवाओं को साथ लेकर चले, जो युवा सपनों को ऊँची उड़ान दे सके।"

सभी पार्टियाँ इस चाल में उलझ गईं...उन्हें अपने बूढ़े नेतृत्व...धर्म...जाति और क्षेत्रीयता के पुराने एजेंडे और परिवारवाद की जकड़न का जवाब देना कठिन

हो रहा था। इन पार्टियों की कुल जमा पूँजी सरेआम लुट जाने का ख़तरा आसन्न था। वे बौखलाकर मुन्ना बाबू पर हमलावर हो गए।

"मुन्ना बाबू विदेशी फ़ंडिंग लेकर देश के ख़िलाफ़ काम कर रहे हैं। उनकी पार्टी के पास इतना पैसा कहाँ से आया, इसकी जाँच होनी चाहिए।"

एक राष्ट्रवादी पार्टी भारतीयता की दुहाई देते हुए हमलावार हुई, "यह राजनीतिक पार्टी नहीं, कुछ नौजवान लड़के-लड़कियों की मौज-मस्ती का अड्डा है। ये लोग हमारे समाज के लिए बड़ा ख़तरा हैं। ऐसे लोग हमारी महान सभ्यता और संस्कृति को ख़त्म कर देंगे।"

जन हिताय पार्टी पर हमले हर दिन बढ़ते जा रहे थे। मुन्ना बाबू या उनकी टीम की ओर से कोई जवाब न दिये जाने के कारण सारी पार्टियों का हौसला बढ़ता जा रहा था। ये पार्टियाँ अब मुन्ना बाबू के विरुद्ध निजी हमले पर उतर आई थीं, "मुन्ना बाबू अमरीकी कम्पनी से अपने नक्कारेपन के कारण निकाल दिये गए थे। जो एक कम्पनी का न हुआ, वह देश-समाज का क्या होगा?"

"जन हिताय पार्टी में काम करनेवाली कई लड़कियों ने मुन्ना बाबू पर यौन-शोषण का आरोप लगाया है। जान से मार दिये जाने की धमकी के कारण ये लड़कियाँ मुँह खोलने से डरती हैं।"

मुन्ना बाबू अब तक सारे आरोपों पर चुप्पी साधे रहे, लेकिन चरित्र पर हुए हमले और पार्टी से जुड़ी लड़कियों पर इस घटिया आरोप ने उनके धैर्य के बाँध को एक झटके में तोड़ दिया। उन्होंने पार्टी की इमरजेंसी मीटिंग बुलाई और बिना किसी भूमिका के सीधे पूछा, "पार्टी की किसी महिला सदस्य को मुझसे या पार्टी के किसी भी पुरुष साथी से कोई शिकायत हो तो खुलकर बताइए। हम हर नागरिक के सम्मान की लड़ाई लड़ रहे हैं। अगर पार्टी में ही किसी महिला साथी का सम्मान सुरक्षित नहीं तो हमारी इस लड़ाई का कोई मतलब नहीं। महिला साथी बेहिचक अपनी बात सबके सामने रखें।"

सभी एक-दूसरे का मुँह ताकने लगे। सभी को पता था कि विरोधी पार्टियों द्वारा जो घटिया आरोप लगाया गया है, मुन्ना बाबू उसी को लेकर आहत हैं। एक तेज़ लहर आक्रोश की उठी और सभी ने समवेत स्वर में अपना विरोध दर्ज कराया, "यह हमारे विरोधियों की साज़िश है...वे हमारा मनोबल तोड़ना चाहते हैं। हम एक हैं और एक रहेंगे। हम उनके आरोपों के ख़िलाफ़ सड़कों पर उतरकर जवाब देंगे।"

मुन्ना बाबू सभी साथियों की एकजुटता देखकर, उनके भीतर उमड़ रही प्रतिकार

की भावना देखकर गर्व से भर गए। उन्होंने दूने उत्साह से एलान किया, "उनके ख़िलाफ़ लड़ाई हमें और सघन करनी होगी।"

अगले ही दिन जन हिताय पार्टी ने ज़िलों से लेकर राष्ट्रीय स्तर पर प्रतिरोध मार्च निकाला। उनके हाथों में प्लेकार्ड थे : 'अपनी बहू-बेटियों को बदनाम करना बन्द करो!' इस मार्च का असर यह हुआ कि जनता में जन हिताय पार्टी की लोकप्रियता और बढ़ गई, इसमें आरोप लगाने वाली पार्टियों के ख़िलाफ़ नाराज़गी भी शामिल थी। जन हिताय पार्टी के प्रति स्त्रियों और युवाओं का बढ़ता रुझान जहाँ मुन्ना बाबू के स्वप्न को साकार होने का संकेत दे रहा था, वहीं विरोधियों को पाँव के नीचे की ज़मीन खिसकती दिखने लगी थी। जैसे-जैसे मतदान के दिन क़रीब आ रहे थे, सभी पार्टियों का घमासान तेज़ होता जा रहा था। हमले बढ़ रहे थे। एक-दूसरे को घेरने में तरह-तरह की रणनीतियाँ सामने आ रही थीं। चुनाव-प्रचार चरम पर था। सभी ने सारी शक्ति झोंक रखी थी। अलस्सुबह से लेकर देर रात सघन चुनाव अभियान में जुटे नेताओं की नींद हराम हो चुकी थी।

इसी अनथक भाग-दौड़ और अपने स्वप्न का पीछा करते हुए मुन्ना बाबू जब देर रात घर लौटते तो अनेक सवाल उन्हें घेर लेते; वे लोग जिनके लिए वह कल तक बेहद प्रिय थे...जिनके लिए अति विश्वसनीय थे, जिनकी आँखों के तारा थे, जिनकी डूबती राजनीति के खेवनहार थे, आज उन्हीं के लिए दुश्मन हो गए थे? उन्हीं की आँखों की किरकिरी बन गए थे? आज भी इसी मन:स्थिति में सोचते-सोचते उन्हें लगा, वह अर्जुन की तरह उस चक्रव्यूह में घिर गए हैं, जिसमें हर योद्धा उनका जाना-पहचाना है।

नींद-जाग और स्वप्न की कशमकश के बीच अचानक घुप्प अँधेरे में लाल अंगारे-सी दहकती दो आँखें उन्हें घूरती नज़र आईं। जब तक वह कुछ समझ पाते, एक-एक कर कई लाल आँखें उनकी ओर बढ़ने लगीं। अँधेरे में दहकते शोलों का झुंड तेज़ी से उनकी ओर बढ़ता चला आ रहा था। निमिष मात्र में वह दहकते शोलों के बीच घिर गए थे। अंगारों से बचने के लिए जैसे ही उन्होंने कोई उपक्रम करना चाहा, एक साथ दर्जनों भेड़िये उन पर गुर्राने लगे। लाल दहकती आँखों और डरावनी गुर्राहटों के बीच घिरे मुन्ना बाबू पसीने-पसीने हो आए। ख़ूँखार भेड़िये उनकी ओर बढ़े चले आ रहे थे। अपने बचाव में वह लगातार पीछे खिसकते जा रहे थे। इस नीरव रात के बीच ख़ूँखार भेड़ियों की डरावनी आवाज़ें मुन्ना बाबू को अपनी गिरफ़्त में कसती जा रही थीं। प्राण हलक़ में अटके थे। उन्हें महसूस

हुआ कि ये भेड़िये झपट्टा मारकर उन पर टूट पड़ेंगे। इनकी आक्रामकता इतनी आतंककारी थी कि वह ज़िन्दगी की आख़िरी हद पर खड़े सीधे मौत से मुक़ाबिल थे। ख़ुद को बचाने की कोशिश में उन्होंने अपनी सारी शक्ति समेटकर भेड़ियों के झुंड के बीच दौड़ लगा दी। भेड़ियों को क़तई उम्मीद नहीं थी कि उनके बीच घिरे मुन्ना बाबू उन्हें चकमा देने में कामयाब हो जाएँगे। भेड़ियों ने क्रोध के मारे कहीं ज़्यादा ज़ोर-ज़ोर से गुर्राना शुरू कर दिया। उनकी गुर्राहट में हिंसक चीख़ थी। वे पलक झपकते पलटे और भागते मुन्ना बाबू के पीछे दौड़ पड़े। मुन्ना बाबू जान हथेली पर रखकर भाग रहे थे। उन्हें अपने पीछे आती भेड़ियों की आवाज़ें तेज़ और तेज़ भागने को मजबूर कर रही थीं। वे भाग रहे थे। भेड़िये पीछा कर रहे थे। यह ज़िन्दगी और मौत के बीच की जंग थी, जिसे लड़ते हुए मुन्ना बाबू पस्त हो आए थे। उन्हें लग रहा था कि वह किसी भी क्षण औंधे मुँह गिरेंगे और उनके प्राण देह से विदा ले लेंगे। निराशा के इस चरम क्षण में उन्होंने ख़ुद को सँभाला। अन्तिम बार इस जीवन का खुली आँखों से नज़ारा करने के लिए मुड़कर पीछे देखा। वहाँ दूर-दूर तक न भेड़िये थे, न भेड़ियों की दहकती आँखें थीं। सामने एक बड़ा-सा दर्पण था, बिलकुल आदमक़द। घुप्प अँधेरे के बावजूद दर्पण में कोई परछाईं डोलती नज़र आ रही थी। उन्होंने दर्पण में ग़ौर से देखा, वह हूबहू उनकी ही परछाईं थी। हतप्रभ से वह दबे पाँव धीरे-धीरे दर्पण के क़रीब आए। हठात् वह परछाईं भेड़िये के आकार में तब्दील होती दिखी। वह भेड़िया दर्पण के बीचोबीच आसमान की ओर सर उठाए गुर्राने की तैयारी में था।

छोटे सरकार

सेंट्रल जेल के बाहर, भीमाकार गेट के सामने एक बड़ा-सा हुजूम बेचैनी से उन बन्द कपाटों पर टकटकी लगाए हुए था, जिसके पीछे से किसी भी वक़्त छोटे सरकार के नमूदार होने के इमकिनात थे। जेल गेट की लिंक रोड से जुड़ती मुख्य सड़क पर गाड़ियों की लम्बी क़तार थी। गाड़ियों में बैठे कई लोगों के हाथों में कसकर थामी हुई राइफ़लें थीं। इन राइफ़लों की नालें थोड़ा-थोड़ा गाड़ी की खिड़कियों से झाँक रही थीं। गाड़ियों के बाहर खड़े लोगों के चेहरों पर कभी तनाव, कभी ऊब और कभी उत्सुकता के मिले-जुले भाव आ-जा रहे थे। प्रतीक्षा की सूई टिक-टिक करती हुई धैर्य की परीक्षा लेने लगी थी। लोग बार-बार अपनी घड़ियाँ देखते और बेसब्री से जेल के विशालकाय गेट के खुलने की उम्मीद में टकटकी बाँधे आँखें गाड़ देते।

इस भीड़ में सबसे आगे थे छोटे सरकार के दाहिना हाथ कहे जानेवाले उनके साले दोनाली सिंह। दोनाली सिंह का असली नाम, जिसे उनके माता-पिता ने दिया था, वह तो था दुलार सिंह, लेकिन उनके जीजा ने उनका नया नामकरण कर दिया था—दोनाली सिंह। दोनाली सिंह बगटूट गालियाँ देने के अलावा उसी रफ़्तार से हाथ-पैर साथ-साथ चलाने में ज़बरदस्त पारंगत थे। यह दक्षता उन्होंने अपने गाँव में खेत मज़दूरों से काम लेते हुए अर्जित की थी, जो उनकी दीदी के ब्याह के बाद, जीजाजी के साथ रहते हुए, उनके काम आई। उनकी यह विशेषज्ञता देखकर एक सुबह जीजा छोटे सरकार ने सरेमहफ़िल एलान कर दिया था, "ई हमरा दुलरुआ, हाथ-पैर, मुँह सब एक साथ चलाता है, एकदम दोनाली माफिक।"

छोटे सरकार के मुँह से निकला वचन कभी न जाए ख़ाली। छोटे सरकार के दुलरुआ दुलार सिंह जिस दिन दोनाली हुए, उसी दिन से उनके जनक-जननी का नामराशि के अनुसार बड़े सोच-विचार के बाद दिया उनका नाम सदा के लिए लोप

हो गया—ठीक उसी तरह, जैसे वह ख़ुद छोटे सरकार में लोप हो गए थे। उनके लोप होने की कथा के पीछे भी उनका दुलरुआ होना ही था। हुआ यह कि इंटर की परीक्षा देकर वह दीदी-जीजा के यहाँ छुट्टियाँ बिताने आए थे, पर जीजा माने छोटे सरकार का जलवा देखकर इस क़दर प्रभावित हुए कि अपने घर लौटने की इच्छा टालते रहे। इसी बीच इंटर का रिज़ल्ट आ गया। दोनाली सिंह चार विषय में फेल हो गए थे। छोटे सरकार अपने दुलरुआ का लटका चेहरा देखकर तड़प उठे। उन्हें पास बैठाकर प्यार से झिड़की दी, "धत्त साला, इम्तिहान कुम्भ का मेला है क्या, जो बारह साल बाद आएगा? अबकी साल हमरे गाँव के कॉलेज से इम्तिहान दीजिएगा। देखते हैं, कैसे नहीं पास होते हैं!"

दीदी ने भी अपने छोटे भाई का हौसला बढ़ाया, "तुमरे जीजाजी ठीके कह रहे हैं। तुमको बस फारम भरना है। रिज़ल्ट तो घरे चल के आएगा।"

रिज़ल्ट घरे चलकर आएगा? बात का मर्म बूझने में मदद की रामा भाई ने, "सब छोटे सरकार का जलवा है। यहाँ उनकी सरकार चलती है...उनका हुकुम चलता है। पत्ता भी उनके इशारे पर हिलता है।"

जीजा-दीदी के इस लाड़-दुलार से उनका मन थिराया। धीरे-धीरे वह रिज़ल्ट के ग़म से उबरे। इस बीच दीदी ने बाबूजी को ख़बर भिजवा दी, "छोटका का नाम उसके जीजाजी यहीं लिखवा रहे हैं। आप लोग निफिकिर रहिए। आगे की पढ़ाई यहीं रहके करेगा।"

बेटी का प्यार और दामाद का आदेश सिर-आँखों पर। दुलार सिंह खूँटा गाड़कर यहीं के होके रह गए। दुलार सिंह के दुलरुआ और फिर दोनाली होने की इस यात्रा में उनका मन इतना रमा कि पढ़ाई-लिखाई, इम्तिहान-परीक्षा सब बेमानी हो गए। जीजाजी का जलवा देखकर वह अक्सर सोचने लगते : 'एक-से-एक पढ़ा-लिखा लोग छोटे सरकार के दरबार में माथा टेकता है...हुकुम बजाता है...फिर वही पढ़कर क्या तोप बन जाएँगे?'

इस पर एक दिन रामा भाई ने टोका, "पढ़-लिख के आदमी कुछ बने न बने, अच्छा इनसान ज़रूर बन जाता है।"

दोनाली सिंह को यह आप्त वचन कुछ जँचा नहीं, असहमति स्वरूप मुँह बिचका दिया था। दोनाली सिंह की इच्छा हुई थी कि पूछें, 'रामा भाई, इसीलिए अपने बेटे को पढ़ा-लिखा रहे हैं?'

लेकिन सवाल से पहले रामा भाई जा चुके थे।

दोनाली सिंह इंटर की परीक्षा तो नहीं दे पाए, लेकिन तरह-तरह के हथियार चलाने की हर परीक्षा पास कर गए। एके 47, ऑटोमेटिक मशीनगन, एलएमजी से लेकर पिस्टल, रिवॉल्वर तक उनके यार-दोस्त हो गए। उनकी लगन, मेहनत और ख़िदमत को देखते हुए आख़िरकार छोटे सरकार ने उन्हें अपना अंगरक्षक बना लिया। वह हर वक़्त अपने जीजा छोटे सरकार के साथ साये की तरह लगे रहते। जीजा-साले के इस प्रेम को देखते हुए एक दिन उनकी दीदी ने एकान्त देखकर दोनाली सिंह से कहा, "हमरे सुहाग का रच्छा अब तुमरे जिम्मे है।"

उस दिन दोनाली सिंह ने भी अपनी दीदी को वचन दिया, "प्राण जाय पर वचन न जाई।"

अपने वचन से बँधे दोनाली सिंह छोटे सरकार के हर अच्छे-बुरे काम में सदा साथ रहते।

यही वजह थी कि जिस भोर पुलिस हवेली को घेरकर छोटे सरकार को गिरफ़्तार करने के लिए अन्दर दाख़िल हुई, वह पुलिस के सामने दीवार की तरह अड़ गए थे। उन्हें विरोध करते देख एसपी अनुराधा सिंह ने सीधे उनके ऊपर रिवॉल्वर तान दिया था। अब तक लोकल थाने के दारोगा-सिपाही से निबटते आए दोनाली सिंह एसपी अनुराधा सिंह के हाथ में तनी 32 बोर की पिस्टल का निशाना अपनी छाती पर देखकर सनाके में आ गए थे। होशो-हवास सटककर जाने कहाँ गुम हो गया था। पटर-पटर चलनेवाली ज़ुबान अन्दर ही ऐंठकर रह गई थी। उन्हें महसूस हुआ था कि हथेलियों में पसीना चिपचिपाने लगा है। पाँवों पर खड़ा रह पाना मुहाल हुआ जा रहा था। जान पर बनी हो तो सारी हेकड़ी टें बोल जाती है। उस वक़्त वह सूखते गले और गीली आँखों के दरमियान बेचारा होकर रह गए थे। ठीक उलट एसपी अनुराधा सिंह गालियों की बौछार के साथ उनके कुल-ख़ानदान की माँ-बहन एक किये जा रही थी। उसके मुँह से इतनी फ़ाहिश गालियाँ सुनकर दोनाली सिंह के कान सुन्न पड़ गए थे। आँखें फटी जा रही थीं। एक सुन्दर, जवान और स्मार्ट लड़की को बेछूट गालियाँ देते देखने का यह अनुभव इतना ख़ौफ़नाक था कि उनकी रूह फ़ना हो गई थी। घर के मुख्य दरवाज़े के सामने उन्हें जड़ देखकर दो दारोगाओं ने बाज़ की तेज़ी से झपट्टा मारकर उन्हें दीवार से लगा दिया था। इसी तेज़ी के साथ दो सिपाहियों ने दरवाज़ा तोड़ने के लिए राइफ़ल के कुंदों से पीटना शुरू कर दिया था। बमुश्किल तीन-चार चोट पड़ी थी कि दरवाज़ा अन्दर से खुला और ठीक सामने छोटे सरकार दोनों हाथ ऊपर उठाए खड़े थे। वह पुलिस के सामने—वह भी

महिला एसपी अनुराधा सिंह के सामने—आत्मसमर्पण की मुद्रा में थे। इस अघटित को घटता देखकर दोनाली सिंह की आँखों पर पड़ा परदा चर्र से फट गया था। कोई तिलिस्म था जो बेसाख़्ता टूटकर बिखर गया था कि अपने जीजा को, छोटे सरकार को इतना बेबस-लाचार देखने की कभी न की गई कल्पना का असर था कि दोनाली सिंह के भीतर अपने जीजा के लिए एकाएक धिक्कार पैदा हुआ था। सारा तमाशा वह असहाय मन देखते रह गए थे।

पलक झपकते पुलिस के जवान हवेली के अन्दर भरभराकर घुस गए थे। चप्पे-चप्पे की तलाशी लेने के दौरान एक कमरे से एके 47, एके 56, ऑटोमेटिक मशीनगन, एसॉल्ट राइफ़ल जैसे तमाम हथियार, सैकड़ों मैगज़ीन और हज़ारों जीवित कारतूस बरामद हुए थे। आनन-फ़ानन ज़ब्ती सूची बनाकर, पुलिस छोटे सरकार को बख़्तरबन्द जीप में बैठाकर रवाना हो गई थी। इस दौरान रिज़र्व पुलिस, रैपिड एक्शन फ़ोर्स और ज़िला पुलिस के हथियारबन्द जवानों ने पूरे गाँव को घेरे रखा था। परिन्दों के भी पर मारने की ज़ुर्रत नहीं थी। जब तक गाँव को इस दबिश की भनक लगती, लोग कुछ ठीक से समझ पाते, पुलिस पलटन धूल-धुआँ उड़ाती निकल गई थी। पीछे जो भीड़ जुटी थी, वह निंदियाई हुई भौचक थी कि यह अजगुत हुआ तो हुआ कैसे?

"थाना वाला कोई ख़बर न दिया क्या?"

दोनाली सिंह, उनकी दीदी, यहाँ तक कि रामा भाई को भी थाने से इस दबिश की कोई सूचना नहीं मिली थी। हवेली के बाहर गाँव वालों की जमा भीड़ को इस बार अपने छोटे सरकार का जलवा देखना नसीब नहीं हुआ। गाँववालों को यक़ीन नहीं आ रहा था कि हर बार की तरह छोटे सरकार इस बार पुलिसवालों को नाक क्यों नहीं रगड़वा पाए? यह पहला मौक़ा नहीं था, जब हथियारबन्द पुलिस जवानों ने छोटे सरकार की हवेली को घेरा था, लेकिन छोटे सरकार कभी पुलिस के हाथ नहीं आए, तो इसलिए कि पुलिस की छापेमारी से पहले उन्हें पुलिसवालों से ही भनक मिल जाती थी और वह पलक झपकते ग़ायब हो जाते। एकाध बार पुलिस से मुठभेड़ की नौबत आई भी तो, वही भारी पड़े। उन्हें घिरा देखकर पहले से ही तैनात आसपास की छतों से पुलिस पर अन्धाधुंध फ़ायरिंग शुरू हो जाती। ऐसे में ख़ुद को घिरा पाकर पुलिस अपना मिशन बीच में ही छोड़कर लौट जाती थी। एक बार तो ऐसी ही मुठभेड़ में एएसपी श्रीनिवास सुब्रह्मण्यम बाल-बाल बचा था, जब दोनाली सिंह की बन्दूक़ से निकली गोली उसकी टाँग में जा लगी थी। बाद में छोटे सरकार

ने उन्हें धिक्कारा था, "हमको विश्वास नहीं था कि तुम्हारा निशाना चूक जाएगा!"

दोनाली सिंह को ख़ुद पर शर्म आई थी, माथा अपमान से झुक गया था। वह छोटे सरकार से आँखें मिलाने के क़ाबिल नहीं रह गए थे। एक तरह से उस दिन वह छोटे सरकार की नज़र से गिर गए थे। रामा भाई ने समझाया था, "दोनाली सिंह, इस धंधा में रिश्तेदारी नहीं, वफ़ादारी काम आती है।"

यह नसीहत उन्होंने गाँठ बाँध ली थी, हालाँकि रिश्तेदारी की कसक हमेशा चुभती रहती।

पुलिस पर गोली चलाने के मामले में दोनाली सिंह का नाम पहली बार किसी एफआईआर में दर्ज हुआ था। पहली बार उन पर किसी अपराध का आरोप लगा था। रामा भाई ने ठिठोली की थी, "अब जाके बपतिस्मा हुआ है।"

"माने?"

"छोटे सरकार के दरबार की पक्की मेम्बरी मिली है।" दोनाली सिंह के चेहरे पर पसरी उदासी कुछ और गहरा गई थी। दिन डूबने को हो आया था। थानेदार त्रिभुवन तिवारी ने ख़बर भिजवाई थी, "दोनाली सिंह को कुछ दिन अंडरग्राउंड रहने को कहिए। पुलिस पर गोली चलाने से मामला बहुत गरम है। पुलिस के हत्थे चढ़े तो एनकाउंटर भी हो सकता है।"

एनकाउंटर के नाम से दोनाली सिंह के प्राण सूख गए थे। काफ़ी दिनों तक रात में नींद नहीं आई...कभी आँख लगी भी तो लगता, एक गोली सनसनाती हुई उनकी ओर आ रही है। वह चीख़ मारकर उठ बैठते। जाड़े की रात में भी पसीने में भीगे होते। उनकी यह हालत देखकर एक दिन रामा भाई ने टोका, "छोटे सरकार को पता चला तो बड़ी भद्द पिटेगी तुमरी। ऐसा डरपोक छोटे सरकार के किसी काम का नहीं।"

रामा भाई की समझाइश से ज़्यादा उनकी आँखों में जो हिक़ारत थी, उसने दोनाली सिंह को छलनी कर दिया था। वह मन मज़बूत करके ख़ुद को सँभालते रहे। धीरे-धीरे ख़ौफ़ कम होता गया, उनकी हिम्मत बढ़ती गई। उसी हिम्मत का नतीजा था कि छोटे सरकार की गिरफ़्तारी वाले दिन वह पुलिस के सामने डटकर खड़े हो गए थे। उन्हें लगा था, उनकी इस दिलेरी से उन पर डरपोक होने की तोहमत का धब्बा धुल जाएगा और रामा भाई को जवाब भी मिल जाएगा। लेकिन उस दिन एसपी अनुराधा सिंह के आगे छोटे सरकार ने बिना हील-हुज्जत जिस कायरता से समर्पण कर दिया, वह उन्हें हैरान किये हुए था। छोटे सरकार के जिस रुतबे के

वह क़ायल रहे...जिस दमख़म पर नाज़ था, वह सब इतना फुस्स निकलेगा, यह सोचते हुए वह शर्म से गड़े जा रहे थे।

भाँय-भाँय करती हवेली में डाकिनी-सी डोलती उनकी दीदी ने खुलासा किया था, "समर्पण न करते तो अनुराधा सिंह एनकाउंटर कर देती।"

"किसका एनकाउंटर कर देती...छोटे सरकार का?"

दीदी उनके चेहरे पर आँखें गड़ाए हुए थी। वे आँखें नहीं दहकते हुए दो शोले थे, पुलिस जब हवेली घेर ली थी तब छोटे सरकार के पास थानेदार तिवारी का फ़ोन आया था, "पुलिस पर गोली चलाने वाले दोनाली सिंह से बदला लेने आई है एसपी अनुराधा सिंह। आप सरेंडर कर दीजिए नहीं तो वह दोनाली सिंह का एनकाउंटर कर देगी।"

"क्या?" दोनाली सिंह का मुँह खुला का खुला रह गया था...रीढ़ में ठंडी लहर रेंग गई थी। दीदी ने बड़े रहस्यमय अन्दाज़ में खुलासा किया, "तुमरे चलते छोटे सरकार को जेल जाना पड़ा है...अब तक मजाल न हुआ जो पुलिस उनको हाथ लगा दे।"

दोनाली सिंह पर जैसे वज्र टूटा हो। एकबारगी हृदय फट पड़ा था। गहरे अपराधबोध में धँसे वह बेतरह फफक पड़े थे, "कहाँ तो हम छोटे सरकार का दाहिना हाथ बनने चले थे, कहाँ हम उनके लिए फाँस बन गए। दीदी, जीजाजी को ऐसा नहीं करना चाहिए था। हो जाता मेरा एनकाउंटर...जीजाजी को तो आँच न आती। दीदी, तुम जीजाजी को काहे ना रोकी?"

"छोटे सरकार किसी की सुनते हैं क्या?" दीदी के जवाब में मायूसी थी... शायद अफ़सोस भी।

"दीदी, हम यहाँ से चले जाते हैं—न रहेगा बाँस, न बजेगी बाँसुरी।" दोनाली सिंह ने गहरे ग़म में निर्णय सुनाया था।

दीदी ने ठंडी आह भरी थी, "तुमरे जीजा के पीछे इतना सब तामझाम हम अकेले कैसे सँभालेंगे?"

दोनाली सिंह के सामने भक्क से कोई लौ कौंधी थी और उनकी आँखें झपझपाने लगी थीं। उन्होंने सुझाया था, "रामा भाई हैं न?"

"गोतिया, गोतिया होता है...अपना, अपना।" दीदी ने सूत्र वाक्य में मन की बात कह दी थी।

छोटे सरकार के सरेंडर वाले दिन एसपी अनुराधा सिंह ने लोकल थानेदार त्रिभुवन तिवारी को अर्जेंट मीटिंग के लिए अपने ऑफ़िस बुला लिया था। थानेदार तिवारी एसपी के बुलावे की प्रतीक्षा में दिन भर इस कोना, उस टेबल डोलते रहा, लेकिन न मीटिंग के आसार दिखे और न कोई आदेश मिला, न स्टेशन छोड़ने का सन्देश। देर रात एसपी अनुराधा सिंह ने उन्हें अपनी जीप में बैठाया और आगे-पीछे अमला-दस्ता लेकर दबिश देने निकल पड़ी। थानेदार त्रिभुवन तिवारी के चेहरे पर हवाइयाँ उड़ने लगी थीं। उसे समझते देर न लगी कि यह चढ़ाई छोटे सरकार पर है। एसपी अनुराधा सिंह ने इस मिशन की भनक न उसे लगने दी थी, न उसके थाने को। इस ख़याल के कौंधते ही उसकी साँसें सीने में अटक गईं। रँगे हाथ पकड़ लिये जाने की घबराहट से चेहरा फक्क पड़ गया था। एसपी अनुराधा सिंह ने ऐन हवेली के पास पहुँचकर थानेदार तिवारी को निर्देश दिया था, "छोटे सरकार को कॉल करो, सरेंडर करे वरना उसके साले दोनाली सिंह का यहीं एनकाउंटर कर दूँगी।"

यह झूठी धमकी थी, लेकिन स्पष्ट था कि एसपी अनुराधा सिंह के पास छोटे सरकार के बाबत काफ़ी जानकारी थी। तिवारी के पास हुक्म की तामील के अलावा कोई चारा न था। उसने छोटे सरकार के निजी मोबाइल नम्बर पर कॉल करके सरेंडर कर देने की ख़बर दे दी थी। उधर से कुछ पूछा गया था, जिसके जवाब में तिवारी ने कहा था, "हमरा कहना मानिए, इसी में सबकी भलाई है।" वह एक हैरतअंगेज़ रात थी, जब छोटे सरकार ने बिना लड़े...बिना प्रतिरोध किये...समर्पण कर दिया था। क्या कोई चमत्कार हुआ था? क्या हृदय-परिवर्तन हो गया था या कोई ऐसा रहस्य था, जिसे छोटे सरकार के सिवा और कोई नहीं जानता? और बड़ा प्रश्न यह था कि पुलिस दोनाली सिंह को छोड़कर सिर्फ़ छोटे सरकार को ही क्यों पकड़कर ले गई?

इस वक़्त जेल गेट की ओर टकटकी लगाए दोनाली सिंह के चेहरे पर बदहवासी इस क़दर चस्पाँ थी कि गमछे से बार-बार पोंछने के बावजूद उसका एहसास मिटने का नाम नहीं ले रहा था। उनके बाल बिखरे हुए थे, जिसे सुबह की हवा छितराए दे रही थी। कुरता मुड़ा-तुड़ा था, गोया रात का पहना सुबह बदलने तक का ख़याल न रहा हो!

"दोनाली सिंह, काहे इतना देरी हो रहा है?" रामा भाई ने व्यग्रता से टोका।

"फॉर्मेलिटी में टाइम लगता है रामा भाई...थोड़ा धीरज धरिए।" दोनाली सिंह ने ख़ुद को भी समझाया।

"पचास से ऊपरे गाड़ी जुट गई है। आदमी का तो ठिकाना नहीं है।" रामा भाई ने हुजूम की ओर मुड़कर देखा, "सगरे गाँव उठ के आने वाला था, बड़ी मुश्किल से रोके हैं हम।"

"फूल माला सब तैयार है न?"

"मुखिया जी का ज़िम्मा था...देख लेते हैं हम।" रामा भाई पीछे चले गए।

उधर रामा भाई गए, इधर मुखिया जी भीड़ में लोगों को माला बाँटते हुए दोनाली सिंह के क़रीब आए, "दोनाली, तुमरे लिए गुलाब का स्पेशल माला बनवाए हैं... छोटे सरकार के दुलरुआ जो हो!"

दोनाली को यह मज़ाक़ भीतर तक चुभ गया। हमरा महत्त्व बस यही है कि हम छोटे सरकार के साला हैं? भीतर उठी कुफुत दबाकर बोले, "मुखिया जी, हम छोटे सरकार के ख़ाली साला ही नहीं हैं, उनका दाहिना हाथ भी हैं।"

"दाहिना हाथ इसीलिए हैं कि छोटे सरकार का दुलरुआ हैं।"

"आप मुखिया हैं, यह कृपा भी तो छोटे सरकार की ही है।"

"कौन है, जिस पर छोटे सरकार की कृपा नहीं है?" मुखिया ने ताल-सा ठोंका, "थाना, पुलिस, कोर्ट-कचहरी—किस पर कृपा नहीं है, बताइए भला?"

मुखिया की बात सही थी। फिर भी पुलिस ने छोटे सरकार को गिरफ़्तार कर लिया था...अवैध और प्रतिबन्धित हथियार रखने के जुर्म में। काफ़ी दिनों तक ज़मानत नहीं मिली। कोर्ट में पुलिस की ओर से सरकारी वकील कोई न कोई पेंच लगाकर ज़मानत याचिका का विरोध करता और उनकी अगली सुनवाई महीनों टल जाती। दोनाली सिंह जब जेल में छोटे सरकार से मिलने गए थे तो उन्होंने बताया था, "सब मुख्यमंत्री के इशारे पर हो रहा है।"

छोटे सरकार के चेहरे पर कोई शिकन नहीं थी, लेकिन आवाज़ में थकान भरी थी। कितने ही केस उन पर थे, पर वह कभी इतने हताश नहीं दिखे थे। कई केस की जाँच पेंडिंग थी, तो किसी की चार्जशीट भी फ़ाइल नहीं हुई थी...कुछ केस झूठे क़रार दिये गए थे, तो कई केस वापस ले लिये गए थे। मर्डर के दो केस थे। एक भूलोटन पहलवान का और दूसरा पकराँवा के गुलाटी मुखिया का। लेकिन उनके चश्मदीद गवाहों की हत्या हो गई थी। इन गवाहों की हत्याओं के आरोप भी छोटे सरकार पर ही लगे, लेकिन किसी ने एफआईआर में उनका नाम दर्ज नहीं कराया।

उनके वकील का दावा है कि छोटे सरकार गवाहों के अभाव में हत्याओं के सभी आरोप से मुक्त हो जाएँगे।

छोटे सरकार की पार्टी जब तक सरकार में रही, पुलिस की मज़ाल नहीं थी कि उन्हें हाथ लगा दे...लेकिन सरकार बदलते ही उनका सारा शिराजा बिखर गया। उपचुनाव में छोटे सरकार ने जिस उम्मीदवार शंकर प्रसाद को जिताने में बढ़-चढ़कर मदद की, वह एक तो जात भाई था; दूसरे, पार्टी आला कमान का रिश्तेदार भी था, इसलिए ना करते नहीं बना। फिर अपने रसूख का जलवा दिखाने का अवसर वह कैसे छोड़ देते? उनके रोब, उनके ख़ौफ़ और उनकी रणनीति के चलते शंकर प्रसाद उपचुनाव जीत गया। जीत के बाद शंकर प्रसाद ने छोटे सरकार के दरबार में आकर एलान किया, "छोटे सरकार, हम आपका एहसान कभी नहीं भूलेंगे। कोई कुर्बानी देने से नहीं हिचकेंगे।"

शंकर प्रसाद ने जिस उम्मीदवार को हराया था, उससे सत्तारूढ़ पार्टी की प्रतिष्ठा तो धूमिल हुई ही थी, मुख्यमंत्री का क़रीबी दोस्त होने के कारण उसकी हार से मुख्यमंत्री को व्यक्तिगत तौर पर गहरा झटका लगा था। तभी से छोटे सरकार मुख्यमंत्री की नज़र पर चढ़ गए थे। उन्हें जाल बिछाकर फँसाया गया था। उनकी गिरफ़्तारी के लिए एसपी अनुराधा सिंह को खुली छूट दी गई थी।

एसपी अनुराधा सिंह की जीप मोड़ काटकर जैसे ही लखनहिया की ओर मुड़ी थी, एसपी अनुराधा सिंह ने ठंडे स्वर में टोका था, "तिवारी क्या हुआ...परेशान लग रहे हो?"

"न...न...नहीं सर...!" थानेदार तिवारी का हलक़ सूख गया था, "वो क्या है कि..."

"तुम्हारा इलाक़ा है और तुम्हें कुछ ख़बर नहीं?" व्यंग्य से हँसी थी एसपी अनुराधा सिंह।

थानेदार अनुभवी था...अफ़सर की स्ट्रेटजी समझते देर न लगी...माथे पर पसीना चुहचुहा आया था।

"तुम्हें लाइन हाज़िर कर दिया है।" एसपी अनुराधा सिंह का ठंडा स्वर थानेदार त्रिभुवन तिवारी को सिहरा गया था, "कल से पुलिस लाइन में रिपोर्ट करोगे।"

किसी चमत्कार की तरह आठ महीने बाद छोटे सरकार को ज़मानत मिल गई। इस

बार सरकारी वकील ने उनकी ज़मानत का विरोध नहीं किया।

जेल में मिलने आए विधायक शंकर प्रसाद ने सारी बिसात सेट की थी।

"छोटे सरकार, हम सत्ता पार्टी ज्वाइन कर लिये हैं?"

"क्या?" छोटे सरकार चौंके।

"मुख्यमंत्री जी लोकसभा चुनाव में टिकट देने का वादा किये हैं।"

छोटे सरकार चिहुँके, "तो आप पार्टी बदल दिये?"

"छोटे सरकार, सरकार के इक़बाल को तो मानना ही पड़ता है। विपक्ष में कब तक धक्का खाते रहेंगे?"

छोटे सरकार चुप थे। उन्हें चुप देख शंकर प्रसाद ने पहलू बदला।

"तो अब आप क्या चाहते हैं?" एक विराम के बाद छोटे सरकार ने पूछा।

"छोटे सरकार, अगर आप पार्टी ज्वाइन कर लें तो मुख्यमंत्री जी विधानसभा का टिकट आपको देने को तैयार हैं।"

"मुख्यमंत्री इतने कृपालु कैसे हो गए?"

"छोटे सरकार, ताली दोनों हाथ से बजती है।" विधायक शंकर प्रसाद अर्थपूर्ण अन्दाज़ में मुस्कराए।

छोटे सरकार ने व्यंग्य किया, "चुनाव क्या हम जेल से लड़ेंगे?"

और अगली सुनवाई में ही ज़मानत मिल गई। कोर्ट का ऑर्डर देर शाम आया था, इसलिए रिहाई सुबह तक के लिए टल गई थी।

जेल गेट पर सन्तरियों की हलचल बढ़ते ही दोनाली सिंह का दिल धक-धक बजने लगा। रामा भाई साथ आ गए थे। मुखिया जी भी बग़लगीर थे। अचानक रहस्यलोक का पट खुला और लहीम-शहीम छोटे सरकार नमूदार हुए। उनके चेहरे पर अवसाद की मलिनता थी, बावजूद इसके वह मुस्करा रहे थे। सामने दोनाली सिंह, रामा भाई और मुखिया जी को देखकर उन्होंने हाथ लहराया। ऐन इसी वक़्त नारा गूँज गया, 'छोटे सरकार : ज़िन्दाबाद...ज़िन्दाबाद!'

छोटे सरकार दोनों हाथ जोड़े आगे बढ़े। दोनाली सिंह ने लपककर उनके गले में माला डाल दी। फिर तो एक-एक कर माला पहनाने वालों का ताँता लग गया। अपने इतने भव्य एवं आत्मीय स्वागत से अभिभूत छोटे सरकार दोनों हाथ जोड़े सबका अभिवादन स्वीकारते अपने लिए लाई गई खुली जीप में सवार हो गए। वह पूर्ववत् हाथ जोड़े जीप से आगे बढ़ रहे थे। उनके कारवाँ के आगे-पीछे पुलिस की

गाड़ियाँ चल रही थीं। 'छोटे सरकार : ज़िन्दाबाद' के नारों का शोर देखते-देखते रोड शो में बदल गया। सड़क के दोनों तरफ़ जितने लोग खड़े थे, उससे ज़्यादा लोग अपनी छतों और बारजों से उनके जलवे का दीदार कर रहे थे। यह एक शानदार रिहाई थी। गाँव तक के पूरे रास्ते में लोग जगह-जगह छोटे सरकार का स्वागत करने को खड़े थे। पुलिस जीप उन्हें स्कॉर्ट करते हुए गाँव तक आई। इस कारवाँ के गाँव में दाख़िल होते ही राइफ़लों से हवाई फ़ायर शुरू हो गए—धाँय...धाँय... धाँय! आज लखनहिया ही नहीं, ज़िला-जवार के कई गाँवों से लोग उमड़े चले आए थे। हवेली के सामने रामा भाई की देखरेख में मंच बनाया गया था। उसे फूलों से सजाया गया था। यह सारा तमाशा पुलिस चुपचाप देख रही थी। रामा भाई मुस्करा रहे थे, "दोनाली—देख रहे हैं न छोटे सरकार का जलवा?"

दोनाली सिंह चमत्कृत थे। कुछ बोलते नहीं बन रहा था।

छोटे सरकार जैसे ही जीप से उतरे, विधायक शंकर प्रसाद छोटे सरकार का स्वागत करने के लिए आगे आए। वह आधा घंटा पहले ही लखनहिया पहुँच गए थे।

'छोटे सरकार : ज़िन्दाबाद...ज़िन्दाबाद' के अनवरत नारे के साथ सैकड़ों हाथ हवा में लहरा रहे थे। इस रोमांच भरे दृश्य में दोनाली सिंह और रामा भाई गौण हो गए थे। विधायक शंकर प्रसाद ने एकबारगी सब कुछ अपने हाथ में ले लिया था... केन्द्र में छोटे सरकार थे, लेकिन केन्द्रीय भूमिका में विधायक शंकर प्रसाद थे। वह छोटे सरकार को लिये-दिये मंच पर आए और बिना देरी किये भीड़ से मुख़ातिब हो गए, "भाइयो...बहनो, मैं आज माननीय मुख्यमंत्री जी का सन्देश लेकर यहाँ आया हूँ। मुख्यमंत्री जी की ओर से मैं छोटे सरकार का उनकी पार्टी में स्वागत करने के लिए हाज़िर हुआ हूँ। छोटे सरकार के बारे में मुख्यमंत्री जी को ग़लत जानकारी देकर जो ग़लतफ़हमी पैदा की गई थी, उसे हमने उनसे मिलकर दूर कर दी है। उन्हें बता दिया है कि छोटे सरकार जनता के हृदय-सम्राट हैं। बिना उनकी मदद के हम चुनाव नहीं जीत सकते। छोटे सरकार हमारे साथ रहेंगे तो हमारी पार्टी मज़बूत होगी। आज यहाँ हम मुख्यमंत्री जी के आदेश से आए हैं। हम छोटे सरकार का पार्टी में स्वागत करते हैं।"

तालियाँ बज रही थीं। नारे गूँज रहे थे। हुजूम छोटे सरकार के लिए भाव-विह्वल हुआ जा रहा था। छोटे सरकार ने दोनों हाथ उठाकर भीड़ का अभिवादन किया। लोग ख़ुशी के मारे चीख़ पड़े। छोटे सरकार ने सबको चुप कराते हुए एलान किया, "विधायक शंकर प्रसाद जी हमरे सगे भाई से बढ़कर हैं...हम इनकी बहुत

इज़्ज़त करते हैं...हम मुख्यमंत्री जी को भरोसा दिलाते हैं कि तन...मन...धन से हम उनके साथ हैं...।"

'छोटे सरकार : ज़िन्दाबाद' के शोर से दसों दिशाएँ गूँज गईं।

दोनाली सिंह को गुमसुम देख रामा भाई ने झकझोरा, "कहाँ खो गए?"

"रामा भाई, छोटे सरकार की चलती देखिए...गाँव-जवार उमड़ा तो उमड़ा... विधायक...मुख्यमंत्री सब लहालोट।"

"छोटे सरकार ऐसे ही छोटे सरकार नहीं हैं। छोटे सरकार बनने के लिए उन्होंने बड़ी क़ुर्बानी दी है।" रामा भाई भीतर भरी अपनी भावना को दबा नहीं पाए।

जिस क़ुर्बानी की बात रामा भाई कर रहे हैं, वह दोनाली सिंह को ख़ूब याद है। बच्चा-बच्चा जानता है वह क़िस्सा...भूलोटन पहलवान अपनी पहलवानी के बूते ज़िला-जवार में काफ़ी नाम कमा चुका था, लेकिन उसकी एक ख़्वाहिश पूरी नहीं हो पाई थी...बड़े सरकार को पटखनी न दे पाने की। यह कचोट उसे हमेशा सालती। बड़े सरकार का रुतबा ऐसा कि कभी उनका शुमार सूबे के नामी पहलवानों में होता था। कई इनाम जीते थे...कई तमगे हासिल किये थे। शीर्ष पर पहुँचकर एक दिन अचानक उन्होंने कुश्ती से संन्यास ले लिया था। फिर भी उनकी शोहरत और इज़्ज़त में कोई कमी नहीं आई थी। लोग अक्सर उनकी पहलवानी की मिसाल दिया करते। वह कुश्ती के सिरमौर बने हुए थे। उनके इस प्रभामंडल के आगे भूलोटन की पहलवानी निष्प्रभ थी। यह फाँस उसके अन्दर लगातार कसकती रहती। उसे लगता, बड़े सरकार को पटखनी दिये बिना बड़ा रुतबा हासिल नहीं हो सकता। इसी हिरिस में वह कई बार बड़े सरकार को ललकार चुका था, पर बड़े सरकार हँसकर टाल देते, "पहलवानी में अहंकार ठीक नहीं।"

भूलोटन पहलवान हँसी उड़ाता, "लड़े की औकात नहीं, फुटानी आसमान पर। किस बात के बड़े सरकार?"

आख़िर एक दिन बड़े सरकार ने भूलोटन की चुनौती स्वीकार कर ली। नागपंचमी के दिन दोनों अखाड़े में उतरे। एक तरफ़ भूलोटन के चेले-चपाटे और समर्थक तो दूसरी ओर बड़े सरकार के साथ लखनहिया का बच्चा-बच्चा। छोटे सरकार तब छोटे सरकार नहीं हुए थे, बल्कि बउआ जी थे—पढ़निहार बउआ जी। उस दिन बाईस साल के जवान बउआ जी भी बड़े सरकार का जलवा देखने को उत्सुक दर्शक की तरह दम साधे खड़े थे। कुश्ती शुरू हुई। पहले राउंड में ही बड़े सरकार

ने भूलोटन को बुरी तरह छकाया। कब धोबिया पाट मारा कि भूलोटन की अक़्ल गुम हो गई। बड़ी मुश्किल से सँभल पाया वह। उसे आभास हो चुका था कि बड़े सरकार उस पर भारी पड़ रहे हैं। बस, इसी वक़्त उसने मौक़ा देखकर बड़े सरकार को लँगड़ी मारकर गिराया और झपट्टा मारकर उनकी छाती पर चढ़ गया। यह नियम-विरुद्ध था...चारों ओर हाहाकार मच गया। रेफरी सीटियाँ बजाता रहा, लोग चिल्लाते रहे...लेकिन भूलोटन पर जैसे शैतान सवार था। चीख़-पुकार और बढ़ते शोर के बीच भी वह बड़े सरकार के सीने पर हुमचता रहा। भीड़ उग्र हो चुकी थी। तभी भूलोटन के चेले-चपाटों ने हवा में गोलियाँ चलानी शुरू कर दीं। भूलोटन इसी अफ़रा-तफ़री में निकल भागा।

अखाड़े में पस्त पड़े बड़े सरकार उठ सकने की स्थिति में नहीं थे। उनके सीने में असह्य दर्द की चिलकारी उठ रही थी। बउआ जी, रामा भाई और गाँव के अन्य लोग उन्हें आनन-फ़ानन जीप में डालकर अस्पताल भागे। एक्सरे में सीने की दो हड्डियाँ टूटी पाई गईं। बड़े सरकार को अपनी पीड़ा से ज़्यादा अपना अपमान साल रहा था। वह एकदम गुमसुम हो गए थे...सूनी आँखों की कोरों पर आँसू आ-आ कर अटक जा रहे थे। बउआ जी अपने पिता की इस हालत पर तड़प उठते। उनके भीतर भूलोटन का वह हँसता हुआ विकृत चेहरा बार-बार घुमड़ता और बेतरह तड़प उठते। रामा भाई उन्हें धीरज बँधाते, "बड़े सरकार को ठीक हो जाने दें, उसके बाद ही कुछ सोचिएगा।"

लेकिन बड़े सरकार ठीक नहीं हुए। अन्दर की गुम चोट ऐसी थी कि वह उससे उबर नहीं पाए। इलाज...दवाई...डॉक्टर—सब नाकाम हो गए। आख़िर बड़े सरकार की लाश ही गाँव लौटी।

जिस दिन बड़े सरकार का श्राद्ध था, उस दिन बड़ी गहमा-गहमी रही। श्राद्धभोज देर रात तक सम्पन्न हुआ। उसी रात की भोर होते-होते...भूलोटन पहलवान भूलोक छोड़ गया। उसके सीने में आधा दर्जन गोलियाँ धँसी थीं। वह अपने ही अखाड़े में चारों खाने चित पड़ा था...गोलियों की आवाज़ से अखाड़े में जाग हो गई थी... जब तक कोई कुछ समझता, अन्धाधुंध फ़ायरिंग करते बउआ जी ने ललकारा था, "कोई आगे बढ़ा तो भूनकर रख दूँगा।"

बउआ जी के सिर पर ख़ून सवार था। इससे पहले कि वह अपना आपा खोते, रामा भाई ने आवाज़ दी, "काम हो गया...चलिए अब।"

रामा भाई ने मोटरसाइकिल स्टार्ट रखी थी। बउआ जी हवा में फ़ायरिंग करते

हुए छलाँग लगाकर पिछली सीट पर बैठे थे और मोटरसाइकिल हवा से बातें करने लगी थी।

दोनाली सिंह समझ नहीं पाते कि रामा भाई इतने निर्विकार...इतने निस्पृह कैसे रह लेते हैं? छोटे सरकार के प्रति उनके भक्ति-भाव को देखकर लगता है, रामा भाई का जन्म शायद इसी निमित्त हुआ है। छोटे सरकार जब जेल में थे, रामा भाई दीदी का हुक्म उसी भक्ति-भाव से बजाते रहे। दीदी कहती, "रामा भाई पर छोटे सरकार का बहुत एहसान है। ई जनम भर ना चुका पाएँगे।"

वाक़ई रामा भाई दूसरी मिट्टी के बने थे—कर्म और कर्तव्य से बँधे। उन्हें देखकर मन वितृष्णा से भर जाता है। इतना बेरीढ़ आदमी भी कोई हो सकता है क्या? लेकिन रामा भाई ऐसे ही थे।

छोटे सरकार हवेली के मुख्य द्वार पर खड़े थे। दीदी आरती उतार रही थीं। भीड़ जयकारे लगा रही थी। हवाई फ़ायर मुतवातिर जारी थे। छोटे सरकार का ये रुतबा देखकर दोनाली सिंह चौड़े हुए जा रहे थे गोया उसमें अपनी भी प्रतिछाया देख रहे हों। यह अकारण नहीं था। छोटे सरकार के जेल में रहने के दौरान उनके साम्राज्य को दीदी ने सँभाला था। वही हुक्म देती, निर्णय लेती। लेकिन वह जैसे छोटे सरकार होने के मुग़ालते में जीते रहे। अब छोटे सरकार लौट आए थे। दुगुनी शक्ति के साथ। दुगुने प्रभाव के साथ। इस ख़याल के आते ही दोनाली सिंह के भीतर गहरा सन्नाटा पसर गया। चेहरा बेरंग हो आया...लगा, वह सरेराह लुट गए हों। अगल-बग़ल देखा, रामा भाई कहीं नहीं दिखे। मुखिया जी भी भीड़ में कहीं खो गए थे। इस भीड़ में वह अकेले हैं या भीड़ ने उन्हें अकेला कर दिया है? इस प्रश्न के साथ ही भीतर कुछ कचककर रह गया। कमतरी का एहसास टीस गया। सहसा, किसी ने कन्धे पर हाथ रखा। चिहुँककर पीछे देखा, यह रामा भाई का बेटा जयवीर था। सुदर्शन क़द-काठी का शानदार नौजवान। कॉलेज में पढ़ने वाला ज़हीन लड़का। वह जब इंटर में अव्वल आया था, तब रामा भाई का सिर गर्व से तन गया था। छोटे सरकार ने भी उसकी ख़ूब तारीफ़ की थी। रामा भाई से हुलककर कहा था, "रामा भाई, जयवीर को ख़ूब पढ़ाइए। देखिएगा, एक दिन वह गाँव का नाम रोशन करेगा।"

जयवीर को इस भीड़ में देखकर दोनाली सिंह को आश्चर्य हुआ, "तुम यहाँ क्या कर रहे हो?"

"छोटे सरकार का जलवा देखने आए हैं।" जयवीर उत्साह से भरा हुआ था। उसकी आवाज़ में ग़ज़ब की उत्तेजना थी।

दोनाली सिंह अवाक् थे। समझ नहीं पा रहे थे कि जयवीर के इस रोमांच का क्या अर्थ लगाएँ। मन मसोसकर रह गए।

तभी जयवीर ने ठंडी आह भरते हुए उन्हें टोका, "स्साली ज़िन्दगी हो तो ऐसी हो! क्या कहते हैं, दोनाली जी?"

दोनाली सिंह के भीतर एकाएक उदासी का रंग कहीं ज़्यादा धूसर हो आया था। वह जयवीर के सवाल से बचते हुए रामा भाई के लिए अफ़सोस से भर गए थे।

हाथ

गोपीचन्द का नाम गोपीचन्द था, यह दो दिन बाद पता चला। वह जब राजधानी के इस बड़े सरकारी अस्पताल में लाया गया, तब एक बेसुध अजनबी था, जिसके जिस्म से ख़ून बह रहा था...कपड़े जगह-जगह से फटे थे। दाएँ हाथ की कमीज़ ख़ून से तरबतर थी। होंठ के निचले हिस्से पर ख़ून जम गया था। उसके मुँह से शराब की बदबू आ रही थी। दाहिने पैर का घुटना चोटिल था। घुटने के आसपास के हिस्से से फटी हुई पैंट का टुकड़ा झूल रहा था। उसे अस्पताल के इमरजेंसी में लेकर जो शख़्स आया था, वह उसे बेड पर डालकर रफ़ू-चक्कर हो गया था। जब तक मेडिकल स्टाफ़ उस मरीज़ को अटेंड करने के लिए पहुँचता, वह एक लावारिस मरीज़ होकर रह गया था। सिस्टर इंचार्ज ने वार्डबॉय को चीख़कर आवाज़ दी थी, "राजा, पता करो, इस पेशेंट को कौन लाया?"

राजा इमरजेंसी से बाहर निकलकर चिल्लाया, "किसका पेशेंट है ये?"

कहीं से कोई आवाज़ नहीं आई। राजा ने थोड़ा आगे-पीछे जाकर यही आवाज़ कई बार दुहराई। लेकिन कोई जवाब नहीं मिला। उसने गेट के बाहर निकलकर गार्ड से दरयाफ़्त किया, "गार्ड साब, अभी एक एक्सीडेंट केस आया है, किसका मरीज़ है, कौन लेकर आया है?"

गार्ड ने हथेली में खैनी मलते हुए लापरवाही से जवाब दिया, "हम नहीं देखे... कब...कौन लाया ध्यान नहीं दिये।"

राजा मन-ही-मन तिलमिलाया। उसकी जगह कोई अधिकारी होता तो यही गार्ड खैनी वाली हथेली पीछे छुपाकर दाहिने हाथ से सैल्यूट मारता और तोते की तरह सब बक देता, लेकिन वह वार्डबॉय है—फोर्थ क्लास कर्मचारी...तो यह भी औक़ात बता रहा है। बग़ैर गार्ड से उलझे वह तेज़ी से इमरजेंसी में लौटा।

अब तक उस बेसुध मरीज़ को सिस्टर एलविन सलाइन लगा चुकी थी। ब्लड सैम्पल जाँच के लिए भेजा जा चुका था। हार्ट बीट, बीपी, ऑक्सीजन लेबल चेक किया जा चुका था। ड्यूटी पर तैनात डॉक्टर आशीष मिश्रा ने मरीज़ की गहन जाँच शुरू कर दी थी। ब्लड का निकलना जारी था। मरीज़ का बीपी कम होता देख डॉ. आशीष मिश्रा ने सिस्टर की ओर सिर उठाकर इंजेक्शन देने का निर्देश दिया। सिस्टर जब तक सलाइन में जुटी थी, डॉ. आशीष मिश्रा ने सिस्टर को सम्बोधित किया, "दारू के नशे में धुत्त है।"

"लगता है, इसी हाल में कोई ठोककर निकल गया।" पास ही खड़े वार्डबॉय राजा ने स्वगत अफ़सोस जताया। प्रत्यक्षतः राजा ने जिज्ञासा की, "सर, दारू पर प्रतिबन्ध लगा है, फिर इसको दारू कैसे मिल गया?"

डॉ. आशीष मिश्रा मुस्कराए फिर अपने मज़ाक़िया लहजे में बोल पड़े, "सकल पदारथ है जग माहीं। करमहीन नर पावत नाहीं॥"

राजा को भौचक देखकर इस बार डॉ. आशीष मिश्रा हँसे, "थाना की नाक के नीचे बिकता है।"

एक और झटका देकर डॉ. आशीष मिश्रा मरीज़ के दाएँ हाथ का मुआइना करने लगे थे।

सिस्टर एलविन ने काग़ज़ी कार्रवाई करते हुए जानकारी दी, "सर, मरीज़ का कोई अता-पता नहीं है। इसके पास मोबाइल भी नहीं है।"

डॉ. आशीष मिश्रा सिस्टर से मुख़ातिब हुए, "अनआइडेंटिफ़ाइड!"

वार्डबॉय राजा अभी भी वहीं जमा था। वह उनकी बातें ग़ौर से सुन रहा था। यह पहला केस नहीं था, जिसे वह देख रहा था, लेकिन ऐसे अनआइडेंटिफ़ाइड मरीज़ों को देखकर वह हर बार दुखी हो जाता है। उसे एक ही बात परेशान करती है, कहीं किसी रोज़ वह भी ऐसे ही किसी हादसे का शिकार हो गया तो? वह ऐसे मनहूस ख़याल को सिर झटककर ख़ुद को स्थिर करना चाहता है, पर काफ़ी देर तक निजात नहीं मिलती।

डॉ. आशीष ने मरीज़ के दाएँ हाथ की गहन जाँच के बाद सिस्टर को निर्देश दिया, "सिस्टर, मरीज़ के दाएँ लिंब की आर्टरी फटी है। रिपेयरिंग ज़रूरी है। ट्रामा सर्जरी को इन्फ़ॉर्म कीजिए, इमीडिएट।"

सिस्टर भागकर अपनी सीट तक गई। फ़ोन उठाकर ट्रामा सर्जरी को मिलाया। उधर से जवाब मिलते ही केस के बारे में बताया। जवाब से आश्वस्त होकर उसने

सिर हिलाया। फ़ोन रखकर सिस्टर दुबारा मरीज़ को देख रहे डॉ. आशीष मिश्रा के पास आई।

"सर, ट्रामा सर्जरी में पीजी ड्यूटी पर है।"

"जल्द शिफ़्ट कराइए।" डॉ. आशीष मिश्रा ने निर्देश दिया।

"जी, सर।"

डॉक्टर ने सिस्टर से बेड चार्ट लेकर देखा। सारी डिटेल देखने के बाद कुछ और लिखा। शायद मेडिकल एडवाइस। बेड चार्ट सिस्टर को वापस कर अपनी सीट की ओर जाते हुए बोले, "क्रिटिकल केस है।"

"गॉड ब्लेस हिम।" सिस्टर ने अपने गले के क्रॉस को छुआ।

डॉक्टर अपनी सीट पर जा चुके थे। सिस्टर एलविन कुछ लिखने में व्यस्त हो गई थी। राजा अजनबी मरीज़ पर उदास नज़र डालता हुआ वार्ड से बाहर निकल आया। इमरजेंसी में हमेशा अफ़रा-तफ़री मची रहती है। क्रिटिकल मरीज़ के परिजनों की पल-पल टूटती-डूबती उम्मीदों के बीच आह, आँसू और आस का सनसनाता माहौल गश्त करता रहता है। इस सबके बीच डॉक्टर, नर्स, वार्डबॉय, टेक्नीशियन—सभी के चेहरों पर ऐसी निरपेक्षता होती है, जैसे दुख...दर्द...रुदन... मृत्यु उन पर कुछ भी न व्यापती हो। निहायत निरपेक्ष। लोग इसे प्रोफ़ेशनल होना कहते हैं। लेकिन राजा अपवाद था। थोड़ा भावुक। थोड़ा परदुखकातर। उसकी मददगार वाली प्रकृति मरीज़...मरीज़ के परिजनों से लेकर स्टाफ़ तक एकसार थी। उसे किसी का भी काम कर देने में सुख मिलता था। उसकी इस सदाशयता का कभी-कभी उसके साथी मज़ाक़ भी उड़ाते हैं, पर वह हँसकर टाल देता है, "परहित सरिस धरम नहिं भाई।"

ट्रामा सर्जरी से पीजी डॉ. रंजन आ चुके थे। मरीज़ के ज़ख़्मी हाथ का मुआइना करने के बाद सिस्टर एलविन से मरीज़ को ट्रामा सर्जरी में भिजवाने को कहकर वापस चले गए।

उस बेसुध मरीज़ को ट्रामा सर्जरी में शिफ़्ट करने की आवश्यक कार्यवाही पूरी कर सिस्टर एलविन ने वार्डबॉय राजा को आवाज़ दी। राजा वार्ड के बाहर गेट के पास ही खड़ा था। अपना नाम सुनकर अन्दर आया, गोया बुलाए जाने की ही प्रतीक्षा कर रहा था। उसे देखते ही सिस्टर एलविन बोली, "राजा, पेशेंट को ट्रामा सर्जरी में शिफ़्ट करने का।"

सिस्टर के स्वर में आतुरता थी, लेकिन लहजा सौम्य था। राजा सिस्टर एलविन

की इस सौम्यता का क़ायल है। एक बार उसने पूछा था, "सिस्टर, कैसे कर पाती हैं यह सब कुछ?"

"यू नो, मरीज़ की सेवा, गॉड की सेवा होती है।" सौम्य मुस्कान के साथ जवाब दिया था सिस्टर ने।

ये ज़रा-सी बात, जानते सभी हैं, अमल कोई-कोई ही करता है। राजा ने मदद के लिए एक और वार्डबॉय को बुला लिया था। वे उस मरीज़ को लेकर ट्रामा सर्जरी के लिए बढ़े तो सिस्टर एलविन भी पीछे-पीछे आई। उसके हाथ में मरीज़ की फ़ाइल थी। रास्ते में उसने अफ़सोस जताया, "राजा, इस पेशेंट के घरवालों को पता भी नहीं होगा कि ये किस हाल में है।"

"सिस्टर, दारू पीने वाले ख़ुद के दुश्मन होते हैं।" राजा के स्वर में अफ़सोस था, "होश आने पर बताएगा अपना अता-पता।"

ट्रामा सर्जरी में पीजी डॉ. रंजन और डॉ. विभा ने मरीज़ को तुरन्त अटेंड किया। डॉ. रंजन ने मरीज़ की फ़ाइल देखी। डॉ. विभा मरीज़ के दाएँ हाथ का मुआइना करते हुए बोली, "आर्टरी तुरन्त रिपेयर करनी पड़ेगी।"

डॉ. रंजन जो मरीज़ के दाएँ हाथ का निरीक्षण पहले ही कर चुके थे, डॉ. विभा से सहमत हुए, "ब्लड काफी निकल चुका है।"

सिस्टर एलविन लौट गई थी। उसकी जगह सिस्टर रमानी ने ले ली थी। राजा को खड़ा देख डॉ. विभा बोली, "तुम यहाँ क्या कर रहे हो?"

राजा सकपकाया। पीजी लोगों से कोई नहीं लगता। इनकी दबंगई जगज़ाहिर है। वह बग़ैर कुछ बोले लौट पड़ा। पीठ पीछे सिस्टर रमानी की आवाज़ सुनाई पड़ी, "ख़ुदाई ख़िदमतगार है।"

"अच्छा!" यह डॉ. रंजन की उपहास उड़ाती प्रतिक्रिया थी।

"पेशेंट अनकांशस है। सर्जरी के लिए इसके किसी अटेंडेंट का कन्सेंट लेना होगा न?" डॉ. विभा सिस्टर रमानी से मुख़ातिब हुई।

सिस्टर रमानी मरीज़ की फ़ाइल से उसकी डिटेल जान चुकी थी, "अनआइडेंटिफ़ाइड पेशेंट है।"

"फिर?" डॉ. रंजन अचकचाया।

"ऐसे पेशेंट की लाइफ़ सेविंग के लिए कन्सेंट ज़रूरी नहीं है।" सिस्टर रमानी ने अपनी सीनियॉरिटी का मुज़ाहिरा किया।

"श्योर?"

“बिलकुल।”

“पेशेंट को ब्लड की ज़रूरत पड़ेगी।” डॉ. रंजन ने सिस्टर को सम्बोधित किया, “सिस्टर, ब्लड बैंक को ख़बर कीजिए।”

मरीज़ को ओटी में पहुँचाया गया। उसकी डैमेज हो चुकी आर्टरी की रिपेयरिंग के लिए तैयारी पूरी हो चुकी थी। ओटी रेडी था। डॉ. रंजन, डॉ. विभा समेत ओटी स्टाफ़ ने स्टरलाइज़्ड गाउन पहन लिये थे। डॉ. विभा ने डॉ. रंजन से पूछा, “सर को पेशेंट के बारे में बताया?”

“हाँ, बता दिया है।” डॉ. रंजन की आँखों में चमक थी।

डॉ. विभा थोड़ी नर्वस ज़रूर थी, लेकिन डॉ. रंजन के आत्मविश्वास से उसका भी हौसला लौटा। एनेस्थिस्ट मरीज़ को इंट्यूबेट कर चुके थे। डॉ. रंजन ने मरीज़ के दाएँ हाथ के निचले हिस्से से आर्टरी का टुकड़ा लेकर ज़ख़्मी हिस्से में ग्राफ़्टिंग की प्रक्रिया शुरू कर दी। डॉ. विभा ने स्टिचिंग पूरी कर राहत की साँस ली।

मरीज़ को आईसीयू में शिफ़्ट कर दिया गया। उसके मुँह में इंट्यूबेट लगा हुआ था, जिसे तुरन्त वेंटीलेटर मशीन से कनेक्ट कर दिया गया। बेड के सिरहाने स्टैंड के ज़रिये ब्लड चढ़ाया जा रहा था। आईसीयू में कंप्यूटर मॉनिटर से उठती पीं-पीं की ध्वनि के बावजूद एक ऐसी ख़ामोशी व्याप्त थी, जिसमें भय...आशंका... अनिश्चितता जैसे भाव-विभाव मौजूद थे।

उस मरीज़ की चेतना दूसरे दिन लौटी। अपने आपको इस हाल में पाकर वह एकबारगी घबरा गया। बाएँ हाथ में आईबी लगा था, जिससे होकर पाइप ऊपर टँगी बोतल से जुड़ी थी। मुँह में इंट्यूबेशन के ज़रिये ऑक्सीजन सपोर्ट दिया गया था। उसकी आँखें पहले सीलिंग से टकराईं, फिर पुतलियाँ दाएँ-बाएँ घूमती हुई ख़ुद पर आकर टिक गईं। अचानक उसकी घिग्घी बँध गई। शायद उसे अपने साथ हुई दुर्घटना याद आ गई थी। पास से गुज़र रही सिस्टर उसे होश में आया देखकर ठिठकी, फिर उसके बेड के पास आकर बोली, “कैसे हैं?”

कैसा है वह? उसे क्या पता, कैसा है वह? सिर पर पीं-पीं करती मशीन, हाथ में लगी पाइप, ऑक्सीजन से साँस लेता वह, क्या जवाब दे? उसकी आँखें एकटक नर्स पर टिकी थीं। नर्स ने किसी को आवाज़ दी, “डेविड, बेड नं. आठ को होश आ गया...डॉक्टर को इन्फ़ॉर्म करो!”

उसके लिए सब कुछ अजगुत था। अगल-बग़ल, सामने हर ओर मरीज़ ही मरीज़। सबके सब बेसुध...अचेत...अर्द्धचेतस। सबके सिरहाने वही डरावनी पीं-पीं।

उसे अब तक इस बात का एहसास तक नहीं था कि उसका दायाँ हाथ बुरी तरह ज़ख़्मी है और उस पर बैंडेज है।

आईसीयू में तैनात डॉ. अमरकान्त लपकते हुए आए और उसके सिर के पास झुककर बोले, "कोई दिक़्क़त?"

कुछ नहीं समझ पाया वह। दिक़्क़त न होती तो अस्पताल में क्यों होता? उसे चुप देख डॉ. अमरकान्त ने पूछा, "साँस लेने में कठिनाई तो नहीं हो रही?"

उसके होंठों पर मुस्कराहट की बारीक रेख दिखी, फिर होंठ अचानक टेढ़े हो गए। कुछ-कुछ तंज़िया। भीतर कहीं टीस-सी उठी, यह साँस ही तो सारी मुश्किल की जड़ है।

डॉ. अमरकान्त ने कम्प्यूटर मॉनिटर पर दर्ज हो रही ऑक्सीजन लेवल देखा, सामान्य था...हार्ट बीट भी ठीक था...बीपी भी सामान्य। डॉक्टर ने वहाँ आ पहुँची सीनियर सिस्टर रजनी को ऑक्सीजन बन्द करने का निर्देश दिया। सिस्टर ऑक्सीजन बन्द कर डॉक्टर के अगले निर्देश की प्रतीक्षा करने लगी। डॉ. अमरकान्त ने उस मरीज़ की नब्ज़ देखी। पूरी तरह आश्वस्त होकर उन्होंने मरीज़ के मुँह से धीरे-धीरे ट्यूब निकाल दिया।

वह मरीज़ जो अभी तक पूरी तरह सहज नहीं हो पाया था, ट्यूब निकाले जाने से एकदम नर्वस हो गया। मुँह से ट्यूब निकालते ही उसे लगा, जैसे उसकी साँस कहीं अटक गई हो! उसके चेहरे पर उड़ती हवाइयाँ देख सिस्टर ने कहा, "साँस खींचिए...साँस खींचिए।"

उसने नथुनों से ढेर सारी हवा खींचकर पेट में भरी और फिर छोड़ दिया। धीरे-धीरे उसे एहसास हुआ कि वह बिना ऑक्सीजन के साँस ले सकता है। अचानक उसका चेहरा स्याह हो आया। दोस्त...साथी...बीवी...बच्चे—किसी को नहीं पता कि वह अस्पताल में है। पता चल भी गया तो क्या करेंगे वे? अस्पताल का ख़र्चा कौन भरेगा...यहाँ तो पेट भरने के लाले हैं...फिर?

डॉ. अमरकान्त पूछ रहे थे, "क्या नाम है?"

"गोपीचन्द।"

सिस्टर बेड चार्ट पर मरीज़ का नाम लिखने लगी थी। ज़ोर देकर पूछा, "पूरा नाम बताइए!"

पूरा नाम मतलब जाति। जाति जानकर अस्पताल से बाहर कर दिया तो? वह होंठ भींचकर रह गया।

"पता बताइए।" सिस्टर भी आगे बढ़ गई, "कहाँ घर है?"

"यहाँ घर नहीं है...फुटपाथ पर सोते हैं..." गोपीचन्द हकलाया।

सिस्टर ने डॉ. अमरकान्त को देखा। उन्होंने नरम लहजे में पूछा, "गाँव... घर...परिवार...कुछ तो होगा?"

गोपीचन्द सीलिंग ताकने लगा। सिस्टर ने टोका, "बताइए!"

आँखों की कोरों पर नमी झिलमिला आई थी, "आरा।"

"आरा में कहाँ?"

वह चुप। जैसे होंठ चिपक गए हों। आवाज़ कंठ में घुटकर रह गई। सिस्टर ने घुमा-फिराकर कई बार पूछा, लेकिन उसने आरा के अलावा कुछ नहीं बताया। सिस्टर झुँझलाकर चली गई, "याद आ जाए तो बता देना।"

कुछ घंटों बाद गोपीचन्द को जनरल वार्ड में शिफ़्ट कर दिया गया। यह वार्ड एक बड़ा-सा हॉल था, जिसमें दोनों ओर की दीवारों के साथ क़तार में बेड लगे थे। हॉल में यहाँ से वहाँ तक कोई बेड ख़ाली नहीं था। मानो पूरा शहर बीमार हो! पूरे हॉल में एक सिरे से दूसरे सिरे तक नज़र दौड़ाकर वह कहीं ज़्यादा मायूस हो गया। उसकी आँखों में बीवी, बच्चों के चेहरे घूम गए। उनके पास तो अब कुछ बचा भी नहीं होगा, बेचारे पैसे-पैसे को तरस रहे होंगे। हर हफ़्ते आरा जाता है और जमा पूँजी दे आता है। जिस हफ़्ते नहीं जा पाता...संघतिया सिंगेसर के हाथों भिजवा देता है। सिंगेसर को भी तो नहीं पता कि उसके साथ क्या हुआ कि वह इस वक़्त कहाँ है?

उस दिन काम-धाम निबटाकर निकलने ही वाला था, जब राजमिस्त्री राजेन्दर जी ने टोका था, "पिएगा तो बोल?"

"है क्या?" मन ललचाया था।

"थोड़ा महँगा मिलेगा। कुछ तुम भी मिलाओ तो मँगाते हैं।"

उस दिन की दिहाड़ी में से उसने मिस्त्री जी को पचास रुपया काट लेने को कहा था। आधा घंटा बाद टेनिया एक बोतल देसी ले आया था। एक मुट्ठी भूजा के साथ वह आधी से ज़्यादा बोतल गटक गया था। जिस वक़्त वह संघतिया सिंगेसर से मिलने निकला था, क़दम बुरी तरह लड़खड़ा रहे थे। माथा आसमान में उड़ रहा था। कभी बीच सड़क में आ जाता तो कभी लहराता हुआ किनारे पहुँच जाता। अचानक उसकी आँखों में तेज़ रोशनी का भभका भर गया था। देह गेंद की तरह हवा में उछल गई थी। तत्क्षण आँखों में रंग-बिरंगी लुत्तियाँ छिटकी थीं। फिर पता नहीं, उसके साथ क्या हुआ था, उसकी चेतना गुम हो गई थी।

और अब, जब उसकी चेतना लौट आई है, अस्पताल वाले उसका अता-पता जानने के पीछे पड़े हैं! वह पता बता भी दे तो बेचारी मेहरारू क्या करेगी? अस्पताल वालों ने पैसा माँगा तो कहाँ से लाएगी? नहीं, वह कुछ नहीं बताएगा। डूबते मन और बेचारगी के बीच वह अपने बाएँ हाथ को दाएँ हाथ के ऊपर रखकर सुबक पड़ा।

देर शाम राउंड पर आए डॉ. रंजन और डॉ. विभा ने उसके दाएँ बाज़ू को देखा। ऊपरी हिस्से में जहाँ आर्टरी रिपेयर की गई थी, वहाँ से ख़ून रिस रहा था। डॉ. रंजन ने फुसफुसाकर कहा, "ग्राफ़्टिंग सक्सेस नहीं है।"

"क्या?" डॉ. विभा घबराई, "अब?"

"दुबारा कोशिश करते हैं।" डॉ. रंजन ने बिना किसी फ़िक्र के जवाब दिया।

गोपीचन्द इन डॉक्टरों की फुसफुस को समझ नहीं पाया, लेकिन इतना अन्दाज़ा हो गया कि कुछ गड़बड़ ज़रूर है।

"आपकी बाँह का फिर ऑपरेशन करना पड़ेगा।" डॉ. रंजन ने तेज़ मगर रूखे स्वर में जानकारी दी।

गोपीचन्द सूनी आँखों से डॉक्टर को देखता रहा। डॉ. विभा ने मुलायम स्वर में पूछा, "ऑपरेशन के लिए क्या कहते हैं आप?"

"हम क्या कहें?" गोपीचन्द के स्वर में लाचारी थी।

"आपको अपनी सहमति देनी होगी।"

"पहले जब नहीं लिया तो अब काहे?" गोपीचन्द ने विस्मित उत्सुकता जताई।

"तब आप बेहोश थे...अब होश में हैं।" डॉ. विभा ऊबी।

"बेहोशी में कुछ भी कर दीजिएगा और होश में इतना टिटिम्मा?"

गोपीचन्द की तुर्की-ब-तुर्की सुनकर डॉ. रंजन ने झिड़की दी, "बहस मत कीजिए! अपना हाथ बचाना चाहते हैं तो लिखकर देना होगा।"

डॉ. विभा ने डॉ. रंजन को देखा। डॉ. रंजन किसी और मरीज़ को देखने निकल गए। डॉ. विभा साथ खड़ी नर्स से बोली, "समझा-बुझाकर इसका कन्सेंट ले लीजिए।"

नर्स ने सिर हिलाया। डॉ. विभा भी आगे बढ़ गई। नर्स उनके पीछे-पीछे लग ली।

गोपीचन्द उनको जाते हुए देखता रहा। वार्ड में मरीज़ों के परिजनों का आना-जाना लगा था। उनके दाहिने वाले बेड पर जो मरीज़ था, उसकी बीवी उसके पास बैठी उसे अपने साथ लाई चाय पिला रही थी। उसकी बीवी क्या कर रही होगी?

पता नहीं, ख़र्चा कैसे चल रहा होगा? क्या सोच रही होगी उसके बारे में? मन रुआँसा हो आया। आँखें मूँदे बड़ी देर तक यूँ ही निश्चल पड़ा रहा। बग़लवाले की बीवी कह रही थी, "सबेरे आएँगे। कुछ पैसा भी जमा करना है।"

"कितना जमा करना है?"

"पाँच हज़ार।"

गोपीचन्द ने आँखें खोलकर देखा, बग़लवाले की पत्नी जा रही थी। बग़लवाला मरीज़ बोला, "डॉक्टर लोग क्या बोल रहा था?"

लगता है, उसने डॉ. रंजन और डॉ. विभा की बातें सुन ली थीं। वह मरीज़ जिज्ञासा से भरा उसे ही देख रहा था।

"फिर से ऑपरेशन करने को बोल रहा था।"

"कुछ गड़बड़ हो गया है क्या?"

"बुझाता है।" गोपीचन्द ने उपेक्षा भाव से जवाब दिया।

"ई नवसिखुआ सब जो न करे। ग़रीबे पर हाथ साफ़ करता है।"

गोपीचन्द को उस मरीज़ की बात सही जान पड़ी। एक धचका-सा लगा और वह फिर अपने-आपमें गुम हो गया। नर्स दवा देने आई तो गुमसुम-सा वह उसे देखता रहा। नर्स दवा देकर बोली, "आपका ऑपरेशन होना है। अपना राज़ीनामा दे दो।"

वह कुछ नहीं बोला। नर्स ने बात पूरी की, "ऑपरेशन नहीं होगा तो घाव सड़ जाएगा।"

गोपीचन्द ने आँखें मूँद लीं।

नर्स इंजेक्शन लगाते हुए बोली, "क्या कहते हैं? कल डॉक्टर साब ऑपरेशन करेंगे।"

पता नहीं इंजेक्शन से दर्द हुआ या वह कोई जवाब देने से बचना चाह रहा था, आँखें बन्द कर मौन साध लिया।

"ज़िद्दी पेशेंट है।" नर्स बड़बड़ाई।

गोपीचन्द होंठ भींचे रहा। नर्स बड़बड़ाती हुई चली गई।

अगले दिन राउंड पर आए डॉ. रंजन ने गोपीचन्द को समझाया, "आपके हाथ का ऑपरेशन करना ज़रूरी है। देखिए, ख़ून रुक नहीं रहा।"

गोपीचन्द डॉ. रंजन को बिटर-बिटर देखता रहा, गोया उसकी समझ में कुछ न आया हो। डॉ. रंजन साथ में खड़ी नर्स से बेड चार्ट लेकर देखते हुए बोले, "अजीब मरीज़ है—न पता-ठिकाना—न जान की परवाह!"

"हाँ, पूछ-पूछकर थक गए, कुछ नहीं बताता...अजीब आदमी है।" नर्स ने आजिज़ी में कहा, "घाव सड़ जाएगा। ऑपरेशन नहीं हुआ तो हाथ काटना पड़ेगा।"

गोपीचन्द को गहरा झटका लगा। लगा कि उसकी चेतना एक बार फिर डूब रही है। ख़ुद को सँभालता हुआ करुण स्वर में गिड़गिड़ाया, "हम मज़दूर हैं, सर! हाथ बिना काम कैसे करेंगे?"

डॉ. रंजन को उसकी विवशता और प्रश्नाकुलता छू गई। उन्होंने भरसक ख़ुद पर क़ाबू रखते हुए समझाया, "देखिए, ऑपरेशन करना बहुत ज़रूरी है। जान है तो जहान है।"

नर्स ने रिस्क बांड उसके सामने रखकर एक जगह पर अपनी तर्जनी रखते हुए कहा, "यहाँ अपना दस्तख़त कर दीजिए।"

गोपीचन्द का आत्मविश्वास हिला हुआ था। वह अपनी सहमति देने को राज़ी नहीं था। सिर हिलाकर मना कर दिया। नर्स झुँझला पड़ी। उसके जी में आया कि कहे—क्यों अपनी जान के दुश्मन बने हो? लेकिन गोपीचन्द के स्याह पड़े चेहरे और उसकी ज़िद के बीच उसका प्रश्न हहराने लगा—हम मज़दूर हैं, सर! हाथ बिना काम कैसे करेंगे?

ठंडी साँस खींचती नर्स किसी दूसरे मरीज़ की तीमारदारी में चली गई।

बग़लवाले मरीज़ ने कहा, "दुबारा ऑपरेशन क्यों नहीं करा लेते?"

"ये लोग हाथ काटने को कह रहे हैं। बताइए भला, हाथ बिना कैसे कमाए-खाएँगे?"

गोपीचन्द का बायाँ हाथ दाएँ हाथ के उस स्थान पर चला गया, जहाँ ज़ख़्म से ख़ून रिस रहा था। उँगलियाँ चिपचिपी हो आईं। भीतर तक भय की ठंडी लहर दौड़ गई। महसूस हुआ, जैसे डॉक्टर उसका हाथ जबरन जिस्म से अलग कर रहे हैं और उसके विरोध की चीख़ हलक़ में घुटकर रह गई है।

बग़लवाला मरीज़ अनुत्तरित था।

वार्ड में मरीज़ों के परिजनों की आमद शुरू हो गई थी। बग़लवाले मरीज़ की पत्नी ने आते ही उसे सूचित किया, "डॉक्टर साहेब बोल रहे थे...कल छोड़ देंगे।"

बग़लवाले मरीज़ के चेहरे पर ख़ुशी की चमक उभरी, उसने आवेग में पत्नी का हाथ पकड़ लिया। गोपीचन्द की आँखें मुँद गईं, गोया उन लोगों से निरपेक्ष होना चाहता हो। इस निरपेक्षता को चीरती हुई उसकी पत्नी आ खड़ी हुई। वह चुप थी, लेकिन उसकी चुप्पी में हाहाकार था। घबराकर आँखें खोल दीं। वार्ड में अँधेरा

उतर आया था। चारों ओर दूधिया रोशनी तनी हुई थी। आँखें फाड़-फाड़कर देखा... उसके तईं अँधेरा...सिर्फ़ अँधेरा था हर ओर...।

गोपीचन्द को इस वार्ड में एक हफ़्ता से ज़्यादा हो गया है। कई मरीज़ रिलीव होकर घर जा चुके हैं, उनके ख़ाली हुए बेडों पर नये मरीज़ आ चुके हैं। इस बीच डॉक्टर, नर्स, अन्य स्टाफ़ उसे समझाकर थक गए हैं। लेकिन गोपीचन्द ने ऑपरेशन की अनुमति नहीं दी है। उसके मन में क्या चल रहा है, कोई नहीं जानता। उसकी एक ही ज़िद है, अपना हाथ काटने की अनुमति नहीं दे सकता। डॉक्टरों की निश्चित राय है कि गोपीचन्द की जान बचाने के लिए उसका हाथ काटना ज़रूरी है।

गोपीचन्द का हाथ जितना गोपीचन्द को डरा रहा है, उतना ही उसके डॉक्टरों को भी।

कृपया दूरी बनाए रखिए

शहर में सन्नाटा था...सड़कों पर मुर्दनी। देर रात तक तमाम हलचलों से भरे रहनेवाले बाज़ारों में मातमी ख़ामोशी पसरी पड़ी थी। नुक्कड़ों पर जमा फुरसतिया लोगों के ठहाकों का जमावड़ा गुम हो गया था। चाय की दुकानों में देश-दुनिया के मसले-मसायलों पर फ़िक्रमन्द लोगों की राजनीति और रणनीति पर बहसों की जगह गूँगी मनहूसियत तारी थी। बाहर-भीतर हर सूँ मौत का ख़ौफ़ गश्त लगा रहा था।

घरों के दरवाज़े बन्द थे। खिड़कियाँ भी तभी खुलतीं, जब बाहर किसी गतिविधि का आभास होता। कभी-कभार कुछ सरकारी मुलाजिम आते और फिर पता चलता, कोई इलाक़ा सील कर दिया गया है। सील करने का सिलसिला बढ़ता जा रहा था। मुहल्ले के मुहल्ले, कॉलोनी की कॉलोनी 'कंटोनमेंट ज़ोन' में बदलते जा रहे थे। इस तरह एक दिन पूरा शहर सील कर दिया गया था। शहर में कर्फ़्यू लागू हो गया था। सड़कों पर पुलिस बूटों की आवाज़ के अलावा कोई भी हलचल नहीं थी। लोगों को अपने घरों से न निकलने की कड़ी हिदायत जारी कर दी गई थी। देश में लॉकडाउन का एलान कर दिया गया था। बाज़ार बन्द, कार्यालय बन्द, स्कूल बन्द, कॉलेज बन्द, आवागमन बन्द, मन्दिर, मस्जिद, गिरजे, गुरुद्वारे बन्द। जलसे-जुलूस, सिनेमा, थिएटर, शादी-ब्याह, उत्सव, सब पर प्रतिबन्ध। अभी-अभी एक देश, एक शहर, एक गाँव, एक मुहल्ला जो ज़िन्दा आबादियों से गुलोगुलज़ार था, देखते-देखते डरावने वीराने में तब्दील हो गया था।

धीरे-धीरे लॉकडाउन के चालीस दिन गुज़र चुके थे। घरों में क़ैद ज़िन्दगियाँ कठिन होती जा रही थीं। बाहर मौत पिशाच-नृत्य कर रही थी। लोग सहमे हुए थे। एक-दूसरे से डरे हुए। कोई किसी के पास आने से डरता, तो कोई छींकने-खाँसने की आवाज़ से सिहर जाता। मौत दबे पाँव घरों के दरवाज़े पर आ खड़ी हुई थी और उसके कभी भी, किसी भी पल अन्दर दाख़िल हो जाने की आशंका में लोग

हलकान हुए जा रहे थे। एक अनजानी बीमारी इनसानों पर महामारी बनकर टूट पड़ी थी। लोग उसकी चपेट में आकर रोज़-ब-रोज़ काल-कवलित होते जा रहे थे। कब, कौन इस बला की गिरफ़्त में आ जाएगा, किसी के लिए भी बताना सम्भव न था। इस कहर से मरनेवालों की तादाद बढ़ती जा रही थी। अस्पतालों में भर्ती होनेवालों की साँसें टूट रही थीं और डॉक्टर इस पहेली के सामने बेबस थे कि इस बला की दवा क्या है? इस ख़ौफ़ के साये में जीते हुए चालीस दिन गुज़र चुके थे।

ठीक चालीसवें दिन बाबूजी की खाँसी उखड़ आई थी। खाँसते तो देर तक खाँसते चले जाते। साँसें फूलने लगतीं, आँखें उलट जातीं। नाक से पानी बहने लगता। बुख़ार भी चढ़ आया था। बुढ़ापे का शरीर ऐंठ-ऐंठ जाता। माँ परेशान, रत्ना हलकान। बच्चे चुप। भय और आशंका के मारे मनीष का दिल भी बैठने लगा था। हिम्मत बनाए रखने की कोशिश कठिन हो रही थी। कफ़ सीरप, कॉलपोल, काढ़ा, गार्गल के बावजूद बाबूजी को कोई राहत नहीं मिल रही थी। बाबूजी की हालत देखकर माँ ने चिन्तित होकर कहा, "मनीष बेटा, लगता है, किसी डॉक्टर को दिखाना पड़ेगा।"

"माँ, अभी डॉक्टर, अस्पताल, क्लिनिक कुछ भी सम्भव नहीं। सब जगह कोरोना का हाहाकार है। बाहर कर्फ़्यू है, मोटर-गाड़ी, कुछ नहीं चल रहा। घर से बाहर निकलने की मनाही है।" मनीष ने माँ को वस्तुस्थिति समझाने की कोशिश की। उसके स्वर में कुछ न कर पाने की बेबसी थी।

"फिर?" माँ की आवाज़ में मायूसी थी। उनके चेहरे पर दुख की लकीरें गहरी हो आई थीं।

रत्ना ने माँ को सांत्वना देने की कोशिश की, "माँ, भगवान पर भरोसा रखिए सब ठीक हो जाएगा। मौसम बदल रहा है, बस, उसी का असर है।"

यह रत्ना की एक तरह से ख़ुद को भी झूठी तसल्ली देने की कोशिश थी। लेकिन इसके अलावा और चारा भी क्या था? इस झूठी तसल्ली के बीच हर किसी के भीतर डर अपना सर उठाने लगा था। मनीष के लिए तो यह कल्पना ही डरावनी थी कि अगर बाबूजी कोरोना के शिकार हो गए तो क्या होगा? इलाज, दवा, अस्पताल...उनकी वजह से पूरा घर संक्रमित हो गया तो? यह कल्पना और भी भयावह थी। ऐसी कितनी ही ख़बरें, कितनी ही कहानियाँ रोज़ सामने आ रही थीं। टीवीवाले डर फैलाने के कारोबार में जुटे थे। उन्हें जैसे इल्हाम हो गया था

कि डर बिकता है, शायद इसलिए वे हर दिन एक से एक डरावनी ख़बरें खोजकर ला रहे थे और आह, आँसू, दर्द, कराह, पीड़ा और मौत की करुण कथाएँ लाइव कर रहे थे। बाहर का यह डर घरों के बेडरूम में ताक-झाँक करने लगा था। इस अदीठ डर से बाहर निकलने के लिए सबने टीवी देखना ही बन्द कर दिया था।

मनीष को तो ख़ैर टीवी देखने की फ़ुरसत भी न थी। जब से वर्क फ्रॉम होम शुरू हुआ है, उसको साँस लेने की भी मोहलत नहीं थी। शुरू-शुरू में जब वर्क फ्रॉम होम का फ़रमान आया था, तो कुछ अजीब-सा लगा था। ऑकवर्ड। असहज। अव्यावहारिक। इस बाबत कई कलीग्स ने मज़ाक़ भी बनाया था, "ले भई, घर बैठे की नौकरी हो गई। अब तो मौजां ही मौजां है।"

लेकिन ये मौज नहीं, कहीं ज़्यादा थकाऊ, उलझाऊ और तनाव देनेवाली साबित हुई। काम का बोझ बढ़ता जा रहा था। ऑफ़िस घर में आ जमा था। काम... काम...और काम। लॉकडाउन, कर्फ़्यू, सामाजिक जीवन से अलगाव और उससे उपजी एकरसता ने इस तनाव को और सघन कर दिया था। लॉकडाउन की अवधि खिंचती जा रही थी और ऑफ़िस के खुलने की सम्भावना भी स्थगित होती जा रही थी। कम्पनी की अपेक्षाएँ बढ़ती जा रही थीं। ऑफ़िस के काम के लिए अब कोई निश्चित अवधि नहीं रह गई थी। कम्पनी, क्लाइंट, मार्केट, टार्गेट, ट्वेंटी फोर इन टु सेवेन कार्यरत थे। यूनिट हेड हर दिन फ़ोन करता, और एक ही जुमला दुहराता, "मनीष, यू नो...मार्केट में मन्दी ने दस्तक दे दी है। इकोनॉमी लगातार फिसल रही है। गॉड नोज़, ये सब कहाँ जाकर रुकेगा। वी मस्ट बी एलर्ट, ना।"

"जी सर!" मनीष दबे स्वर में हामी भरता।

"कम्पनी पर मार्केट की मन्दी का दबाव बढ़ता जा रहा है। सीईओ हर दूसरे दिन एक प्रेम-पत्र जारी कर रहा है। यू नो, कुछ छोटी कम्पनियों ने तो अभी से अपने कारोबार समेटने शुरू कर दिये हैं। ऑटो सेक्टर का तो बुरा हाल है।"

मनीष को लगता, यूनिट हेड ये ख़बरें सिर्फ़ बता नहीं रहा, इन ख़बरों के निहितार्थ समझाने की कोशिश कर रहा है। वैसे ये कोरी ख़बरें नहीं थीं। कलीग्स के फ़ोन आते तो वे भी ऐसी ही ख़बरों की चर्चा करते। अपने भीतर के डर को थामकर बोलते, "यार, अपन लोग का क्या होगा?"

मनीष उन्हें समझा देता, "यार, अपनी कम्पनी का रिकॉर्ड अच्छा रहा है। यू नो, टू थाउज़ेंड एट की मन्दी में भी कम्पनी ने अपने-आपको सेफ़ रखा था।"

बात तो सही थी। कम्पनी का रिकॉर्ड शानदार था। यह बड़ी आश्वस्ति थी।

कुछ दोस्त जो दूसरी कम्पनियों में थे, वे अब हाइक, प्रमोशन और किसी नये ऑफ़र की ख़बर देने के बजाय, यही आशंका व्यक्त करने लगे थे कि गुरु, कम्पनी के हालात बेहद ख़राब हैं। सैलरी पर भी आफ़त आन पड़ी है।

दोस्तों की बातें सुनकर सारा विश्वास हिल जाता। उन्हें झूठा आश्वासन देना अनैतिक लगने लगा था। इस भय का ही असर था कि वह वर्क फ्रॉम होम में भी जी-जान से जुटा था। यूनिट हेड के प्रवचन सुनते-सुनते उसने एक दिन आजिज़ी से प्रतिवाद किया था, "लेकिन सर, ये वैश्विक संकट इंडिविजुअल की वजह से... इम्प्लॉइड की वजह से तो आई नहीं है कि इसकी सज़ा उन्हें भुगतनी पड़े। ये बात तो कम्पनियों को सोचनी चाहिए न।"

"तुम सही कहते हो, मनीष, लेकिन उन्हें कौन समझाए? को कहि सकत बड़ेन को?"

यूनिट हेड हँसा था। पता नहीं, उस हँसी में तंज़ था या नमी थी, कहना मुश्किल।

यूनिट हेड की बातें अक्सर ऐसी ही रहस्यमय होती हैं। वह कहता कुछ है और उसका मतलब कुछ और होता है। उसके इस घाघपन की ऑफ़िस में हर कोई तसदीक़ करता है। हालाँकि मनीष को कभी इस स्थिति का सामना नहीं करना पड़ा है। बल्कि अपनी मेहनत, क़ाबिलीयत, टीम वर्क और व्यवहारकुशलता के कारण वह यूनिट हेड की प्रशंसा का पात्र ही रहा है। कोर टीम की मीटिंग में वह खुलकर मनीष की तारीफ़ भी कर चुका है। मनीष स्वयं भी इस कोशिश में रहता है कि यूनिट हेड को उससे कोई शिकायत न रहे। वह स्वयं आगे बढ़कर प्रोजेक्ट लेने, तय समय में काम पूरा करने और हंड्रेड परसेंट रिज़ल्ट देने के लिए जी-जान लगा देता है। उसकी व्यस्तता देखकर कभी माँ टोकती है, बाबूजी तो उसे झिड़क देते हैं, "सुनिए, किसी मालिक को चाम नहीं, काम प्यारा होता है। यही उम्र है काम करने की। जितनी मेहनत करेगा, उतना आगे बढ़ेगा।"

उसने भी सबको सुनाते हुए तेज़ स्वर में कहा था, "तभी तो पिछले एप्रेजल में यूनिट हेड ने मुझे सबसे ज़्यादा हाइक रिकमंड की थी।"

माँ एप्रेजल का अर्थ नहीं जानती, लेकिन बाबूजी और रत्ना को पता है, इसलिए उसकी अतिरिक्त व्यस्तता और जी-तोड़ मेहनत को वे अन्यथा नहीं लेते। बेटे के जन्म के बाद तो बढ़ती ज़िम्मेदारियों का हवाला देकर उसने रत्ना को समझा भी लिया था कि तुम्हारा सहयोग ज़रूरी है। बच्चे का हवाला देकर उसने रत्ना को विश्वास दिलाया था, "मैं हूँ न!"

रत्ना ने साइंस टीचर की नौकरी सिर्फ़ इसीलिए छोड़ दी थी कि वह छोटे बच्चे को पाल सके। उसकी प्रॉपर देखभाल हो सके। पिछली हाइक ने रत्ना के विश्वास को आधार दिया था। उससे बेहतर एप्रेजल का अर्थ और कौन समझ सकता है, लिहाज़ा वह कम्पनी के काम के लिए समर्पित हो गया था।

बाबूजी खाँसते-खाँसते बेदम हो गए थे। सीरप का असर था या थकान का कि वह लस्त-पस्त नींद में चले गए थे। उनकी नींद में ख़लल न पड़े, इस ख़याल से सबको ख़ामोश रहने की हिदायत देकर मनीष ड्राइंगरूम में बैठ गया। आजकल यह ड्राइंगरूम ही उसका ऑफ़िस, वर्कप्लेस, रिलैक्स ज़ोन बना हुआ था। सोफ़े पर बैठकर मेल चेक करने के लिए लैपटॉप खोला ही था कि कॉलबेल चीख़ पड़ी। सहमी ख़ामोशी के बीचोबीच अरसे बाद घंटी की यह अप्रत्याशित आवाज़ किसी चीख़ से कम न थी। सन्नाटा तितर-बितर हो गया था, जैसे ठहरे जल पर जमी काई किसी कंकरी से फट गई हो। घर में हर कोई चिहुँका हुआ था। रत्ना बेटे मानू को गोद में उठाए बेडरूम के दरवाज़े पर आ खड़ी हुई। माँ ने कमरे से ही आवाज़ लगाई, “मनीष, कोई आया है क्या?”

“देखता हूँ माँ।”

मनीष ने लपककर दरवाज़ा खोला। सामने कुछ लोग खड़े थे। उनके चेहरों पर मास्क था। हाथों में ग्लब्स। गले में परिचय-पत्र लटक रहा था। यह मेडिकल टीम थी। एक कर्मचारी बोला, “सर, पता चला है, आपके घर में कोई खाँस रहा है? हम टेस्ट करने आए हैं। आप सभी लोगों का स्वाब लेना होगा।”

मनीष हैरान। इन्हें कैसे पता चला कि इस घर में किसी को खाँसी है? पहले तो कभी ऐसा नहीं हुआ? इतनी त्वरित सेवा किसी चमत्कार से कम न थी। उसने पूछा, “आप लोगों को कैसे पता चला कि इस घर में किसी को खाँसी है?”

“सर, क़ायदे से तो सूचना आपको ही देनी चाहिए थी। लेकिन लगता है, आपके मुहल्ले से ही किसी ने फ़ोन कर कंट्रोल रूम में ख़बर की है। वैसे भी कोरोना टेस्ट के लिए हर मुहल्ले में मेडिकल टीम घूम रही है।” उसी कर्मचारी ने उसके आश्चर्य का निवारण किया।

तो लोग इतने डरे हुए हैं? किसके घर से खाँसने की आवाज़ आ रही, इसकी सूचना भी प्रशासन को दे दी। इसे कहते हैं, अदृश्य ख़ौफ़। मतलब, शून्य में गश्त करती मृत्यु का डर है ये? हालाँकि उसके पड़ोसी अच्छे लोग हैं। ज़्यादातर पुश्तैनी हैं, एक-दूसरे को जानने वाले। सुख-दुख में शामिल होनेवाले। यह ख़बर भी उन्होंने

प्रशासन को इसी ख़याल से दी होगी कि कोई बीमार हो तो उसकी मदद हो जाए। लेकिन पड़ोसी की यह हरकत आज मनीष को पसन्द नहीं आई। उसका ख़याल था कि बाबूजी को मौसमी खाँसी-बुख़ार है और वह घरेलू इलाज से ही दो-तीन दिन में ठीक हो जाएँगे। लेकिन सामने मेडिकल टीम थी और उनसे कुछ भी छुपाना सम्भव न था। जब तक वह सहज होकर निर्णय लेने की स्थिति में आता, कमरे से बाबूजी के खाँसने की आवाज़ आई। वह चुपचाप दरवाज़े से हट गया। मेडिकल टीम के लोग अन्दर आ गए। घर में दाख़िल होते ही उनकी उपस्थिति डराने लगी। रत्ना क़रीब आकर मनीष के बग़ल में खड़ी हो गई। बेटा उसकी गोद में चिपका सुबकने लगा था। माँ कमरे के एक कोने में जा खड़ी हुई थी। एक कर्मचारी ने हिदायत दी, "कृपया, दूरी बनाए रखिए। गाइड लाइन का पालन करना ज़रूरी है।"

"लेकिन...लेकिन...यहाँ किसी को कोरोना तो हुआ नहीं है, फिर...?" हिचकते-हिचकते सफ़ाई देने की कोशिश के बावजूद मनीष अपनी बात पूरी नहीं कर पाया।

"सर, एहतियात बरतने में हर्ज क्या है? कोरोना कब, कैसे, किसको हो जाएगा, कोई नहीं जानता। बस, एक ही उपाय है : सावधानी बरतिए।"

मेडिकल कर्मचारी भरसक अपनी आवाज़ नरम रखे हुए था, लेकिन जिस तरह वह नसीहत दे रहा था, उससे ज़ाहिर था कि वह रटा-रटाया सरकारी गाइड लाइन दुहरा रहा था जिसमें न कोई उतार था, न कोई चढ़ाव।

बाबूजी के मुँह से स्वाब लेने के बाद मेडिकल टीम ने एक-एक कर घर के सभी सदस्यों के स्वाब लिये। हर कोई डरा हुआ था। इस टेस्ट ने उनके डर को और गहरा दिया था। नाम, पता, उम्र, फ़ोन नम्बर आदि लिखने की औपचारिकता के बाद एक कर्मचारी ने जानकारी दी, "टेस्ट का रिज़ल्ट अगले अड़तालीस घंटे में आपके मोबाइल पर आ जाएगा। इस बीच आप लोग सोशल डिस्टैंसिंग का पालन कीजिए। हाथ धोते रहिए और मास्क लगाकर रखिए। दिन में कम-से-कम तीन बार गुनगुने पानी से गार्गल कीजिए। कोई परेशानी हो तो कंट्रोल रूम को ख़बर कीजिए।"

मेडिकल टीम चली गई, लेकिन अपने पीछे भय, आशंका और सन्देह के बीज छोड़ गई। मनीष ड्रांइगरूम का दरवाज़ा बन्द कर लौटा तो रत्ना ने भर्राए गले से पूछा, "कहीं कुछ निकल गया तो?"

"नहीं...कुछ नहीं निकलेगा। घर से न कोई बाहर गया है और न कोई आया है तो कोरोना होने के चांसेज़ नहीं हैं। बाक़ी तो भगवान पर भरोसा रखो।"

माँ ने मरे मन से आशंका जताई, "तुमरे बाबूजी को कुछ न हो...सुने हैं, ये कोरोना बूढ़ा-बुज़ुर्ग को ज़्यादा पकड़ रहा है।"

"माँ, भगवान से मनाओ, किसी को कुछ न हो।" मनीष सोफ़े पर बैठकर लैपटॉप स्टार्ट करने लगा।

कई मेल आए पड़े थे। ज़्यादातर ऑफ़िशियल थे। तीन बजे से कोर टीम की मीटिंग की सूचना थी। कुछ रिपोर्टें पेंडिंग थीं, उन्हें भी भेजने का आदेश था। वह जल्दी-जल्दी काम निबटाने में जुट गया। लेकिन मन काम में केन्द्रित नहीं हो पा रहा था। बीच-बीच में बाबूजी के खाँसने की आवाज़ आती और एक से एक बुरी आशंकाएँ सर उठाने लगतीं। मन कमज़ोर पड़ने लगा था। जान-पहचान के कई लोगों की मृत्यु की ख़बरें अचानक आतंकित करने लगी थीं। कजिन पिंकी के हसबैंड रमन की ख़बर ने तो पूरे परिवार को गहरे सदमे में डाल दिया था। उनकी उम्र ही कितनी थी? महज़ चौंतीस साल। अच्छा-ख़ासा बिज़नेस चल रहा था। वह और पिंकी, दोनों ख़ुश थे।

पिंकी की शादी छः साल पहले हुई थी। सभी भाइयों ने मिलकर धूमधाम से उसकी शादी की थी। घर की वही एक आख़िरी ज़िम्मेदारी थी, इसलिए उसकी शादी सम्पन्न हो जाने के बाद बाबूजी ने कहा था, "बच्चों ने इस ज़िम्मेदारी का निर्वाह कर अपने पिता की आत्मा का तर्पण कर दिया। अब छोटू की आत्मा को शान्ति मिल गई होगी।"

वही पिंकी विधवा हो गई थी। पहले ख़बर आई कि रमन जी को साँस लेने में तकलीफ़ हो रही है। उनका ऑक्सीजन लेवल बहुत नीचे चला गया था। आनन-फ़ानन उन्हें अस्पताल ले जाया गया। काफ़ी मशक़्क़त के बाद मिली कोरोना वार्ड में भर्ती। ऑक्सीजन लेवल बढ़ाने के लिए ऑक्सीजन देने की बात कहकर एक डॉक्टर ने बताया कि अस्पताल में ऑक्सीजन सिलेंडर ख़त्म हो चुके हैं। बाहर से इन्तज़ाम कर सकें तो ले आइए।"

रमन जी के बड़े भाई के पाँव तले की ज़मीन खिसक गई थी। बहस बेकार थी। अस्पताल परिसर में हर कोई हलकान था। बदहवास और बेबस। बड़ी मुश्किल से एक सिलेंडर का इन्तज़ाम हो पाया। अस्पताल में घूम रहे दलाल ने कहा, "मिल जाएगा। एक लाख लगेगा!"

कोई सौदेबाज़ी सम्भव न थी। 'मरता, क्या न करता' वाली स्थिति थी। एक लाख नक़द देकर हासिल सिलेंडर रमन जी को लगाया गया। कोरोना वार्ड में किसी

को जाने की अनुमति नहीं थी। ये सारी बातें सुनकर मनीष परेशान हो गया था। माँ-बाबूजी भी बुरी तरह चिन्तित हो उठे थे। माँ ने तो तुरन्त पूजा में जाकर माथा टेका था, "प्रभु, पिंकी के सुहाग की रक्षा कीजिए।"

लेकिन प्रभु ने कहाँ सुनी थी माँ की वह टेर? अगले ही दिन रमन जी के निधन की ख़बर आ गई थी। कोई पिंकी के दुख में शामिल नहीं हो पाया था। बाहर कर्फ़्यू लागू था। आना-जाना प्रतिबन्धित था। मेडिकल टीम ने ही प्रोटोकॉल के तहत अन्त्येष्टि का इन्तज़ाम कराया था। शव को अस्पताल में ही टाइट रैप कर दिया गया था। परिजनों के लिए भी अन्तिम दर्शन सम्भव नहीं था। यह इतनी ठंडी मौत थी कि रीढ़ की हड्डियों में सिहरन दौड़ गई थी।

तो क्या बाबूजी के बहाने मेरे घर में भी मृत्यु दबे पाँव दाख़िल हो गई है? यह सोचना ही आतंककारी था। एक साथ परिवार के सभी सदस्यों के चेहरे एक-एक कर आँखों में तैर गए। उसने सर झटककर इस ख़याल को धकेल बाहर करना चाहा। इस कोशिश में वह बाबूजी को देखने के इरादे से उनके कमरे में चला आया। बिस्तर पर लेटे बाबूजी की आँखें मुँदी हुई थीं। साँसें तेज़ चल रही थीं। उनके सिरहाने एक कुर्सी पर बैठी माँ ने बताया, "अभी ही आँख लगी है।"

मनीष बग़ैर कुछ बोले उलटे पाँव लौट गया। रत्ना किचन में खाना बना रही थी। उसे आवाज़ देकर चाय पीने की इच्छा जताई। रत्ना ने कोई जवाब नहीं दिया। वह चुपचाप सोफ़े पर आकर बैठ गया। सामने लैपटॉप था। काम ही काम था। और उसका मन था कि एकाग्र नहीं हो पा रहा था। रत्ना ने चाय का मग पकड़ाते हुए आशंका व्यक्त की, "पता नहीं, क्या रिपोर्ट आएगी?"

ज़ाहिर था, रत्ना के मन में भी चिन्ता के गुबार घुमड़ रहे थे। बग़ैर किसी प्रसंग के उसने अपना डर ज़ाहिर कर दिया था। मनीष ने चाय का मग सामने टेबल पर रखकर रत्ना को ढाढ़स बँधाया, "सब ऊपरवाले के हाथ में है। बस, उस पर भरोसा रखो...देखना, सब ठीक होगा।"

यह झूठी दिलासा थी। रत्ना वापस किचन में चली गई थी। मनीष बेमन से ही सही, काम में जुट गया था।

वह स्वयं की आशंका में बुरी तरह जकड़ा हुआ था। रत्ना को ढाढ़स बँधाने के बावजूद स्वयं को निश्चिन्त नहीं कर पा रहा था। मन विचलित था। लगातार जैसी मनहूस ख़बरें आ रही थीं, उसे देखते हुए ख़ुद को विश्वास पाना सम्भव नहीं था।

दो बजे के क़रीब यूनिट हेड का कॉल आया, "मनीष, यार, अगस्तवाली प्रोजेक्ट रिपोर्ट जो विशाल ने बनाई है, एक बार तुम क्रॉस चेक करके, मुझे फ़ौरन रिवर्ट करो।"

यह अतिरिक्त काम था, लेकिन इसके लिए यूनिट हेड ने आग्रह नहीं किया था, फ़रमान सुनाया था। यह इसलिए ताकि वह ना-नुकर न कर सके। यह दबाव बनाने का उसका तरीक़ा था और वह इस काम में माहिर था। मनीष भुनभुनाकर रह गया। मन बाबूजी की खाँसी...कोरोना का ख़तरा और आसन्न संकट में ऊभ-चूभ था, लेकिन यूनिट हेड का आदेश पूरा करना ही था। वह विशाल की रिपोर्ट चेक करने का उपक्रम करने लगा।

रिपोर्ट चेक करके वह बुरी तरह थक गया। यूनिट हेड को मेल रिवर्ट करने के बाद रिलैक्स होने की कोशिश में उसने सोफ़े पर सर टिकाकर आँखें मूँद लीं। रत्ना गुनगुने पानी का गिलास लेकर आ गई, "गार्गल कर लो।"

मनीष ने उदास आँखों से रत्ना को देखा। अदृश्य अनहोनी से बचने-बचाने का उपक्रम था यह। गिलास लेकर बेसिन के सामने जा खड़ा हुआ था। रत्ना क़रीब आ खड़ी हुई, "ज़्यादा सोचो मत।"

यह एक कमज़ोर नसीहत थी। मनीष ने रत्ना को निहारा। उसका चेहरा भी उड़ा हुआ था। अन्दर एक हूक-सी उठी। उसने उस हूक की कसक में पूछा, "तुमने गार्गल किया?"

"पानी गर्म कर लिया है। माँ, बाबूजी को देकर करती हूँ।"

रत्ना बग़ैर रुके वापस किचन में चली गई।

देर शाम यूनिट हेड की कॉल आई, "थैंक्स मनीष, यार, आज की वी.सी. वीडियो कॉन्फ्रेंसिंग शानदार रही। आज की सारी रिपोर्ट और अचीवमेंट से सीईओ ख़ुश लगा।"

"क्या बोला उन्होंने, सर?" मनीष ने सहज उत्सुकता से पूछा।

"कहेगा क्या यार, बस मीन-मेख नहीं निकाला...वार्न नहीं किया...कोई निगेटिव एटीट्यूड नहीं दिखाया, ये कम थोड़े हैं? बड़े लोग कम ख़ुश दिखते हैं। उनके मूड का अन्दाज़ा ही लगाया जा सकता है।" यूनिट हेड की आवाज़ में किसी प्रमेय को हल करने जैसी तीव्रता थी।

बाबूजी की खाँसी थोड़ी थमी थी। शायद सीरप का असर था। लेकिन फीवर अभी भी था। रत्ना ने उन्हें कॉलपोल देकर ऑक्सीजन लेवल चेक किया। यह

चौरानबे पर था। रात का डिनर निबटाने के बाद मनीष ने देखा, बाबूजी सो रहे थे। माँ भी सोने की तैयारी में थी। रत्ना ने उसे भी सो जाने की सलाह दी, "दिन भर काम किया है, थक गए होगे। तुम भी अब रिलैक्स करो।"

"तुम जाओ, आराम करो! थोड़ा काम है, ख़त्म करके आता हूँ।"

रत्ना बेडरूम में चली गई। मनीष व्हाट्सएप चेक करने लगा। कुछ मज़ेदार जोक्स थे। अन्य दिनों में वह इन जोक्स को ख़ूब एंज्वॉय करता था। कई बार तो रत्ना से शेयर कर ख़ूब हँसता था। लेकिन आज ये सारे जोक्स जैसे उसी का मज़ाक़ उड़ा रहे थे। इन जोक्स से हास्य नहीं, विद्रूप उपज रहा था। उसे लगा, वह हँस नहीं सकता। इतनी भयावह हो चुकी स्थितियों के बीच वह हँस कैसे सकता है? कोई भी कैसे हँस सकता है? हँस पाना सम्भव नहीं था। व्हाट्सएप के बाद एसएमएस चेक किया। कोरोना टेस्ट की रिपोर्ट एसएमएस से ही मिलनी थी। इसलिए बड़े ग़ौर से एसएमएस चेक किया। हालाँकि स्वास्थ्यकर्मी ने टेस्ट रिपोर्ट अड़तालीस घंटे बाद मिलने की बात कही थी, फिर भी बेचैनी थी कि मन माना ही नहीं। मेसेज को न आना था, न आया था। मन सवालों और आशंकाओं में उलझकर रह गया। उसे सबसे ज़्यादा बाबूजी और बेटे की चिन्ता सताने लगी। बाबूजी हार्ट पेशेंट थे। उम्र भी सत्तर से ज़्यादा थी। बेटा बहुत छोटा था, बमुश्किल चार साल का। दिमाग़ ऊलजलूल ख़यालों में उलझ गया था। इन ख़यालों का रंग इतना गाढ़ा स्याह था कि उसके पार कुछ नज़र नहीं आ रहा था। रात का सन्नाटा, स्याह ख़यालों की गिरफ़्त और सनसनाती तन्हाई उस पर भारी पड़ रही थी। गला ख़ुश्क हो आया था। देह डूब रही थी। पानी का गिलास उठाया न गया। वह बेबसी से ड्राइंगरूम को ताकता हुआ जड़ हो गया था।

देर रात जबकि वक़्त तीन से ऊपर हो रहा था। बेटे के रोने की आवाज़ से रत्ना की आँख खुली। मनीष बेड पर नहीं आया था। बच्चे को थपकी देकर सुलाते हुए बेडरूम से ही मनीष को आवाज़ लगाई। लेकिन कोई जवाब नहीं मिला। बेटे को सुलाकर मनीष को देखने के लिए बेडरूम से बाहर आई। ड्राइंगरूम की लाइट ऑफ़ थी। मनीष सोफ़े पर सर टिकाए पड़ा था। उसका जिस्म अँधेरे में लिपटा था और ख़ामोशी हर सिम्त चस्पाँ थी। दबे पाँव मनीष के क़रीब आकर उसे जगाने की कोशिश की। एक-दो मद्धिम आवाज़ों के बावजूद, जब मनीष हिला तक नहीं, तब लाइट जलाकर उसने मनीष को कन्धे से हिलाया। लेकिन मनीष के जिस्म में जुम्बिश होने के बजाय वह सोफ़े पर लुढ़क गया।

मनीष की यह हालत देखकर रत्ना की चीख़ निकल गई। वहीं से ज़ोर-ज़ोर से चीख़कर माँ जी-बाबूजी को पुकारने लगी। उसकी आवाज़ में व्यग्रता थी। पछाड़खाती बेचैनी थी। माँ जी लगभग दौड़ती हुई अपने कमरे से बाहर आईं। रत्ना को बदहवास देख ख़ुद उनके भी होश उड़ गए। वह सोफ़े पर झुककर मनीष को झिंझोड़ने लगीं, "मनीष...मनीष, क्या हुआ बेटा? उठ बेटा, उठ! आँख खोल मनीष!"

चीख़ोपुकार सुनकर बाबूजी भी दीवार का सहारा लेकर बाहर निकल आए। वस्तुस्थिति का आभास होते ही उन्होंने बेहद करुण स्वर में किसी पड़ोसी को बुलाने का सुझाव दिया। रत्ना भागकर बाहर गई और सामनेवाले शर्मा जी के दरवाज़े पर दस्तक देने लगी। देर तक, ज़ोर-ज़ोर से थपथपाने, बार-बार कॉलबेल बजाने के बाद अन्दर से मिसेज़ शर्मा की आवाज़ आई, "कौन...?"

रत्ना उन्हें अपना नाम बताने के साथ ही गिड़गिड़ाई, "भाभी जी, देखिए न, पता नहीं मनीष को क्या हो गया है? भाई साब को बोलिए, ज़रा मनीष को अस्पताल पहुँचाने में मदद कर देते।"

रत्ना के स्वर में याचना, बेबसी और निरीहता सब शामिल थी। उसकी रुलाई कंठ में बमुश्किल अटकी हुई थी। मिसेज़ शर्मा ने दरवाज़े की झिर्री से जवाब दिया, "शर्मा जी तो ख़ुद ही बीमार हैं। दवा लेकर सोए हैं। तुम फ़ोन करके एंबुलेंस बुला लो।"

यह जवाब इतना रूखा, इतना निरपेक्ष था कि रत्ना समझ गई, यहाँ से आस लगाना व्यर्थ है। वह उलटे पाँव लौटी। माँ जी मनीष को झिंझोड़ते हुए तमाम देवी-देवता गुहराए जा रही थीं। बाबूजी सिंगल सोफ़े पर बैठे हतप्रभ थे। मुँह पर मास्क था, लिहाज़ा उनकी आँखों की तरलता के सिवा कुछ नुमायाँ नहीं था। रत्ना ने सौ नम्बर डायल किया। उधर से एंगेज का टोन आता रहा। नम्बर बार-बार काटती, री-डायल करती, लेकिन वही ढाक के तीन पात। एक-दो डॉक्टरों के नम्बर खोजकर लगाए। वे सारे बन्द मिले। एक अस्पताल में लगा तो किसी ने उबासी लेते हुए जवाब दिया, "कोरोना के सिवा अभी और किसी मरीज़ का इलाज नहीं हो रहा।"

जवाब देनेवाले ने रत्ना की गुहार सुनने के बजाय फ़ोन काट दिया था। उसने कई जाननेवालों को कॉल लगाया। लेकिन किसी ने फ़ोन ही नहीं उठाया, तो किसी ने कोई बहाना बनाकर आने में असमर्थता जता दी। सभी कोरोना के डर से अपने घरों से निकलने में परहेज़ कर रहे थे। यहाँ तक कि मनीष के फुफेरे भाई मनीन्द्र जी, जो इसी शहर में थे और जिनका सपरिवार आना-जाना था, उन्होंने भी विवशता जता

दी, “रत्ना, मनीष की मौत का गहरा दुख है। मैं आना भी चाहता हूँ लेकिन तुम तो देख ही रही हो, हालात कितने क्रिटिकल हैं। रिस्क लेना सम्भव नहीं। घर से निकलना मुमकिन नहीं। हाँ, मैं मनीष के क्रिमिनेशन का कुछ इन्तज़ाम करता हूँ।”

मनीष के क्रिमिनेशन की बात सुनते ही रत्ना फफक पड़ी। यह बोध होते ही कि मनीष सदा के लिए साथ छोड़ गया, वह दहाड़ें मारकर मनीष की देह से लिपट गई। अभी तक सीने में औंट रहे आँसू बलबलाकर फूटे और बदहवास-सी मनीष का चेहरा चूमने लगी। ठुड्डी पकड़कर उसे हिलाने-डुलाने लगी।

माँ जी का भी बुरा हाल था। वह स्वयं बेसुध हुई जा रही थीं। बाबूजी तपती देह लिये कभी मनीष की निर्जीव देह के पास बैठते तो कभी बहू-पत्नी को धुँधली आँखों से निहारते। थोड़ी देर पहले तक जो घर मनीष की जीवंत उपस्थिति से भरा-भरा था, वही घर उसकी निर्जीव देह की उपस्थिति में मुर्दघट्टी में तब्दील हो गया था। घर में कौन जीवित है और कौन निश्चेष्ट, कहना मुश्किल।

मनीष की लाश दोपहर तक घर में पड़ी रही। उन्हें सांत्वना देने, सँभालने कोई नहीं आया—न दोस्त, न पड़ोसी। न अपने, न पराए। दुनिया जैसे ख़ैरख़्वाहों से ख़ाली हो गई थी। यह एक निहायत ठंडी और उपेक्षित मृत्यु थी। इस बीच करुण विलाप उठता और हृदयविदारक रुदन में बदल जाता। दोपहर बाद मेडिकल कर्मचारियों की एक टीम आई। उन्होंने निरपेक्ष भाव से मनीष के बाबत जानकारियाँ पूछीं। ये जानकारियाँ नोट करते हुए वे बेहद आजिज़ी से भरे हुए थे गोया यह काम उन पर जबरन थोप दिया गया हो। वे अपना काम जल्दी-जल्दी निबटाने की हड़बड़ी में थे।

मेडिकल टीम ने मनीष की लाश को एक प्लास्टिक रैपर में लपेटकर पैक कर दिया था, जैसे वह किसी इनसान की देह नहीं, कोई फ़ालतू सामान हो! इस पूरी क्रिया-प्रकिया को देखते हुए रत्ना का कलेजा फट रहा था। माँ जी तड़प-तड़प जा रही थीं। बाबूजी मुतवातिर सिसक रहे थे। कर्मचारियों ने जैसे ही मनीष की लाश स्ट्रेचर पर रखी, रत्ना चीख़ें मारकर रो पड़ी। उसकी रुलाई की तड़प पूरी बिल्डिंग में सुनाई पड़ी, लेकिन कोई दरवाज़ा नहीं खुला। कुछ सहृदय लोगों ने खिड़कियों से झाँककर अपनी बेबसी का मुजाहिरा किया। रत्ना मनीष की लाश के साथ ‘शव वाहन’ तक आई। वह चीख़ रही थी। उसे चुप करानेवाला कोई नहीं था। कोई नहीं था, जो उसे सहारा देता, ढाढ़स बँधाता। एक भरा-पूरा मुहल्ला, सुख-दुख में साथ निभानेवाले लोगों का कोई अता-पता नहीं था। यह एक ऐसा कठिन समय था, जिसमें कोई किसी का नहीं था। सबको अपनी जान के लाले पड़े थे। कौन किससे

शिकवा करे? चलते-चलते कर्मचारियों में से एक ने सूचना दी, "बॉडी श्मशान घाट जा रही है। अन्तिम संस्कार के लिए किसी को आना हो तो वहीं आ जाइएगा।"

अन्तिम संस्कार? मनीष को मुखाग्नि कौन देगा? बेटा? उसे क्या पता कि मुखाग्नि क्या होती है? ज़रा-सी जान को इन्फ़ेक्शन से भी बचाना था। मनीष बार-बार याद दिलाता था, "रत्ना, बेटू को हर हाल में इन्फ़ेक्शन से बचाकर रखना है।" तो कौन देगा मुखाग्नि? बाबूजी? वह तो ख़ुद ही खाँसी और बुख़ार से पस्तहाल हैं। तो मनीष एक लावारिस लाश होकर रह जाएगा? हे प्रभु, यह कैसा समय दिखाया तूने? रत्ना का कलेजा फट गया। फफक-फफककर रोती रही वह।

जिस सोफ़े पर कल तक बैठा मनीष अपनी उपस्थिति से पूरे घर को गुलज़ार किये रहता था, उस पर आज दोपहर तक उसका पार्थिव शरीर मौजूद था...वहाँ अब मनहूसियत छाई थी। बेसुध पड़ी रत्ना को न अपनी देह की चिन्ता थी, न अपने बेटे के भूख-प्यास की। उसके मायके से पापा का फ़ोन आया था। वह भी बस रोते रहे थे और न पहुँच पाने की मजबूरी पर अपने-आपको कोसते रहे थे। रत्ना की समझ में कुछ नहीं आया था। वह तो जड़ होकर रह गई थी।

देर शाम मनीष का फ़ोन बजा। घंटी बजती रही। लेकिन किसी को फ़ोन उठाने की हिम्मत नहीं हुई। घंटी लगातार बजती रही। आख़िरकार माँ जी ने फ़ोन उठाकर रत्ना को पकड़ाया। अश्रुपूरित नेत्रों से स्क्रीन पर चमकता नाम देखा। यह मनीष के कलीग राजन सिन्हा का था। रत्ना ने फ़ोन रिसीव किया। गला भरा हुआ था, "भाभी, मनीष कहाँ है?"

रत्ना फूट पड़ी। सिसकते हुए उसने मनीष के बारे में बताया। दूसरी ओर थोड़ी देर सन्नाटा छाया रहा। फिर राजन अफ़सोस भरे स्वर में बोला, "भाभी, क्या हुआ था मनीष को...कहीं कोरोना तो नहीं?"

"कुछ पता नहीं। अभी कोरोना की रिपोर्ट नहीं आई है।" रत्ना बड़ी कठिनाई से बोल पाई।

राजन कुछ कहना चाह रहा था, लेकिन कह नहीं पा रहा था। रत्ना के ज़ोर देकर पूछने पर बोला, "भाभी, आपको पता है या नहीं, कम्पनी ने बहुत सारे लोगों की छँटनी करी है?"

ऐसी बातों में रत्ना की कोई रुचि नहीं थी। राजन क्या बोल रहा था...क्या बता रहा था, उसे कुछ याद नहीं। चुपचाप उसने राजन का फ़ोन काट दिया था। स्क्रीन पर एक मेसेज फ़्लैश कर रहा था। फ़ोन रखने से पहले रत्ना ने मेसेज खोलकर

देखा। यह कोरोना की जाँच रिपोर्ट थी। वह एक-एक कर सारी रिपोर्ट खोलती गई। मनीष की रिपोर्ट पर नज़र पड़ते ही रुकी। ग़ौर से देखा, मनीष की रिपोर्ट निगेटिव थी। तो मनीष को कोरोना नहीं था? बाबूजी? अब बाबूजी की रिपोर्ट चेक की। वह भी निगेटिव थी। तो बाबूजी को भी कोरोना नहीं? फिर मनीष क्यों मरा? एक अच्छा-भला नौजवान जो ज़िन्दगी और जोश से भरा था, घर में बैठे-बैठे कैसे मर गया? यह प्रश्न रत्ना को मथने लगा। वह बेचैनी से अपने होंठ काटती रही। हाथ मलती रही। सहसा याद आया, "कम्पनी ने बहुत सारे लोगों की छँटनी की है।"

रत्ना ने तुरत-फुरत मनीष का लैपटॉप खोला। मेल देखा। कम्पनी का लेटर था। एक ही साँस में पढ़ गई : 'डियर मनीष, कोविड के इस भयावह समय में जबकि वैश्विक मन्दी ने मार्केट की हालत ख़राब कर दी है, ऐसे में कम्पनी अब आर्थिक घाटे का बोझ उठा पाने की स्थिति में नहीं है। मजबूरीवश कम्पनी को 'कट टु कॉस्ट' के तहत कर्मचारियों की छँटनी करना अनिवार्य हो गया है। कम्पनी आपकी सेवाओं के प्रति आभार व्यक्त करती है। फ़िलहाल अब कम्पनी के लिए आपकी सेवा जारी रख पाना सम्भव नहीं है।

'आपके बैंक एकाउंट में तीन महीने की सैलरी जमा कर दी गई है।

'हम आपके उज्ज्वल भविष्य की कामना करते हैं।'

रत्ना विस्फारित आँखों से मेल का मज़मून देखती रही। उसका हृदय कलप रहा था। आँखें बरस रही थीं। वह समझ नहीं पा रही थी कि अगर मनीष कोविड वायरस से नहीं मरा, तो फिर उसे किसने मारा?

बारिश

बारिश अभी-अभी होकर थमी थी। हालाँकि आसमान में ऊदे बादलों की अठखेलियाँ भी जारी थीं। ये कब फिर बरसने लग जाएँ, कहना मुश्किल। बारिश के रुकने-थमने का सिलसिला रात के आख़िरी पहर से चल रहा था, जिसकी वजह से आज की सुबह भी देर से हुई...उजास बड़ी देर तक बादलों की ओट में फँसी रही और जब ज़िद्दी बादल आपसी ठेलम-ठेली से आगे बढ़े, तो सुबह का नरम भीगा चेहरा नमूदार हुआ। तब तक सात बज चुके थे। पत्नी किचन में थी, जहाँ से खटपट करते बर्तनों की आवाज़ें आ रही थीं। उसके लिए यह वक़्त चाय का होता था, लेकिन देर से सोकर उठने के कारण मोहलत का वक़्त कम था, लिहाज़ा चाय पीना मुल्तवी कर सीधे बाथरूम में घुस गया। इसी बीच पत्नी ने कमरे में आकर उसे आवाज़ दी थी, लेकिन उसे वहाँ न पाकर वापस चली गई थी। जब वह फ्रेश होकर बाहर आया तो नाश्ता तैयार था। पराँठे का कौर मुँह में डाला ही था कि ऐन तभी पत्नी ने आशंका व्यक्त की थी, "लगता है, आज बारिश रुकने वाली नहीं।"

वह गिड़गिड़ा पड़ा था, "अरे यार, ऐसा मत बोलो...मुझे ऑफ़िस भी जाना है।"

पता नहीं, क्या हुआ था कि पत्नी रोमांटिक हो आई थी, "तेरी दो टकिया दी नौकरी वे मेरा लाखों का सावन जाए।"

पत्नी मुस्कराते हुए उसे देख रही थी, जैसे वर्षों बाद उसके अन्दर का रोमान कुलाँचे भर रहा हो। वह एकाएक उदास हो गया था।

"बारिश में भीगना कितना अच्छा लगता है न...लगता है, मन धुल रहा है... भीतर जमा अवसाद घुल रहा है...सब कुछ इतना निर्बंध कि दोनों बाँहें खोलकर उड़ जाओ।" पत्नी पूर्ववत् मुस्करा रही थी, उसकी आँखों का रंग गुलाबी था।

वह पत्नी की मुस्कराहट और आँखों के गुलाबीपन को नज़रअन्दाज़ कर उठा और बेडरूम में ड्रेसिंग टेबल के सामने जा खड़ा हुआ। बालों में कंघी करने के बाद चेहरे को दाएँ-बाएँ घुमाकर देखा। ऐसा वह हर दिन करता है। ऐसा करते हुए

उसे कई बार यह भ्रम हो जाया करता है कि यह वही है। इस भ्रम और यथार्थ के बीच वह स्वयं के होने न होने के द्वंद्व से जूझता रहता है।

पत्नी वॉलेट के साथ छतरी पकड़ाते हुए बोली, "बारिश रुकी है...फिर भी रख लो!"

छतरी बाएँ हाथ की कलाई में लटकाते हुए वॉलेट खोलकर देखने लगा। कैश... मेट्रो कार्ड...एटीएम कार्ड...आधार सब यथावत् पाकर वॉलेट को पैंट की हिप पॉकेट में रख लिया। पत्नी विदा करने दरवाज़े तक आई। वह घड़ी देखता हुआ लिफ़्ट में घुस गया। पत्नी के चेहरे पर क्या भाव थे, उसे यह देखने का ख़याल क़तई नहीं आया। घड़ी की रफ़्तार के साथ इस वक़्त उसकी आँखों में बॉस का चेहरा तिर रहा था बेहिस...बेजान। काम में बुत रोबोटों की दुनिया...मक़तल में गर्दन झुकाए लोगों की फ़ौज। उसी फ़ौज में वह भी था। कोविड के बाद लगातार हो रही छँटनी का दबाव और बढ़े काम का बोझ हर किसी के सिर पर बैताल की तरह सवार था। अगर टारगेट समय पर पूरा न हो तो वजूद के टुकड़े हो जाएँ।

मेट्रो के पूरे रास्ते बारिश होती रही—कभी तेज़...कभी मद्धिम। खिड़की के शीशों से टकराती बूँदें बिखरकर बेशक्ल हो जातीं। वह बाहर के नज़ारों को देखने के बजाय शीशों पर टकराती बूँदों की नियति देखने में उलझा था। उसे ख़ुद ताज्जुब हो रहा था कि वह इन दिनों इतना निगेटिव क्यों सोचता रहता है, लेकिन नहीं, वही नहीं, उसके साथ काम करने वाला हर शख़्स कमोबेश इसी कैफ़ियत में होता है। नौकरी चले जाने का ख़ौफ़...नौकरियों का सिकुड़ता स्पेस। मरता क्या न करता?

"मन मार के काम करो, यार...हर कम्पनी छँटनी कर रही...कट टू कॉस्ट चल रहा...जॉब है कहाँ...गूगल...यू ट्यूब...ट्विटर...स्टार्टअप्स...बड़े-बड़े जाएंट सबने हाथ खड़े कर रखे हैं। नो न्यू हायरिंग...जहाँ हो...जैसे हो, बस बच-बचाकर रहो!"

सभी एक-दूसरे को यही सलाह दे रहे थे। इस सलाह में डर पैवस्त था। यह डर सबके भीतर घर कर गया था। उसके भीतर भी।

उसे लगता, वह आज ऑफ़िस जाएगा और एचआर से बुलावा आएगा, 'कम्पनी को आपकी सेवाओं की ज़रूरत नहीं है।'

यह सिलसिला तब से जारी है, जब से कोविड के कारण लॉकडाउन लगा। पहले वर्क फ्रॉम होम, फिर नो इंक्रिमेंट...फिर सैलरी कट...और जब सब कुछ सामान्य हुआ तो छँटनी...पहले पाँच पर्सेंट...फिर दस पर्सेंट...और अब रिसेशन की तलवार...बॉस अक्सर हड़काता रहता है, 'स्टाफ़ घटाने का दबाव है।'

यह सोचकर सिहरन-सी होती है...एक झटके में सड़क पर आ जाने का ख़ौफ़ वजूद को गिरफ़्त में ले लेता है...पत्नी...बेटा...जैसे किसी गहरे अँधेरे में गुम होते जान पड़ते हैं...हालाँकि ऐसा नहीं है...लेकिन ऐसा होते देर कितनी लगेगी? वीरेंद्र के साथ क्या हुआ...बॉस की नाख़ुशी और कर दिया गया फ़ायर! हिसाब-किताब में तीन महीने की सैलरी, बस। तीन महीने बाद आया था मिलने।

"यार, बेटे के स्कूल की फ़ीस जमा करनी है...जॉब मिलते ही वापस कर दूँगा।"

वीरेंद्र का चेहरा स्याह था...आँखें याचक थीं...भीतर तक काँप गया था वह। उसकी आँखों का सामना नहीं कर पाया था। वीरेंद्र को जॉब मिली...नहीं मिली...वह फिर कभी नहीं मिला...इस बीच सुसाइड की ख़बरें आम हो गई थीं...उसे लगता, जो भी सुसाइड कर रहा है...ज़िन्दगी से हार गया होगा...क्या वीरेंद्र भी हार गया होगा?

मेट्रो की खिड़की से टकराती बूँदें अब पसरने लगी थीं, गोया बाहर धुंध छाई हो... धुंध के पार बारिश नहीं दिख रही थी। जिस वक़्त वह मेट्रो स्टेशन से बाहर आया... बारिश थमी हुई थी। आसमान में रुई के फ़ाहों-से बादल उड़े जा रहे थे...बारिश कभी भी हो सकती थी। इस एहसास के साथ ही उसकी बेचैनी तीव्र हो आई। अनायास छतरी खोलकर तान ली। बारिश नहीं थी...लेकिन बारिश का क्या भरोसा...आसपास कोई ऑटो नहीं था...बारिश थम चुकी थी, फिर भी कोई ऑटो नहीं...ऐसे वक़्त में कहाँ चले जाते हैं ये ऑटो वाले? खीज होती है...दाएँ-बाएँ खोजती आँखों से ऑटो की प्रतीक्षा...अब डर पैदा करने लगी है...एक-एक पल भारी गुज़र रहा...एक-एक पल डरा रहा...देरी बारिश से हुई...कौन सुनेगा? नहीं, देरी क़तई सम्भव नहीं। एफोर्ड नहीं कर सकता। दूर तक किसी ऑटो की झलक तक न देखकर रुआँसा हो आया। सड़क किनारे जहाँ वह खड़ा था...वहाँ कोई नहीं था...वहाँ क्या...कहीं कोई नहीं था...वह अकेला था। बारिश में लोग घरों से नहीं निकले...कितने ख़ुशनसीब हैं वे लोग...वो काग़ज़ की कश्ती...वो बारिश का पानी...कोई गुनगुनाहट-सी उठती है... मगर मुझे लौटा दो वो बचपन का सावन। जगजीत सिंह की आवाज़ भीतर बज रही है...बाहर बारिश का पानी सड़क पर जमा है...जी में आता है, इस पानी में छप-छपाछप चल दे...नहीं, कोई रोकता है...कौन? ठिठककर रुक गया वह।

हवा का तेज़ झोंका आया और हाथ में पकड़ी छतरी उलट गई। ग़नीमत था, छतरी का हैंडल कसकर पकड़े हुए था, वरना कोई आश्चर्य नहीं कि छतरी उड़ ही जाती। छतरी को सीधी करने की कोशिश में इस तरह उलझ गया कि एक ऑटो तेज़ी से निकल गया। वह चीख़ा, "ऑटो!"

उसकी चीख़ ऑटो वाले तक पहुँची नहीं या उसकी चीख़ में दम नहीं था? ऑटो के सामने से निकल जाने और चीख़कर उसे न रोक पाने की कातरता उस पर इस क़दर हावी हुई कि वह सड़क पर तेज़ी से दौड़ पड़ा, गोया उस ऑटो को पकड़ लेगा। अचानक ठिठक गया...सड़क पर पानी जमा था...दौड़कर निकलने का मतलब था कपड़ों का ख़राब हो जाना। अब तक आवाजाहियाँ शुरू हो चुकी थीं...स्कूटी, मोटरसाइकिलें, कारें सब सरपट भाग रहे थे...ऑटो भी ख़ाली नहीं थे...वह सड़क के किनारे खड़ा हो गया, ताकि सड़क से गुज़रती सवारियों से और उनसे उठते छींटों से बच सके।

अचानक जो हुआ, वह इतना अप्रत्याशित था कि वह जब तक कुछ समझ पाता, घटना घट गई थी। दस-बारह साल का एक लड़का कहीं से दौड़ता हुआ आया और जब तक वह लड़का सड़क के किनारे पहुँचता, एक ऑटो उसके सामने आ गया। उसने त्वरित गति से उस लड़के को पकड़कर अपनी ओर खींच लिया था...ऑटो वाले ने सिर निकालकर गाली दी थी और निकल गया था।

वह लड़का हादसे से बच जाने के बावजूद सदमे में था या उसकी हरकत से एक अशोभनीय स्थिति पैदा हो गई थी, इस वजह से सहमा हुआ था। उसने लड़के को देखा, फिर ख़ुद को—उसके कपड़े कीचड़-पानी से बुरी तरह ख़राब हो गए थे। वह सहम गया। लड़का सदमे से उबर चुका था लेकिन उसका हुलिया देखकर घबरा गया। बिना एक पल गँवाए लड़का फिर दौड़ता हुआ मेट्रो की तरफ़ निकल गया था।

ऑफ़िस पहुँचना आसान नहीं था। जब पहुँचा, किस कैफ़ियत में पहुँचा, उसे क़तई इल्म नहीं। जब ऑफ़िस में दाख़िल हुआ, उसके कपड़े कीचड़-पानी से सने थे, जूते भीगकर वज़नी हो गए थे। छतरी सूखी थी लेकिन उसका भार ग़ैरज़रूरी लग रहा था। बैग में रखा लैपटॉप उसकी पीठ से ज़्यादा पेट पर लदा था। वह धीरे-धीरे चलता हुआ हॉल में पहुँचा—उस हॉल में, जहाँ मधुमक्खी के छत्ते की तरह छोटे-छोटे क्यूबिक थे...क्यूबिक में सिर झुकाए इम्प्लॉई थे। वह जब तक अपने क्यूबिक तक पहुँचता, अपने क्यूबिक में बैठे रजनीश की नज़र सबसे पहले उस पर पड़ी। रजनीश उसे देखकर चौंका—उसकी आँखों में हैरानी थी। उसकी इस तरह हुई आमद रजनीश के लिए अनपेक्षित थी। रजनीश ने अपनी हैरानी को दबाते हुए अपने आसपास बैठे साथियों को इशारे से बताया, "ये देखो, राजेश... क्या हुलिया बना रखा है!"

एक-एक कर सभी अपने क्यूबिक से उचके। उनके चेहरों पर कौतुक था...

उसे इस हाल में देखना उनके लिए भी अनपेक्षित था। उसे आश्चर्य हुआ कि ये सभी उससे पहले कैसे पहुँच गए। क्या इनके इलाक़े में बारिश नहीं हुई? ऐसा कैसे हो सकता है? उसे अच्छी तरह याद है, उसके घर से लेकर ऑफ़िस तक बारिश होती रही है या होकर थमी है, फिर ये सभी कैसे सही-सलामत पहुँच गए? बारिश क्या सिर्फ़ उसके ही हिस्से में थी? बारिश क्या हर किसी के हिस्से की अलग होती है? ...तो क्या आज की बारिश उसके हिस्से की थी? वह सोच रहा था...बढ़ रहा था...बढ़ रहा था...सोच रहा था। अपने क्यूबिक से झाँकते उसके साथियों की आँखें फैलीं, फिर सिकुड़ी, धीरे-धीरे होंठों पर मुस्कराहट की रेख उभरी। उसके हुलिये से हो आई उसकी हालत को देखकर फिर जैसे हँसी का फ़व्वारा ही फूट पड़ा... अचानक मक़तल में रागिनियाँ बज उठीं, वह जहाँ था, वहीं ठिठक गया। सभी हँस रहे थे...उस पर हँस रहे थे। इच्छा हुई कि वह भी हँसे लेकिन हँसी नहीं फूटी। हँसने के लिए जो वजह होती है, वह नहीं थी। सभी उस पर हँस रहे हैं, वह किस पर हँसे? हँसियाँ हिलक रही थीं...वह ख़ौफ़ज़दा था...बॉस अपने चैम्बर में था...अगर वह इन हँसियों का जायज़ा लेने निकला तो? बॉस के कान बेहद चौकन्ने थे। कान ही क्या, देखने-सूँघने की क्षमता भी बहुत तीव्र थी। वह अपने चैम्बर में बैठा-बैठा ऑफ़िस के हर कोने तक, हर शख़्स पर नज़र रखता था। वह कानाफूसियाँ सूँघ लेता था...बतकहियाँ सुन लेता था। सभी को पता था, सावधानी हटी, दुर्घटना घटी।

बॉस अपने चैम्बर से बाहर निकल आया था। उसके चेहरे पर एक सख़्त क़िस्म की परत जमी थी। वह लोगों को हँसता देखकर घबराया। इस घबराहट में छिपा डर भी था...ये हँसियाँ बग़ावत तो नहीं? उसने उस ओर देखा जिस ओर देखकर सभी हँस रहे थे। वह राजेश था। उसका हुलिया वाक़ई हास्यास्पद था—कीचड़-पानी से सने धब्बेदार कपड़े...बिखरे बाल...चेहरे पर उड़ती हवाइयाँ...कलाई से लटकी छतरी...पैरों में भीगे जूते। बेसाख़्ता बॉस की भी हँसी छूट गई। बॉस हँस रहा है... बॉस भी हँस रहा है? उसकी हँसी के पीछे हँसी ही है, उसके लिए यक़ीन करना मुश्किल था। अचानक सभी हँसियाँ थम गई थीं...सिर्फ़ बॉस हँस रहा था। अकेली उसी की हँसी थी—इस छोर से उस छोर तक। वह उसे देखकर हँस रहा था...उस पर हँस रहा था। उसकी इच्छा हुई कि वह भी हँसे। उसके भीतर हँसी हिलकोर रही थी...हँसने की वजह भी थी। उसने हँसने की कोशिश की, कोशिश दम तोड़ गई। लगा, वह रो देगा। भीतर रुलाई घुमड़ रही थी। बड़ी मुश्किल से रोक पाया ख़ुद को। हँसी और रुलाई के बीच वह और भी हास्यास्पद हो आया था।

कॉफ़ी

अचानक कॉफ़ी पीने की इच्छा प्रबल हो आई थी। इस वक़्त जबकि वह चाय पीते थे, कॉफ़ी की तलब एक अप्रत्याशित कामना थी और वह इसे व्यक्त कर पाने में क़तई समर्थ नहीं थे। उनके पास कोई तर्क, कोई वजह, नहीं थी। बस एक इच्छा थी और उन्होंने पत्नी से कॉफ़ी पीने की इच्छा ज़ाहिर की थी। पत्नी ने पहले उन्हें आश्चर्य से देखा, फिर यक़ीन करने की कोशिश में ज़ोर देकर पूछा, "क्या कहा तुमने?"

पत्नी ऊँचा नहीं सुनती...लेकिन उसके ज़ोर से बोलने से ऐसा ज़ाहिर हो रहा था, जैसे उसने सुना ही न हो! वह पूर्ववत् सहज शान्त थे। उसी स्वर-मुद्रा में दुहराया, "कॉफ़ी पीना है।"

"लेकिन तुम तो कॉफ़ी पीते नहीं हो। जहाँ तक मुझे याद है, कभी पी भी नहीं!"

"कभी नहीं पी, इसका मतलब ये तो नहीं कि कभी पिएँ ही नहीं?" वह पूछ रहे हैं या उत्तर दे रहे हैं, पत्नी के लिए समझना आसान न था।

"तुम्हें पता है, इस घर में कभी कॉफ़ी नहीं बनी...तो कॉफ़ी कभी आई भी नहीं।"

"हाँ, जानता हूँ...लेकिन ऐसा नहीं है कि कॉफ़ी पीने की इच्छा ही नहीं रही।"

"अच्छा, कॉफ़ी पीने की इच्छा रही?"

"हाँ, बिलकुल रही। लेकिन तब कॉफ़ी पीना लक्ज़री थी...हम कॉफ़ी एफ़ोर्ड नहीं कर सकते थे।"

"सही कहते हो...बहुत सारी इच्छाओं को मारना पड़ा हमें।" पत्नी ने ठंडी आह भरी।

"तुमने बहुत कष्ट उठाए मेरे साथ।" उन्होंने अपनी आँखें छत की ओर लगा दीं, शायद पत्नी से नज़र मिलने से बचने की कोशिश थी।

"हम दोनों ने सारे कष्ट साथ काटे।" पत्नी ने ऐसा कहकर जैसे पति को अपराधबोध से मुक्त करना चाहा।

"लेकिन तुमने जिस तरह पूरा घर सँभाला...जो त्याग किया तुमने...वह मैंने नहीं किया।" वह पत्नी के क़रीब आकर बैठ गए, "मेरी माँ, मेरे दोनों छोटे भाइयों और बहन की ज़िम्मेदारी तुमने जिस सदाशयता से निभाई, वह मैं कभी नहीं भूल सकता। मेरी छोटी-सी कमाई में तुम घर-बाहर सब कैसे कर पाईं, सोच-सोचकर हैरान होता हूँ। ऊपर से कोई न कोई रिश्तेदार धमका रहता था, सो अलग।"

पत्नी ने आँचल से चश्मे का शीशा साफ़ किया गोया पीछे मुड़कर देखने में आसानी हो, "हाँ, घर में काफ़ी लोग थे, लेकिन सोचो, कितनी चहल-पहल रहती थी...कितनी रौनक! अम्मा जी ने तो हमारे बच्चों को इस तरह पाला कि हमें कुछ पता ही न चला। गाँव से जो लोग आते थे, चूड़ा, चावल, आम, गुड़—कुछ न कुछ लाते ही रहते थे। तब जैसे घर गुलज़ार हो जाता था।"

"और तुम हंडा भर-भर दाल-भात पकाती रहती थीं। जब देखो तब रसोईघर में घुसी रहती थीं।" उन्होंने वे दिन पकड़ लिये थे, "हर दूसरे दिन तुम्हारा सिर दुखता तो कभी कमर...ऐसे में भी काम करने से बाज नहीं आती थी।"

"तो क्या करती...सबको भूखों मारती?" पत्नी ने सफ़ाई-सी दी, "अम्मा में सकत नहीं थी। रिज्जू और किज्जू पढ़ाई में लगे थे...बेचारी मुन्नू उसकी उमर ही कितनी थी?"

वह पत्नी को चुप देखते रहे। पत्नी ने अचकचाकर पूछा, "क्या हुआ, ऐसे क्यों देख रहे हो?"

"मुन्नू याद आ गई। कभी लगा ही नहीं कि वो तुम्हारी ननद है...बेटी जैसा पाला तुमने।"

पत्नी के चेहरे पर उजास दिखी, जैसे मुन्नू के ज़िक्र से ही भीतर हुलस उठी हो, "जब मैं ब्याहकर आई थी, तब मुन्नू थी ही कितनी...यही कोई आठ साल की रही होगी। हर वक़्त मेरे से ही चिपकी रहती थी। उसे मैंने बेटी जैसा ही समझा।"

"जानती हो, जब बाबूजी मरे थे, तब मेरा मैट्रिक का इग्ज़ाम चल रहा था... मुन्नू तब पाँच साल की थी।" वह भी वक़्त का बाईस्कोप रिवाइंड कर चुके थे।

"वो तो ब्याहकर आने के चार माह बाद पता चला था कि रिज्जू जी और किज्जू जी आपके चचेरे भाई हैं।"

"हाँ, किज्जू जब दो साल के थे, तभी चाची गुज़र गईं और चाचा जो कलकत्ता गए तो कभी लौटकर नहीं आए। पता नहीं, वह बिला गए या बंगाल का जादू असर कर गया...भगवान जाने!" वह थोड़े नाराज़गी से भरे दिखे।

"एकदम कठकरेज निकले। बिचारी चाची! अपने छोटे-छोटे बच्चों के बारे में भी नहीं सोचा।" पत्नी ने उलाहने के स्वर में चाचा को कोसा।

उन्होंने बात बदल दी, "लेकिन तुमने उन्हें कभी पराया नहीं समझा।"

"आपने भी तो उन्हें सगे भाइयों की तरह ही माना...अम्मा जी ने भी उन्हें अपने बेटों जैसा ही पाला-पोसा।" पत्नी सुख-सन्तोष से भरी हुई हिलकी, गोया मन का मलाल एकबारगी काफ़ूर हो गया हो!

"गाँव-बाहर सभी हमें तीन सगे भाई ही समझते रहे।" वह भी गर्व से भर आए थे, "मजाल जो रिज्जू-किज्जू ने मुझे कभी पलटकर जवाब दिया हो।"

"रिज्जू तो इतने ज़िम्मेदारीवाले थे कि दिन-रात एक ही रट...भइया का बोझ कैसे कम हो। याद है, वह राशन की दुकान पर चावल...गेहूँ...चीनी...तेल के लिए दिन-दिन भर लाइन में खड़े रहते थे? तुम्हें तो काम से फ़ुर्सत ही नहीं मिलती थी।"

"सही कहती हो...रिज्जू बहुत ज़िम्मेदारी से भरा हुआ था। वह मुझे नौकरी में खटते, देर रात तक ट्यूशन करते देखकर दुखी होता था। एक बार मेरे पास बैठकर बोला था—भइया, मैट्रिक के बाद मैं भी काम करूँगा। मैंने पूछा था—क्यों, तुम काम क्यों करोगे? किसने कहा तुम्हें काम करने को? जानती हो, उसने क्या जवाब दिया था? उसने मासूमियत से कहा था—किसी ने नहीं कहा...बस, मैं आपका बोझ कम करना चाहता हूँ।"

रात के उस वक़्त लालटेन की रोशनी में रिज्जू मुझे किसी फ़रिश्ते-सा दिखा था। पहली बार मुझे लगा था कि कोई है, जो मेरे दुख को शेयर करना चाहता है... मेरा सम्बल होना चाहता है। मैंने रिज्जू के सिर पर हाथ रखकर कहा था, "तुम्हें पढ़ना है...बड़ा आदमी बनना है...फिर ऐसा मत सोचना।"

वह एकदम से चुप हो गए, जैसे कोई सदमा लगा हो! पत्नी समझ गई। उनको उस सदमे से बाहर निकालने के लिए हँस पड़ी, "पता नहीं क्यों, आप वह वाक़या नहीं भूल पाते। अरे, जो बीत गई, वो बात गई।"

"नहीं, मैं नहीं भूल पाता। रिज्जू ने मुझे पराया कर दिया था...मेरे समझाने के बावजूद उसने मैट्रिक के बाद फिटर की नौकरी कर ली थी। मैं उसे क्या बनाना चाहता था, और..."

पत्नी ने उनकी बात काट दी, "आप बड़ा आदमी बनाना चाहते थे।"

उन्होंने पत्नी को करुण नेत्रों से देखा। पत्नी के चेहरे पर उजास थी। वह मुस्करा रही थी।

"रिज्जू मेरी नज़र में बड़े आदमी ही बने...उन्होंने नौकरी करके घर को बड़ा सहारा दिया। किज्जू की पढ़ाई और मुन्नू की शादी में उन्होंने कितनी मदद की?"

"हाँ, लेकिन पढ़ाई में तेज़ था...बड़ा अफ़सर बन सकता था।" उनके स्वर में अफ़सोस था। वह रिज्जू के उस निर्णय को आज भी स्वीकार नहीं पाए हैं, "फिर भी अभाव तो बना ही रहा न...छोटी नौकरियाँ बड़ी राहत नहीं देतीं...सब दिन हैंड टु माउथ रहना पड़ता है।"

"कुछ भी कहिए, अभावों के बीच भी लोगों में कितना लगाव था! आज सोचो तो वे दिन ज़्यादा अच्छे लगते हैं।" पत्नी की आँखों में स्मृतियाँ लहरा रही थीं। कितने ही दिन...महीने...साल गुज़र गए।

उनके होंठों पर हल्की स्मित रेंग गई, "मैंने कहीं पढ़ा था, अतीत चाहे कितना ही दुखद रहा हो, उसकी स्मृतियाँ बहुत सुखद होती हैं।"

"वे दिन अब नहीं लौट सकते।" पत्नी ने ठंडी साँस छोड़ी।

"अगर सम्भव हो, तो क्या तुम उन दिनों में लौटना चाहोगी?"

इतने कठिन प्रश्न के लिए वह बिलकुल तैयार नहीं थी...कोई उत्तर नहीं सूझा, तो उठकर खड़ी हो गई, "घर में कॉफ़ी नहीं है...कहो तो, चाय बना दूँ?"

वह भी झटके से उठ खड़े हुए, "नहीं...मैं कॉफ़ी लेकर आता हूँ।"

पत्नी ने उन्हें हैरानी से देखा...कुछ कहती कि वह घर से निकल गए। वह उत्साह से भरे थे जैसे कोलम्बस निकला हो नई दुनिया की खोज में! मोहल्ले में ज़रूरत की कुछ दुकानें थीं। आटा...चावल...चीनी...तेल से लेकर टूथ पेस्ट-ब्रश तक... कोल्ड ड्रिंक से लेकर चिप्स तक। इन्हीं दुकानों से वह घर का सामान लेते रहे हैं। ये दुकानें समय के साथ नित नई होती गई हैं। जिस दुकान से वह सामान ख़रीदते रहे हैं, वह किर्री साह की है। अब उनका बेटा संजू चलाता है। उसने पुरानी दुकान का कायाकल्प कर दिया है। उसके पिता किर्री साह बेटे के इस ताम-झाम से ख़ुश नहीं थे, "मुहल्ले की दुकान पर इतना ख़र्चा गोइंठा में घी सुखाने के बराबर है।"

लेकिन वह ग़लत साबित हुए थे। मुहल्ले के ग्राहक मुहल्ले में इस नई सज-धज वाली दुकान को देखकर जैसे दबी साध पूरी होने के सुख से भर गए थे। दुकान चल पड़ी थी। वह इस दुकान में जब दाख़िल हुए, तो संजू ग्राहकों में उलझा था। उन्हें देखते ही हाथ जोड़कर हुलसा, "चच्चा, कुछ चाहिए क्या?"

मुहल्ले की यही ख़ासियत है, हर कोई किसी न किसी रिश्ते से जुड़ा है। उन्होंने मुस्कराकर कहा, "हाँ, कॉफ़ी चाहिए...है?"

"कॉफ़ी तो नहीं है चच्चा, डिमांड ही नहीं है यहाँ।" संजू ने दुकान में कॉफ़ी न होने की सफ़ाई दी।

"मुहल्ले में कोई कॉफ़ी नहीं पीता क्या?" उनके सवाल में हैरानी थी।

"अभी तक तो किसी ने नहीं माँगा। आप पहले ग्राहक हैं, जो कॉफ़ी खोज रहे हैं। कहिए तो कल मँगा दूँ?" संजू के पास बेहतरीन सेल्समैन क्वालिटी है, हरदम सेवा देने को तत्पर।

"नहीं, कल नहीं। मुझे तो आज ही चाहिए।" वह दुकान से बाहर निकल आए।

मेन सड़क पर अच्छी-ख़ासी मार्केट थी...छोटी-बड़ी दुकानों से लेकर सुपर मार्केट तक। उन्होंने एक-दो दुकानों में जाकर कॉफ़ी माँगी, लेकिन नहीं मिली। एक के पास स्टॉक ख़त्म था, दूसरा कॉफ़ी बेचता ही नहीं था। लेकिन उसने अच्छी सलाह दी, "सुपर मार्केट में देख लीजिए, वहाँ मिल जाएगी।"

उन्होंने सीधे सुपर मार्केट का रुख़ किया, लेकिन इस बीच एक प्रश्न ने सिर उठाया, "तो क्या कॉफ़ी आज भी लक्ज़री है?"

सुपर मार्केट में दिन के उजाले-सी रोशनी जगमग थी। ग्राहकों की भीड़ से ख़ासी चहल-पहल थी। बाज़ारों में ऐसी रौनक पहली तारीख़ को हुआ करती थी। उन्होंने दिमाग़ पर ज़ोर देकर याद किया...नहीं, आज बीस तारीख़ है...अब हर दिन पहली तारीख़ है...वाक़ई दुनिया बहुत बदल गई है। लोग ट्रॉलियाँ लेकर उनमें अपनी ज़रूरत की चीज़ें भर रहे थे...सौदा-सुलुफ़ देने-दिखाने वाला कोई नहीं था। इतनी सारी चीज़ें...इतने सारे रैक...उन्हें समझ नहीं आया, कॉफ़ी कहाँ होगी? अचानक पीली जर्सी वाला एक युवक क़रीब आया, "व्हाट डू यू वांट सर?"

अंग्रेज़ी बोलता यह युवक सुपर मार्केट का हेल्पिंग स्टाफ़ था। उन्होंने झिझकते हुए हिन्दी में जवाब दिया, "कॉफ़ी...कॉफ़ी चाहिए।"

वह युवक उन्हें लेकर सामानों से अँटे रैकों के गलियारों से होता हुआ काफ़ी अन्दर तक ले गया। फिर एक रैक के पास रुककर बोला, "ऑल कॉफ़ी ब्रांड्स आर हियर, सर।"

उस रैक में अनेक प्रकार के कॉफ़ी ब्रांड देखकर उनकी अक़्ल गुम हो गई। उन्होंने बड़ी उम्मीद से उस युवक से पूछा, "कौन-सा ब्रांड ठीक रहेगा?"

युवक ने कन्धे उचकाए, "सॉरी सर, इस बाबत मुझे कोई आइडिया नहीं है।"

तो क्या इसने कभी कॉफ़ी नहीं पी? युवक उनके मन को न भाँप पाए, वह रैक में क़रीने से सजे कॉफ़ी ब्रांड्स देखने लगे। कंटिनेंटल, लेविस्टा, अल्टानंटिस, ब्रू,

डेविडॉफ़, नेस्कैफ़े, स्लीपी आउल, अराकू, ब्लू टोकाई, रेगे, बीनली, स्टारबक्स... इतने सारे ब्रांड? आँखें थक गईं...दिमाग़ सुन्न हो गया...वह भ्रम और विभ्रम के बीच अटके हुए थे। नहीं तय कर पाए...कौन-सी ब्रांड लें? किसी ने पूछा, "लेकिन लें ही क्यों?" उन्होंने घबराकर इधर-उधर देखा, कोई नहीं था। वह थके क़दमों से सुपर स्टोर के एग्जिट तक आए...शीशे का दरवाज़ा स्वतः खुल गया...उनके बाहर होते ही वह जादुई दरवाज़ा बन्द हो गया मानो दो दुनियाओं का बँटवारा हो गया हो! शाम घिर आई थी...सड़क पर भीड़ बढ़ गई थी। उन्हें सड़क पार करने में दस मिनट लग गए। गाड़ियों की तेज़ रोशनी चश्मे पर चौंध पैदा करती है...बेटा शाम को बाहर निकलने के लिए मना करता है।

जेब में रखे मोबाइल की घंटी बजी, बेटे का कॉल था। उन्होंने रिसीव नहीं की... क्या जवाब देंगे उसे? चुपचाप घर की ओर चलते रहे। अपराधबोध साथ चलता रहा। फिर मोबाइल बजा। इस बार उपेक्षा करना उचित नहीं लगा। स्क्रीन पर पत्नी का नाम चमक रहा था...रिसीव कर लिया...जहाँ थे वहीं खड़े होकर बात करने लगे।

"भुवी का फ़ोन आया था, आपके बारे में पूछ रहा था।"

"हाँ, मेरे पास भी आया था। भीड़ में घंटी सुनाई नहीं पड़ी।" वह साफ़ झूठ बोल गए, "क्या कहा तुमने?"

"कह दिया, मिश्रा अंकल के घर गए हैं।" पत्नी ने बेटे से झूठ बोला था।

"रखो, आ रहा हूँ।"

"कॉफ़ी ले ली?"

उन्होंने कोई जवाब नहीं दिया।

सारी राह जवाब तलाशते रहे—कॉफ़ी की तलब थी या ख़्वाहिश?

ये शरीफ़ लोग

राजमती वार्ड पार्षद का चुनाव लड़ेगी!

जिस ख़बर में कोई दम नहीं था, आख़िरकार वही सनसनी बन गई।

सनसनी बनने से पहले यह एक उड़ती ख़बर थी, जो मुहल्ले में एक मुँह से दूसरे मुँह होते हुए मुहल्ले के हर मुँह में अलग-अलग आस्वाद का कारण बनी। किसी ने मुँह बिचकाकर कहा, "बुढ़ौती में नेतागीरी का शौक़ चढ़ा है।" कोई उपहास उड़ाने के अन्दाज़ में बोला, "घर में नहीं दाने, अम्मा चली भुनाने।"

कुछ ने सहानुभूति जताने के लहजे में अफ़सोस ज़ाहिर किया, "विनाशकाले विपरीत बुद्धि।"

ग़रज़ यह कि जितने मुँह, उतनी बातें। लेकिन ज़्यादातर लोगों का मानना यह था कि इस ख़बर में कोई दम नहीं है। हो न हो, किसी ने अफ़वाह उड़ाई है। इसे अफ़वाह मानने की एक बड़ी वजह यह थी कि इस मुहल्ले में हर दस-पन्द्रह दिन पर कोई न कोई ख़बर उड़ती और लोग चटखारा ले-लेकर वक़्तकटी करते। वह ख़बर न पुष्ट होती और न कोई उसे पुष्ट करना चाहता। फिर अचानक कोई नई ख़बर सरगोशी करने लगती और पहले वाली ख़बर अपने-आप पार्श्व में चली जाती। कोई पूछता भी कि सिन्हा जी की बेटी का क्या हुआ? कुछ पता चला कि नहीं? तो जवाब में पूछा जाता, "कौन वाले सिन्हा जी की बेटी?"

एक बार तो हद ही हो गई। ख़बर उड़ी कि शर्मा जी का बेटा मैट्रिक पास हो गया। किसी को यक़ीन ही नहीं आया कि शर्मा जी का बेटा चौथी बार में मैट्रिक पास कर गया होगा। शर्मा जी के बेटे ने प्लस टू में एडमिशन लेकर पढ़ाई भी शुरू कर दी। लेकिन लोग आज भी उससे पूछने से बाज नहीं आते, "बउआ, मैट्रिक परीक्षा का फ़ॉर्म भरे कि नहीं?"

सत्य को मिथ्या और मिथ्या को सत्य बना देने में माहिर इस मुहल्ले में राजमती के वार्ड पार्षद का चुनाव लड़ने वाली ख़बर जब तक पार्श्व में जाती और चटखारे का स्वाद खट्टा से मीठा या नमकीन होता कि लोगों के भीतर-बाहर सनसनी व्याप गई। राजमती वाक़ई में चुनाव लड़ रही थी। उसने नामांकन-पत्र दाख़िल कर दिया था।

नामांकन-पत्र दाख़िल करने के दौरान राजमती के साथ महज़ पाँच लोग थे : राजमती, उसकी बहू अनीता, अनीता के पिता, अनीता की माँ और उसका भाई। मुहल्ले का कोई दूसरा राजमती के साथ नहीं था। ऐसा नहीं है कि उसने किसी से अनुरोध नहीं किया था। जिन घरों में वह चौका-बर्तन करती थी, उनमें उसने बड़ी उम्मीद से साथ देने का आग्रह किया था। लेकिन सबके अपने बहाने थे। अपनी व्यस्तताएँ थीं। सिन्हा जी के तो बोलने से पहले ही सिन्हाइन टपक पड़ी थीं, "जिन लोगों के भरोसे चुनाव लड़ रही हो, उन्हीं के साथ जाओ न!"

शर्माइन ने भी दो टूक जवाब दे दिया था, "चौका-बर्तन छोड़ के तुम लड़ो चुनाव और हम करें ज़िन्दाबाद, तो घर का काम कब निबटाएँगे?"

चौधरी जी ने बाक़ायदे बैठाकर समझाया था, "राजमती, काहे बिसनवा से रार मोल ले रही हो। जानती ही हो, एक नम्बर का क्रिमिनल है कब क्या कर बैठे, कुछ पता नहीं। तुम्हारे जवान बेटे को जिस तरह दिन-दहाड़े मारा, वह भूल गई क्या?"

"नहीं भूली सर, इसीलिए तो उसके ख़िलाफ़ चुनाव लड़ रही हूँ। मेरे बेटे की हत्या में आप लोगों ने गवाही दी होती तो, न बिसनवा खुल्ला घूमता, न हम यह चुनाव लड़ते!" ठंडी आह भरती राजमती उठ खड़ी हुई थी।

चौधरी जी सन्न रह गए थे। राजमती सीढ़ियाँ उतरती चली गई थी। चौधराइन ने जले-भुने स्वर में चौधरी जी को झिड़की दी थी, "क्या ज़रूरत थी इतना ख़ैरख़्वाह बनने की? खुदे काल को नेवता दे रही है, तो भुगतेगी भी वही। हमें क्या?"

झनकती-पटकती पत्नी की इस प्रतिक्रिया को चौधरी जी ख़ूब समझ रहे थे। इतनी अच्छी कामवाली के हाथ से निकल जाने की पीड़ा पत्नी के मन में गहरे तक चुभ रही थी। लेकिन उससे गहरी चुभन उनके सात्त्विक मन में कसक रही थी कि जिस बिसनवा ने राजमती के जवान बेटे की दिन-दहाड़े हत्या की थी, उसके ख़िलाफ़ तब किसी ने मुँह नहीं खोला था। पुलिस आई थी। लोगों से पूछताछ की और कोई गवाह न मिलने की बिनाह पर सारा मामला रफ़ा-दफ़ा हो गया था। उस दिन उन्हें ख़ुद पर शर्म आई थी। देर रात तक अपनी कायरता पर अफ़सोस करते रहे थे। उस रात भी पत्नी ने उन्हें झिड़की दी थी, "मुहल्ले में जब कोई और आगे

नहीं आया तो फिर एक आप ही इतना हलकान काहे होते हैं? हम ही काहे बिसनवा से दुश्मनी लें? मुँह बन्द रखने में ही भलाई है, समझे कि नहीं?"

राजमती ने उसी बिसनवा के ख़िलाफ़ मोर्चा खोल दिया था। यही थी इस ख़बर के सनसनी बन जाने की वजह।

राजमती के इस दुस्साहस पर लोग सकते में थे। कुछ ख़ैरख़्वाहों को वाक़ई उसकी चिन्ता थी। वे नहीं चाहते थे कि राजमती या उसका परिवार किसी मुसीबत में पड़े। वे दबी ज़ुबान से समझाते, "बिसनवा के सामने कोई तुम्हारा साथ नहीं देगा। मुहल्ले का हाल तुम पहले ही देख चुकी हो!"

राजमती के चेहरे पर सख़्ती के भाव आते। वह सपाट स्वर में बोलती, "हम यह चुनाव मुहल्ले के लिए ही तो लड़ रहे हैं। हम मुहल्ले का डर फाड़ना चाहते हैं।"

उसकी यह बात किसी की समझ में नहीं आती। वे बस यही समझते कि राजमती किसी की सुननेवाली नहीं है। हाँ, उन्हें यह आश्चर्य ज़रूर होता कि सर झुकाए मुहल्ले के बाबू लोगों के घरों में दिन-रात खटने वाली राजमती के भीतर दबी यह आग, कभी नज़र क्यों नहीं आई? और अब, जबकि यह आग सतह पर आ गई थी, वे लोग जिनके घरों में राजमती काम करती थी, उनकी चिन्ता बढ़ गई थी। जो राजमती पैसे-पैसे के लिए हाथ पसारती थी, वही नेता बनकर उतान चलेगी, यह बात उनके भीतर कुफुत फूँके हुए थी। एक कामवाली के वार्ड पार्षद बन जाने की कल्पना से ही उनका अहं बल खाने लगा था। वे पहले दबी ज़बान से, फिर खुलेआम मज़ाक़ उड़ाने लगे थे, "घर में नहीं दाने, अम्मा चली भुनाने।"

राजमती सब सुन, जान, समझ रही थी। लेकिन वह सर झुकाए हाथ जोड़े एक-एक घर में जाकर अर्ज़ करती, "हम आज तक आप लोगों की सेवा किये हैं, आगे भी करेंगे। बस, एक मौक़ा देकर देखिए।"

लोग उसे देखते। उससे आँखें नहीं मिला पाते। वह लोगों को अवाक् छोड़ आगे बढ़ जाती। उसके पीछे थोड़ी सहानुभूति, थोड़ा दुख और ढेर सारी आशंका पछाड़ खा रही होती। उसके आने और जाने के बीच लोगों का ज़मीर उन्हें धिक्कारता और वे मन-ही-मन उसके पक्ष में जाने का निर्णय लेने लगते। उन्हें लगता, राजमती के जीतने का अर्थ बिसनवा की हार। और बिसनवा हारा तो? इस सवाल का जवाब बिसनवा ने एक-एक घर के दरवाज़े पर चढ़कर दिया, "हम हारे तो सबका जीना मुहाल कर देंगे। घर में घुसकर मारेंगे।"

इस धमकी का राजमती पर कोई असर नहीं पड़ा। उलटे वह कहीं ज़्यादा मुखर

होकर लोगों को समझाने लगी, "आप लोग हमारा साथ दीजिए तो हम बिसनवा को उसकी औक़ात बता देंगे।"

लोग हैरान थे कि दिन पर दिन राजमती का साहस जिस दृढ़ता से बढ़ता जा रहा था, अचानक उसी तेज़ी से बिसनवा के व्यवहार में विनम्रता नज़र आने लगी थी। जो बिसनवा लोगों को मारने की धमकी देता घूम रहा था, वह एक दिन हाथ जोड़कर वोट माँगता दिखा था। जैसे-जैसे चुनाव के दिन क़रीब आते जा रहे थे, वैसे-वैसे बिसनवा अपने गुनाहों की माफ़ी माँगने लगा था। वह घर-घर जाकर एक ही गुहार लगा रहा था, "बस, एक बार सुधरने का मौक़ा दीजिए। क़सम खाते हैं कि ग़लत रास्ते पर चले!" बिसनवा की यह विनम्रता, उसमें आया बदलाव मुहल्ले के शरीफ़ लोगों के लिए चकित करने वाला वाक़या था। लोगों की खुसुर-फुसुर तेज़ होती चली गई, "सुधरने को कह रहा है तो एक मौक़ा देने में हर्ज क्या है?"

इस सवाल में ही कई तरह की आशंकाओं के जवाब छुपे थे। जो लोग बिसनवा से डरे हुए थे, उन्हें उसे वोट देने का नैतिक तर्क नज़र आ रहा था। वे लोग जो राजमती को वार्ड पार्षद होते हुए नहीं देखना चाहते थे, उन्हें उसके ख़िलाफ़ होने का जायज़ कारण नज़र आ रहा था। कुछ समझदार तो गांधी जी का हवाला देकर इस तर्क को पुष्ट कर रहे थे कि "हर अपराधी को सुधरने का एक मौक़ा मिलना ही चाहिए।"

जैसे-जैसे मतदान का दिन नजदीक आ रहा था, चुनाव प्रचार भी तेज़ी पकड़ता जा रहा था। बिसनवा के समर्थक टोलियाँ बनाकर घर-घर घूम रहे थे। राजमती के साथ टोलियाँ नहीं थीं। वह अकेली थी और अकेले ही इस चुनाव को दिलचस्प बनाए हुए थी। कोई उसे एहसास दिलाता कि वह चुनाव हार जाएगी, तो वह पूरे दमख़म से उसे जवाब देती, "बउआ, मुहल्ले के लोग बिसनवा के ख़ौफ़ से निजात चाहते हैं। देखना, सभी हमको ही वोट देंगे।"

राजमती के चेहरे पर मौजूद दृढ़ता, उसके भीतर व्याप्त विश्वास, उसके मैदान में डटे रहने का साहस इतना अविचल था कि लोग अब उसके पीठ पीछे भी उसका मज़ाक़ उड़ाने से बचने लगे थे। धीरे-धीरे कई लोग बिसनवा की गुंडागर्दी, रंगदारी और आतंक के पुराने क़िस्सों पर खुली चर्चा करने लगे थे। उन्हें लगने लगा था कि उनके पुराने ज़ख़्म हरे हो आए हैं और यही वह मौक़ा है, जब वे बिसनवा से बदला ले सकते हैं। उसके आतंक के मारे चुप रह गए लोगों को लगने लगा था

कि एक अपराधी को अपना नेता चुनने से तो बेहतर है कि राजमती जैसी साहसी महिला को अपना नेता चुना जाए। यह मुहल्ले के ऊहापोह और असमंजस के दिन थे। उसकी नैतिकता और डर के बीच कशमकश का दौर था। एक अच्छे और एक दाग़ी उम्मीदवार के बीच चुनाव की चुनौती थी। मुहल्ला डगमग था। निर्णय-अनिर्णय का अनिश्चय मतदान के दिन तक बना रहा।

मतदान के दिन सुबह से ही माहौल में रहस्य गहराया हुआ था। बिसनवा और उसके समर्थक घर-घर जाकर लोगों को वोट डालने का आग्रह कर रहे थे। लेकिन इस पूरे परिदृश्य में राजमती का कहीं कोई पता नहीं था। वोट देकर लौटते लोग एक-दूसरे से पूछते, "राजमती कहीं नहीं दिख रही?"

इस प्रश्न के साथ ही वे इस इत्मीनान से साँस लेते कि "चलो, उससे सामना होने से बच गए।" कई लोग एक-दूसरे से आँखों-आँखों में ही पूछते, "तो किसको वोट दिये?"

जवाब कोई नहीं देता। बस, मुस्कराकर एक-दूसरे को इशारा करते, "वहीं, जहाँ आपने दिया।"

आलम यह था कि मतदान से पहले भी और मतदान के बाद भी जो रहस्य बना हुआ था, वह बना रहा। यह अनुमान लगाना कठिन था कि बिसनवा जीतेगा या राजमती बाज़ी मारेगी? शुक्र यह था कि मतदान बग़ैर किसी अप्रिय घटना के सम्पन्न हो गया था। लोग अपने घरों में लौटकर अपने रोज़मर्रा के कामों में लग गए थे।

आख़िरकार, चुनाव का रिज़ल्ट भी आ गया। बिसनवा जीत गया। बंपर वोट से उसकी जीत हुई थी। राजमती हार गई थी। राजमती का कहीं कोई पता नहीं था। बिसनवा की जीत का जुलूस मुहल्ले में धूम से निकला। उसके समर्थकों ने दारू की बोतलें खोलीं। हवाई फ़ायर किये और एक छोर से दूसरे छोर तक अपनी उपस्थिति से दहशत का माहौल क़ायम कर दिया था। मुहल्ले के लोगों ने अपने घरों की खिड़कियों, दरवाज़ों को बन्द कर लिया था।

देर शाम बन्द दरवाज़ों पर दस्तक हुई। चौधराइन ने सहमते हुए दरवाज़ा खोला। सामने राजमती खड़ी थी। दोनों की आँखें मिलीं। चौधराइन की आँखों में प्रश्न था, "क्या है?"

राजमती ने सहज भाव से जवाब दिया, "मालकिन, हम काम पर लौट आए हैं।"

चौधराइन से कुछ कहते न बना। पीछे आ खड़े हुए चौधरी जी ने अफ़सोस जताया, "राजमती, बाद में आना। अभी माहौल ठीक नहीं है।"

“हुज़ूर, यह माहौल ठीक करने की ज़िम्मेदारी किसकी थी?” राजमती ने कठिन प्रश्न किया।

चौधरी जी से जवाब देते न बना। चौधराइन ने राजमती से पीछा छुड़ाने के लिए सख़्त लहजे में कहा, “राजमती, तुम नेता बन गई हो। अब हम तुमसे काम कराएँ, अच्छा नहीं लगता। भई, हमें तो माफ़ ही करो।”

राजमती बग़ैर कुछ बोले पलटी। दो क़दम आगे बढ़ी फिर मुड़ी और बोली, “मालकिन, माफ़ी ख़ुद से माँगिए। शायद मन हल्का हो जाए।”

राजमती तेज़ी से आगे बढ़ गई। चौधराइन ने दरवाज़ा भड़ाक से बन्द किया गोया राजमती का डर अन्दर न दाख़िल हो जाए!

उस मोड़ का अफ़साना

किसी से परिचय की प्रगाढ़ता की वजह सिर्फ़ उसका नाम हो सकता है? सुमि के साथ हुआ।

झरना से मिले दो महीने से ज़्यादा नहीं हुए, लेकिन लगता है, उससे वर्षों का परिचय हो। जान-पहचान क्या, वह तो कभी-कभी उसकी अपनी बहन ही लगती है। ऐसे वक़्त में उसके अन्दर झरना के लिए थोड़ा ज़्यादा ही प्यार उमड़ आता है। थोड़ा ज़्यादा ही चिन्ता हो आती है। वह तुरन्त उसे कॉल लगाती है और उसके फ़ोन उठाते ही पूछती है, "सब ठीक तो?"

"हाँ, अब ठीक है। तुमने कॉल किया, दिन बन गया। थैंक्स डार्लिंग।"

उधर झरना खिलखिलाती, इधर कानों में पहाड़ी झरने का संगीत घुलता। झरना टोकती, "क्या हुआ, चुप क्यों हो?"

वह चिहुँककर पूछती, "झरना, तुझे पता है कि तेरी इस हँसी में सन्तूर बजता है?"

"ओह, कमऑन, यार! मेरे हब्बी को तो मेरी हँसी से ही प्रॉब्लम है। स्साला हमेशा कहता है, जब देखो, तब क्या 'ही-ही-ही-ही' करती रहती हो?"

"ऐसा नहीं यार, ये मर्द न, बहुत हरामी होते हैं। इन्हें सब पता होता है। लेकिन शो नहीं करेंगे। क्या, कि बीवी का दिमाग़ ख़राब हो जाएगा।"

"बड़ा न, तुझे मर्दों के बारे में पता है! कितनों का एक्सपीरिएंस है?"

झरना अपनी बात कहकर इतनी ज़ोर से हँसती कि सुमि किसी कलकल झरने में भीगती, "चल, फिर स्कूल में मिलते हैं।"

झरना और सुमि स्कूल के गेट पर मिलते हैं। यह लगभग रोज़ का रूटीन है। दोनों अपने-अपने बच्चों को लेने आती हैं। छुट्टी डेढ़ बजे होती है, वे बारह बजे ही पहुँच जाती हैं। एक-दूसरे से मिलने के पहले ऐसा नहीं था। वे कभी भी आतीं, छुट्टी से पहले गेट पर मौजूद रहतीं। वो तो बस दो महीने पहले नया रूटीन बना

है, जब दोनों में छनने-बनने लगी और लगा कि वे एक-दूसरे को शेयर कर सकती हैं। सबकुछ अपने-आप होता चला गया।

सुमि डेढ़ बजने की प्रतीक्षा करते हुए नीम गाछ के नीचे बैठी थी। नीम गाछ के चारों ओर सीमेंटेड गोल घेरा था, कुछ-कुछ चबूतरे की तरह, हालाँकि वह चबूतरा नहीं था, लेकिन इतनी चौड़ाई थी कि उस पर बैठकर इन्तज़ार किया जा सके। वहीं आकर झरना भी बैठी थी। एक पतले, बड़े-बड़े फूलों के प्रिंट वाले रूमाल से पसीना पोंछती। सुमि ने अपने हाथ में पकड़ पानी की बोतल झरना की ओर बढ़ाते हुए कहा, "आज गर्मी बहुत है।"

आधी बोतल पानी गटागट पीने के बाद झरना मुस्कराई, "लगता है, बारिश होगी।"

सुमि ने हँसकर पूछा, "मौसम विभाग में हो?"

झरना बेसाख़्ता हँस पड़ी। उसकी हँसी किसी झरने-सी अल्हड़ थी। सुमि झरना को मुग्धमन देखती रही, तो झरना ने अचकचाकर टोका, "हेलो, क्या हुआ?"

"तुम्हारी हँसी किसी झरने की तरह है!"

"मेरा नाम भी झरना है।" झरना ने हुलसकर बताया।

"वॉव! यानी तुम पूरी की पूरी झरना हो? मेरा नाम सुमि है...सुमिता आनन्द।" सुमि ने अपना दाहिना हाथ झरना की ओर बढ़ा दिया।

हाथ मिलाते हुए झरना ने अनुमान लगाया, "आनन्द तुम्हारे हसबैंड का नाम है?"

"नहीं...मेरा अपना है।" सुमि ने जोर देकर उसका अनुमान निरस्त किया।

"ओह...बातों-बातों में टाइम का पता ही नहीं चला!" घड़ी देखती झरना हड़बड़ाकर उठी, "छुट्टी होने वाली है।"

सुमि भी उसके साथ हो ली। गेट तक पहुँचते-पहुँचते दोनों ये जान चुकी थीं कि उनके बच्चे फोर्थ स्टैंडर्ड में हैं, कि दोनों के सेक्शन अलग हैं, कि झरना के बेटे का नाम शाश्वत है कि सुमि की बेटी का नाम आद्या है। बेल होने के साथ ही स्कूल का गेट खुला और किसी रहस्यलोक के जबड़े से निकले एक साथ सैकड़ों नन्हे फ़रिश्तों ने धरती को किलकारियों से गुँजा दिया। उन्हीं में एक था झरना का बेटा, जो दौड़ता हुआ आकर उससे लिपट गया था। झरना ने झुककर बेटे का बैग लिया। सुमि की आँखें झरना का पीछा करती हुई स्कूटर स्टैंड तक गईं। झरना बेटे को स्कूटी पर बिठाकर, उसके बग़ल से एक स्माइल देती निकली।

"ममा!" बेटी ने सुमि का हाथ पकड़कर झिंझोड़ा।

वह झेंपी, बेटी का बैग लेकर अपनी स्कूटी की ओर बढ़ गई। सारी राह झरना की हँसी उसके कानों में बजती रही।

अगले दिन भी सुमि उसी नीम गाछ के नीचे बैठी थी, जब झरना भी वहीं आकर उसके बग़ल में बैठ गई। आसपास काफ़ी जगह थी, फिर भी झरना ने उसके निकट ही बैठना चुना तो यह सिर्फ़ संयोग नहीं था। वह गुदगुदी से भरी पूछ बैठी, "कैसी हो झरना?"

"अरे, तुम्हें मेरा नाम याद है?" झरना की आँखें विस्मय से फैल गईं।

"तुम्हारा नाम कैसे भूल सकती हूँ! इट्स साउंड्स लाइक अ म्यूज़िक।" सुमि सचमुच अभिभूत थी।

इस बार झरना कहीं ज़्यादा ज़ोर से हँसी। आसपास मौजूद लोग औचक उसकी तरफ़ देखने लगे थे। उसका चेहरा सुर्ख़ हो आया, "सॉरी।"

"सॉरी क्यों...किस बात के लिए सॉरी...?"

सुमि के इस सवाल से झरना थोड़ी असहज दिखी। कठिनाई से बोल पाई, "तुमको नहीं लगता, इस तरह ज़ोर से हँसना अशोभनीय है?"

"नहीं, मुझे नहीं लगता। मेरे लिए तो हँसी...प्राण का संगीत है...प्रकृति की प्रार्थना।" सुमि अपनी ही रौ में बोल गई। फिर अपनी ही बात पर हँसी, "ओह, मैं भी न, पता नहीं क्या अनाप-शनाप बोलने लगी!"

"रियली आय'म इम्प्रेस्ड। बहुत डिफरेंट हो तुम। नाइस टु मीट यू।" इस बार झरना ने दोस्ती का हाथ बढ़ाया। सुमि ने गर्मजोशी से उसका हाथ थाम लिया।

झरना की दोस्ती को सुमि ने सेलिब्रेट किया, "मुझे भी तुमसे मिलकर ख़ुशी हुई।"

वे मिलतीं, बातें करतीं और धीरे-धीरे अपने-अपने गोपन भी शेयर करने लगीं। बातों-बातों में एक दिन झरना ने पूछ लिया, "कभी किसी से प्यार किया?"

"हसबैंड से किया न!" सुमि मुस्कराई।

"रियली?" झरना की आँखों में शैतानी नाच रही थी, "कमऑन यार, अब हमसे भी क्या छुपाना?"

"यस, तुमसे क्या छुपाना...बट एक शर्त पर!" सुमि के होंठों पर हँसी की पतली रेख गाढ़ी हो गई, जैसे कोई राज़ मचल रहा हो!

"?" झरना की आँखों में सवाल उभरा।

सुमि फुसफुसाई, "तुझे भी अपनी प्रेम-कहानी सुनानी होगी।"

"ओके!" सहमति में सर हिलाकर झरना बोली, "बट यू फर्स्ट।"

सतर्क आँखों से आसपास का जायज़ा लेती सुमि पहले आश्वस्त हुई कि उन दोनों की बातें किसी के सुन लेने की गुंजाइश नहीं है। फिर घड़ी देखी। उनके पास अभी आधा घंटे का समय था और वह अपनी प्रेम-कहानी शुरू कर सकती थी। झरना उत्सुकता से उसे देख रही थी और वह दाहिने हाथ से धैर्य रखने का इशारा कर, झरना के थोड़ा और क़रीब खिसक आई।

"यार, कॉलेज में था एक लड़का, क्लासमेट था। पढ़ाई में अव्वल...देखने में हैंडसम, यू नो उस ज़माने में बिलकुल मिथुन चक्रवर्ती की तरह दिखता था। लेकिन बहुत शर्मीला था। मेरी तरफ़ देखता रहता, लेकिन मेरे से आँखें मिलते ही इधर-इधर देखने लगता। पहले मुझे हँसी आती थी, फिर प्यार आने लगा था। मैं जब उसकी तरफ़ देखती तो वह जानबूझकर मुझे इग्नोर करता।"

"अच्छा, वो तुम्हें इग्नोर करता था—अनबिलेवल यार!" फिर...फिर क्या हुआ?" झरना की उत्सुकता बढ़ गई थी, "आगे बोल!"

"मैं उसके एक जिगरी दोस्त से किसी-किसी बहाने उसके मन की थाह लेने की कोशिश करती। लेकिन कोई फ़ायदा नहीं होता। उसके दोस्त को उसकी फीलिंग... मेरे बारे में उसकी सोच का कुछ पता नहीं था। बस, पढ़ाई...नोट्स...कम्पटीशन की प्लानिंग और कुछ नहीं। ये सुन-सुनकर बोर होने लगी तो एक दिन बोली, 'तुम लोगों के पास इसके अलावा और कोई काम नहीं है क्या?'

उसका दोस्त मुँह फाड़े मेरी ओर देखने लगा था और मैं उसे वहीं अचकचाया छोड़कर आगे बढ़ गई थी।

मैंने अब उस लड़के की तरफ़ ध्यान देना छोड़ दिया था। कई दिनों बाद एक दिन वो मेरे पास आया और सकुचाते हुए बोला, 'आपसे एक बात कहनी है।'

मैं मन-ही-मन ख़ुश कि अब आया ऊँट पहाड़ के नीचे। रुखाई से बोली, 'कहिए।'

'कुछ लड़के आपके बारे में उलटी-सीधी बातें करते हैं, अच्छा नहीं लगता।' इतनी बात कहते-कहते वह हाँफने लगा था।

'तो आपको क्यों बुरा लगता है?' मैंने मज़े लेते हुए छेड़ा।

'कोई किसी शरीफ़ लड़की के बारे में ग़लत-सलत बोले, ये अच्छा नहीं लगता।'

'आप उन लड़कों को मना करिए।' ये जानने के लिए कि उसके मन में क्या है, मैंने उसे चढ़ाया, 'आपको उन्हें रोकना चाहिए।'

'वो क्या है कि मेरे मना करने से सब मेरा मज़ाक़ बनाएँगे...आपके साथ मेरा नाम जोड़कर बदनाम करेंगे।'

'किसे बदनाम करेंगे...आपको या मुझे?'

'हम दोनों को!'

'मुझे तो कोई फ़िक्र नहीं, आप अपनी सोचें।' ये बोलकर मैं मुस्कराती हुई कॉमन रूम की ओर चली गई थी।

कॉमन रूम में घुसने से पहले एक बार मुड़कर देखा कि पीछे का मंज़र कैसा है, वह वहीं विस्मित खड़ा था, अपनी आँखों से मेरा पीछा करते हुए। मैं एक मीठी गुदगुदी के साथ अन्दर दाख़िल हो गई।

अगले दिन वह उन लड़कों से झगड़ पड़ा था। उसके साथ उसके ग्रुप के कई लड़के थे। काफ़ी देर तक तू-तू, मैं-मैं होती रही थी। ये सब सुन, जानकर अच्छा लगा कि उसे मेरी फ़िक्र है, बुरा लगा कि वह ख़्वामख़्वाह इस पचड़े में पड़ रहा। देर शाम मैंने उसे लाइब्रेरी में पकड़ा। वह कोने की रैक में कोई किताब खोज रहा था। मैंने उसके बग़ल में खड़ी होकर कहा, 'हम लड़कियों को तो ये सब सुनने-सहने की आदत होती है...आपको इन लफड़ों में नहीं पड़ना चाहिए।'

मेरी आवाज़ में नमी-सी थी, जिसे उसने लक्ष्य किया। वह लगभग निरीह-सा, निरुत्तर मुझे देखने लगा। मैंने उसके प्रति आभार जताया, 'सो नाइस ऑफ़ यू।'

उस वक़्त वह अपनी सादी-सी मुस्कान में बहुत प्यारा लग रहा था। मन में उसके लिए प्यार उमड़ आया। मैं उसे एक स्माइल देकर, लाइब्रेरी से बाहर आ गई। उस रात मुझे खोया-खोया देख माँ ने टोका था, 'क्या हुआ, तबीयत तो ठीक है?'

अपने इस हाल पर घबराई, इससे पहले कि मन का चोर पकड़ा जाए, मैंने सर-दर्द का बहाना बना दिया था। ये पहला अवसर था, जब कुछ छुपाने के लिए बहाना बनाना पड़ा था। उस रात मेरी आँखों में सपने थे...उस रात मैं सपनों में जागी हुई थी। अगली सुबह सुमि आनन्द ने जिस दुनिया में आँखें खोलीं, वो बिलकुल नई थी—मुलायम...मादक...रंगों से भरे दृश्य के कैनवस पर जैसे कई ब्रशों के स्ट्रोक्स।

क्लासरूम में वह ठीक मेरे पीछेवाली बेंच पर बैठा था, मेरी एक सहेली ने टहोका, 'पीछे तेरा आशिक़ बैठा है।'

मैंने सहेली को आँखें तरेरीं, लेकिन इस देखने में नाराज़गी नहीं थी। सहेली फुसफुसाई, 'खुली पलक में झूठा ग़ुस्सा, बन्द पलक में प्यार।'

मैंने प्यार से एक धौल जमा दी थी।

उस दिन के बाद मैंने ग़ौर किया कि वह हर दिन मेरे पीछे ही बैठता। इस बीच एक बात और हुई कि क्लास में पीछे से मेरे ऊपर होनेवाले कमेंट बन्द हो गए थे।"

"उसका नाम क्या था?" अब तक ध्यान से सुन रही झरना ने टोका।

"छोड़ न यार, नाम में क्या रखा है! वैसे भी शादीशुदा औरत को किसी ग़ैर मर्द का नाम नहीं लेना चाहिए। पाप चढ़ता है।" सुमि खिल्ली उड़ाती हँसी में बात टाल गई थी।

"ओहो, क्या पवित्र विचार हैं!" झरना की भौहें सिकुड़ीं, "आगे बोल।"

सुमि के आगे बोलने से पहले ही स्कूल की बेल हो गई। दोनों हड़बड़ाकर उठीं और स्कूल गेट की ओर लपकीं। चलते-चलते झरना बोली, "चल, बाक़ी कल।"

कल को झरना पहुँची ही देर से...जाम में फँस गई थी। स्कूटर स्टैंड पर खड़ा करते ही बेल हो गई। सुमि लपककर उसके पास पहुँची, तो वह हलकान नज़र आई, "पता है, कोई जुलूस निकल रहा था। बड़ी मुश्किल से पहुँची।"

अगले दिन दोनों मिलीं और छूटते ही झरना बोली, "मैं तो परसों से ही तुम्हारी लव स्टोरी सुनने को मरी जा रही...अब शुरू हो जाओ।"

"छोड़ यार, वो अफ़साना जिसे अंजाम तक लाना न हो मुमकिन, उसे एक ख़ूबसूरत मोड़ देकर छोड़ना अच्छा।" सुमि वाक़ई उदास-सी थी, "मूड नहीं है।"

झरना को लगा, शायद कल उसके समय पर न आ पाने से सुमि नाराज़ हो गई है, लिहाज़ा उसने माफ़ी माँगते हुए कहा, "कल के लिए सॉरी, यार।"

सुमि ने झरना के दोनों हाथ थामकर एक स्निग्ध मुस्कान के साथ कहा, "ऐसी कोई बात नहीं है। तू ग़लत समझ रही है। झरना, उसकी याद अक्सर मुझे उदास कर जाती है।"

झरना के लिए यह एक अप्रत्याशित क्षण था—प्रेम की ये शिद्दत...ये ट्रांस देखना एक दुर्लभ अनुभव था। वह चुप रही। उस शाम झरना ने सुमि को कॉल किया, "सुमि, तुम उसे अभी भी प्यार करती हो?"

"किसी को याद करना उससे प्रेम करना ही हो, यह कहना बहुत मुश्किल है, झरना। रियली आय'म नॉट श्योर।"

"ओह!" झरना के मुँह से निकला और वह चुप हो गई। सुमि ने पूछा, "क्या हुआ, चुप क्यों हो गईं?"

"यही सोच रही कि तेरे लिए तेरी वो कहानी महज़ टाइम पास है।"

"झरना डियर, बीता हुआ वक़्त और बिछड़ा हुआ प्रेम हम स्त्रियों के एकान्त का एकालाप होते हैं।"

अगले दिन सुमि ने ख़ुद पहल की, "जानती हो, फिर क्या हुआ?" अचानक

एक दिन उसने मुझे पत्र पकड़ा दिया...मैं तो घबरा ही गई। पत्र मुट्ठी में भींचकर चंकित हुई उसके साहस पर। वह रुका नहीं था। ग़नीमत कि आसपास कोई नहीं था। वह पत्र मैंने घर में किताबों के बीच रखकर पढ़ा। पत्र में उसने अपने दिल का हाल लिख रखा था, लेकिन उस एकपेजी पत्र में उसने एक बार भी 'आय लव यू' नहीं लिखा था।

मैंने उस रात देर तक जागकर उसे जवाब लिखा था। कई बार काटा था—कई बार फाड़ा था—क्या लिख रही थी, क्या लिखना चाहती थी, कुछ समझ नहीं आ रहा था। बस, लिख गई थी बिखरे-बिखरे, बेतरतीब-से ख़याल। लेकिन पता है, वो पत्र उसे देने की हिम्मत ही नहीं हुई। वह कई दिनों तक मेरे जवाब की प्रतीक्षा करता रहा, फिर एक दिन उसने सीधे सामने आकर शिकायत की, 'जवाब क्यों नहीं दिया?'

'डर लगता है।' मैंने दबे स्वर में कहा।

'किससे? उस दिन तो बड़ी बोल्ड बन रही थीं!' वह व्यंग्य से हँसा।

'सॉरी' बोलकर मैं लाइब्रेरी में घुस गई थी। वह पीछे-पीछे आया और मेरे बग़ल में बैठ गया। मैंने कनखियों से देखा, वह नोटबुक में लिख रहा था—'आय लव यू।'

'हर बात कही नहीं जाती।' मैंने भी अपने नोटबुक में लिखा।

नोटबुक में लिखना तब तक जारी रहा, जब तक कि मेरे बग़ल में आकर एक दूसरा लड़का नहीं बैठ गया। धीरे-धीरे हम खुलने लगे थे। एकान्त ढूँढ़ते और मिलकर बातें करते। वो कहते हैं न, इश्क़ छुपाए नहीं छुपता। पहले माँ ने भाँपा। ऊँच-नीच, अच्छा-बुरा समझाया। मैंने माँ से खुलकर कहा, 'वह अच्छा लड़का है।'

'दिमाग़ ख़राब है तेरा...तेरे पापा कच्चा चबा जाएँगे।'

'माँ, समझाओ उनको, वो मान जाएँगे।'

पापा नहीं माने। मुझ पर नज़र रखी जाने लगी और आनन-फ़ानन मेरी शादी तय कर दी गई। माँ ने इज़्ज़त की दुहाई दी...मेरे अन्दर भी शायद पापा से विद्रोह करने और उनका नाम ख़राब करने का साहस नहीं था। और वो अफ़साना एक दिन समय के उसी मोड़ पर छूट गया।" सुमि ने एक झटके से अपनी कहानी का द एंड कर दिया।

"एज़ यूज़ुअल, मिडिल क्लास मेलोड्रामा।" झरना तंज़ करती सुमि की उस कहानी से बाहर आई।

सुमि ने झरना को झकझोरते हुए कहा, "इसी से कहती हूँ, वो प्यार ही था, नॉट श्योर, बट वो एक ख़ूबसूरत एहसास तो था ही, जो हमेशा कसकता है।"

उस दिन दोनों बड़ी देर तक चुप रहीं। और जब विदा हुईं तो सुमि ने याद दिलाया, "मैडम, कल आपकी बारी है।"

"मेरी लाइफ़ में तो कभी कोई प्रेम रहा ही नहीं, सुमि डार्लिंग।" झरना की तिर्यक मुस्कान होंठों में ही फैलकर रह गई।

सुमि ने आँखें तरेरकर झरना को घूरा। वह विदा में हाथ हिलाते हुए निकल गई, "चल, कल मिलते हैं।"

अगले दिन वे मिलीं। शुक्र है, झरना जाम में नहीं फँसी और ठीक साढ़े बारह बजे पहुँच गई। सुमि तो पहले ही से जमी थी, जैसे उस नीम गाछ के नीचे से वह कभी हिली ही न हो। झरना के बैठने और पानी के दो-चार घूँट पी लेने तक सुमि उसे ही ताकती रही, गोया रहस्य का पिटारा खुलनेवाला हो और वह रोमांच के नये अनुभव से दो-चार होनेवाली हो।

"यार, मेरी कहानी कुछ ज़्यादा ही टेढ़ी है।" झरना की आँखें शून्य में जा टिकी थीं, "पता नहीं, तुम्हें यक़ीन आए कि न आए।"

सुमि ने उसका हौसला बढ़ाने की ग़रज़ से कहा, "कमऑन यार, हर औरत की कहानी टेढ़ी ही होती है। वह तो बस उसे सीधी करने में ही खप जाती है।" सुमि सचमुच संजीदा थी, "चलो, तुम्हारी कहानी मिलकर सीधी करते हैं।"

"शादी से पहले मेरा किसी से कोई प्रेम-व्रेम नहीं था। कभी इस बारे में सोचा भी नहीं था। शादी हुई तो हसबैंड से प्रेम करने की कोशिश की और उसका भी प्रेम उमड़ा, जैसे जेठ में ही बादल बरस-बरस पड़ने को आतुर!" झरना सुमि की आँखों में देखकर बोली, "बस, इतनी ही है मेरी प्रेम-कहानी।"

"आर यू श्योर?" सुमि ने पूछा तो वह उसकी आँखों की ताब सह न सकी, आँखें स्कूल गेट की ओर जा लगीं।

"सच तो ये है सुमि, जिसे मैं प्रेमी समझ बैठी थी, वो कुछ ही दिनों बाद हसबैंड हो गया—मालिक...हुकुम...आका। वह प्रेम की जगह गालियाँ देने लगा... हाथ उठाने लगा...शराब के नशे में वहशी बन जाता। देखते-देखते जेठ के वे बादल जो गए तो फिर कभी मेरी ज़िन्दगी में वापस नहीं आए।"

झरना के स्वर का गीलापन हवा में घुल रहा था। नमी रूमाल से सुखाती वह ग़मज़दा अन्दाज़ में मुस्कराई, "यू नो, मैं तो भूल ही गई थी कि प्रेम स्त्री का हक़ है कि प्रेम के बिना उसका जीवन उड़ती रेत है। बट थैंक्स टु माई लव कमिंग इन माई लाइफ़ आफ़्टर अ लांग लेट।"

"व्हाट?" सुमि की आँखें फैलकर स्थिर हो गईं, "यू मीन एक्सट्रा मैरिटल?"

झरना की आँखें झपकीं। होंठ हँसे और चेहरा सुर्ख़ हो आया, "आय'म इन लव डार्लिंग।"

सुमि को लगा, ऊँची पहाड़ियों से कोई झरना पत्थरों से टकराकर फ़ेनिल... अलमस्त...आवारा अपने उद्दाम आवेग में उतर रहा हो। वह अपने आश्चर्य में गुम थी कि स्कूल की बेल हो गई। झरना उसका हाथ पकड़कर उठाते हुए बोली, "चलो डियर, छुटटी हो गई।"

"झरना, तू अपने हसबैंड को चीट कर रही?"

"नहीं, प्यार कर रही, जो मेरा हक़ है।" उसने विचलित हुए बिना प्रतिवाद किया।

"चल, फिर कल मिलते हैं।"

देर शाम झरना को समझाने की मंशा से सुमि ने उसे फ़ोन किया, तो कॉल रिसीव करते ही उसने कहा, "सुमि डार्लिंग, फ़ोन पर सुनाना पॉसिबल नहीं, यार। कल मिलकर बताती हूँ डिटेल।"

झरना की चहकती आवाज़ सुनकर सुमि क्षण भर को भूल ही गई कि उसने झरना को किसलिए कॉल किया है। हड़बड़ाकर बोल पड़ी, "अरे यार, ये बात नहीं है, अचानक अभी मुझे याद आया कि तू जानना चाहती थी कि मेरे कॉलेज वाले ब्वॉयफ्रेंड का नाम क्या था। तो सुन, उसे मैं तो अज्जू कहती थी। बट हिज नेम वाज़ अजस्त्र। व्हाट अ यूनिक एंड लवली नेम न!"

दूसरी ओर झरना की हँसी फूटी और सन्तूर की स्वर-लहरियाँ पूरी देह में बजने लगीं। वह जब तक सामान्य होती, झरना ने 'बाय' बोलकर कॉल कट कर दिया था।

अगले दिन झरना स्कूल नहीं पहुँची। सुमि को लगा कि वह जाम में फँस गई होगी। स्कूल की बेल बज गई। बच्चे छूट गए। फिर भी झरना का अता-पता नहीं चला। उसने गेट से निकलते एक-एक बच्चे को ग़ौर से देखना शुरू किया। उनमें झरना का बेटा शाश्वत नज़र नहीं आया। तभी आद्या आकर लिपट गई। वह उसका बैग लेकर खड़ी-खड़ी शाश्वत को तलाशती रही। आद्या 'ममा, चलो!' की रट लगाती रही और सुमि गेट ख़ाली होने तक वहीं खड़ी रही। अन्त में हताश होकर आद्या से पूछा, "बेटू, शाश्वत दिखा था क्या?"

"नहीं ममा, वो आज टिफ़िन में भी नहीं था।"

सुमि ठंडी साँस भरती आद्या को लेकर चल दी। घर पहुँचकर पहला काम किया कि झरना को कॉल लगाया। उधर से उसके मोबाइल ने स्विच ऑफ़ की

सूचना दी। उसे आश्चर्य हुआ कि ऐसी क्या इमरजेंसी आ गई कि झरना ने कोई ख़बर नहीं दी? पहले तो ऐसा कभी नहीं हुआ। सुमि बहुत देर तक डिस्टर्ब रही। तरह-तरह के ख़याल विचलित करते रहे। कई बार कॉल किया, हर बार वही 'स्विच ऑफ़'।

अगले दिन भी झरना नहीं आई। मोबाइल भी स्विच ऑफ़ ही मिला। झरना ने कभी अपने घर का लोकेशन बताया तो था, लेकिन मुहल्ले के नाम के सिवा कुछ याद नहीं रहा। वह छटपटाकर रह गई। उसकी बेचैनी बढ़ती जा रही थी। अजीब-अजीब आशंकाओं से दो-चार होती रही। एक-एक दिन भारी गुज़रता रहा। वह उसी नीम गाछ के नीचे झरना के आने की आस लगाए बैठी रहती और निराश होकर आद्या से पूछती, 'शाश्वत दिखा क्या?' हर दिन आद्या का वही जवाब, 'नहीं ममा, आज भी नहीं दिखा वह।'

हफ़्ता गुज़र गया। न झरना आई, न उसका बेटा शाश्वत दिखा। अब मन बुरे-बुरे ख़यालों से घिरने लगा था। किसी अनहोनी की आशंका ने बेचैन कर दिया। जी में आया कि स्कूल ऑफ़िस में जाकर शाश्वत के घर का पता पूछे, लेकिन इस ख़याल के साथ ही कि स्कूलवाले किसी का पता दूसरे को नहीं देते, कसमसाकर रह गई।

आज जब बेल बजने के बाद सुमि स्कूल गेट पर पहुँची और रहस्यलोक से निकलते बच्चों की भीड़ में शाश्वत दिखा तो उसकी आँखें चमक उठीं। शाश्वत पहले की तरह दौड़ता हुआ नहीं, बेहद सुस्त चाल से चलता आ रहा था। सुमि लपककर शाश्वत के पास पहुँची और उसे पकड़कर पूछा, "बेटा, आपकी ममा कहाँ है? आप स्कूल क्यों नहीं आ रहे थे?"

शाश्वत ने सूनी आँखों से सुमि को देखा, उसका चेहरा उतरा हुआ था, आँखें सूनी। सुमि डर गई। शाश्वत को कन्धे से पकड़कर पूछा, "बेटा, क्या हुआ, तुम ठीक तो हो? ममा कहाँ है?"

शाश्वत ने सुमि को उचटी नज़र से देखा और निहायत धीमी आवाज़ में बोला, "आंटी, ममा चली गई। अब नहीं आएगी।"

"क्या? क्या कह रहे हो बेटा, ममा चली गई? कहाँ चली गई? क्यों नहीं आएगी? क्या हुआ ममा को?" सुमि एक ही साँस में शाश्वत से पूछ गई।

शाश्वत सहमा-सा था। उसकी आँखें बेचैनी से गेट से बाहर देख रही थीं। वह बोला, "आंटी, पापा ममा से हमेशा लड़ते थे। ममा को मारते भी थे। मम्मा गुस्सा होकर शेखर अंकल के साथ चली गई। पापा बोलते हैं, ममा भाग गई। अब नहीं आएगी।"

शाश्वत रुआँसा हो आया था। सुमि का कलेजा फट पड़ा। उसने शाश्वत को

ीने से लगाने के लिए बाँहें फैलाईं कि शाश्वत घबराकर बोला, "बाय आंटी, पापा आ गए।"

शाश्वत रुका नहीं, सीधे गेट से बाहर भागा।

सुमि ने उत्सुकता से पलटकर देखा। शाश्वत अपने पापा के पास पहुँचकर थमक गया था। उसके पापा को देखकर सुमि की आँखें फट पड़ीं। कलेजा मुँह को आ लगा। होंठ हिले...शब्द घुटकर रह गए। अजस्त्र! उम्र की झाइयों-परछाइयों के बीच से झाँकता शख़्स अजस्त्र ही था। आँखें झपकाने के बावजूद यक़ीनी तौर पर वह अजस्त्र था। वह शाश्वत को मोटरसाइकिल पर बिठाकर निकल रहा था। सुमि ने सहारे के लिए बेटी का हाथ कसकर थाम लिया।

बेटी ने पूछा, "ममा, आंटी को क्या हुआ?"

आद्या को स्कूटर पर बिठाती सुमि ने समझाया, "चलते हैं बेटा, घर चलके बात करेंगे।"

सुमि ने घर पहुँचकर सबसे पहले अपना वार्डरोब खोला। सेफ़ में रखी अजस्त्र की वह पहली चिट्ठी निकाली, जिसका जवाब वह उसे कभी नहीं दे पाई थी। और जिसे वह एक निजी स्मृति की तरह जोगकर रखे हुए थी, हिम्मत न हुई उस चिट्ठी को खोलने की। तेज़ी से किचन में घुसी और उस चिट्ठी को आग के हवाले कर दिया मानो अपने प्रेम की स्मृति का दाह-संस्कार कर रही हो! चिट्ठी जलती रही, धुआँ उठता रहा।

तभी आद्या की आवाज़ आई, "ममा, मेरा होमवर्क करवा दो, प्लीज!"

सुमि ने आद्या को होमवर्क कराते हुए बताया, "और दुष्ट राक्षस के चंगुल में फँसी राजकुमारी दूर देश के एक राजकुमार की मदद से भाग निकली। इस तरह से राजकुमारी को एक दारुण क़ैद से मुक्ति मिली।"

"ममा, ये मुक्ति क्या होती है?" आद्या के मासूम चेहरे पर बेहद कठिन भाव थे।

क्या जवाब दे सुमि? मुक्ति, वो जो झरना को मिली या वो जो उसे मिली या फिर कोई और?

सुमि आद्या को गोद में खींचते हुए बोली, "बेटा, मुक्ति का मतलब हर किसी को खोजना होता है। तुमको भी ख़ुद ही खोजना होगा।"